JN251382

新編

荒野に立つ虹

渡辺京二

弦書房

装丁＝水崎真奈美

〔カバー装画〕
カスパー・D・フリードリッヒ作
「*Gebirgslandschaft mit Regenbogen*」(1810)

目次

Ⅰ　現代文明

Ⅱ　現代政治

Ⅲ　イヴァン・イリイチ

Ⅳ　日本早期近代

I　現代文明

いま何が問われているのか

現代は快適・自由・平等・福祉・物質的装備という点で、未曾有の到達点に立った時代である。貧困と抑圧と不合理が解除され、またひとりの大衆に意に染まぬ生を強制するようなイデオロギーも解体されて、今日の大衆はそれこそおのれ一人の好みと志向に従って、美食やファッションや、レジャーや知的好奇心や、拘束のない自由勝手さを享受することが可能になった。人類はかつてこういう文明を経験したことはなかった。

あるいはそれは、有史以来大衆がアナーキーな深層意識で仰望してきた無礼講的自由の実現であるかもしれず、近代以来知識人がいそしんできた規範の無化・解体作業の終点であるのかもしれない。いずれにせよ、今日という時代が近・現代の全過程を踏破して、その終局的な帰結を示すクライマックスに到達したという事実は疑いようがない。われわれはこの極相を前にして、近代とは何であったか、資本主義とは何であったか、初めて腑に落ちているのだ。つまりわれわれは、ここに来てやっと最後の争点、この極相を擁護するか、それともそれをのり越えようとするかという争点の前に立たされている。この争点にくらべれば、戦後四十五年の間に次々と浮上しては消え去っていった数々の争点が、いかに仮象の争点にすぎなかったか、痛感しないわけにはいかない。

今日実現されているような自由でゆたかで快適な文明が永続すべきものでないという点について、もっとも一般に受けいれやすい論点を明示しているのは、いわゆるエコロジー的見地であろう。今日のゆたかな消費文明はいうまでもなく、厖大なエネルギーと資源の濫費の上に築かれており、そのエネルギーと資源はすべて地球、より正確にいうと生命が生存しうるその薄い層から収奪されている。この収奪が今の速度で進行し続けるならば、人間の生存の基盤となっているこの薄い地球生態圏が遠からず崩壊することは誰の眼にも明らかである。

環境破壊に関する警告はこの二十年間、様々な角度から繰り返されていて、文字通りわれわれの耳はタコの出来た状態になっているが、今日の工業文明の環境的技術的限界を熱力学の見地から透徹した問題設定で明らかにしているのは河宮信郎であろう（『エントロピーと工業社会の選択』一九八三年・海鳴社）。河宮によれば、今日の高度消費文明を可能にしたのは石油という低エントロピー・エネルギー資源であって、その石油が涸渇し、高エントロピー性のウランや石炭を代替エネルギーとして予想せねばならないということは、近代工業システムがその最適条件をやがて失おうとしていることを意味する。

代替エネルギーである石炭やウランは「不足というより過剰である危険性が高い。すなわち石炭の究極的埋蔵量約 8×10^{12} トンを燃せば、大気中の CO_2 はパーセントのオーダーになり、高等生物の生存環境ではなくなる。したがって、人類の存続を危うくしないためには、石炭鉱床を地下に封印したまま使用しないという節度が要請される」。ウランの場合も同様であり、「北米だけで一〇〇万トンある U_3O_8 資源が〇・一％の平均品位だとすると、全量処理すれば一〇億トン以上の放射性廃棄物をかかえ込むことになる」。「最も重要な点は、化石燃料の究極的推定埋蔵量が一一兆トンで、それを消尽することは地球生態系の破滅を意味するということである。可採埋蔵量二・五兆トンの消費でさえ安全とはいい難く、化石燃料は人類が使い切れないほど多量にある〈過剰資源〉なのである」。

河宮は同時に、現行工業システムが重金属資源の遠からぬ涸渇によっても脅かされていること、さらにこのような資源・環境の両面から来る限界を技術的進歩が突破できるように考えるのは、なんら根拠のない幻想にすぎないことを明らかにしている。

河宮の分析は、今日のゆたかで快適な高度消費文明の限界を明示した点において、環境科学的視界からの現代文明批判にひとつの厚みを加えたものと評価できる。このように環境科学の帰結という一点からしても、経済のひき続く成長は望みうべくもなく、今日の自由で快適な消費文明には遠からずブレーキがかかることが予想される。

だがこのようなエコロジー的見地からの現代文明批判は、自由で快適な消費文明が環境的制約のために永続しえないことを明らかにしているだけで、そのありかた自体を批判しのり超えようとするものではない。この見地を逆用するならば、もし環境を破壊し人間の生存を不可能とすることさえなければ、今日の消費文明は存続・発展していっこう差支えないことになる。つまりわれわれは環境的制約があるゆえに、しぶしぶ自由と快適さを断念せねばならぬというだけで、その自由と快適さ自体はいささかも省察の的とはされていないのである。

一方、現代文明を社会的に批判する視点としてもっともポピュラーになっているものに、管理社会論がある。ゆたかさや快適さの実現の物質的基礎はいうまでもなく経済成長であり開発であるが、それは社会の合理的な組織化と生産の効率化によってのみもたらされる。それはとりも直さず人間の管理が徹底することであり、現代社会の自由と快適さは一面ではそのコストとして、目に見えずソフトな形をとるにせよ管理の強化をもたらさずにはいない。この面からの現代文明批判はもはや出尽しており、ストレスとか自己疎外という言葉をわれわれはもはや聞き飽きている。

こういう管理社会論にはふたつの盲点がある。ひとつはかんじんの管理される大衆が、その管理を自由と快適のコストと割り切っているらしいことである。たとえ職場において高度に管理されていても、そこでの労働は年々短縮される傾向にあり、しかも単位時間ごとの報酬も年々上昇する。職場を離れたあとの私生活での消費生活こそ真の生活とするならば、そこでの自由と快適さを享受するためには職場での管理が何であろうか。しかもその管理は年々ソフトなものになり、仕事と遊びの境界はあいまいになって、管理という言葉自体が空しいものになりつつある。まさに管理社会の申し子ともいうべき予備校の最新トレンドが、予備校を知的感覚的な遊びの場として仕掛ける方向にあり、そしてそれがまた受験の効率化にも有効とみなされる点において、管理社会論の破産はあきらかといわねばならない。

そしてこのことは、管理社会論の第二の盲点に関わってくる。すなわちそれは、現代文明の中核的価値である自由と快適さに対して、けっして批判的な態度をとりえないのである。それは管理社会論が、近代的価値観に根ざすイデオロギーであることから来る宿命といってよい。管理社会論はもともと、社会を資本制国家権力と市民的個人の対立・闘争の場とみなす左翼政治思想の現代的変種である。権力からの解放という至上命題が実現された先に想定されているのは、近代的マナリズムとしての形式的自由にすぎない。それがみずから現代的な自由と快適さに加担しながら、そのための管理というコストだけは拒否するといった小児的態度に終始するのも、またやむをえぬところであろう。

私は現代文明批判の第一歩は、今日至上のものとされているこの自由なるもの、快適さなるものが、人間の生の意味を徹底的に喪失させる、いわば究極のニヒリズムであることを明らかにする点にあると考える。

今日におけるゆたかさとか快適さとは何であろうか。世界空間を市場法則に従って運動している商品（もちろんサービスも含む）を、どのような自由さ・選択性において多量に消費するかということにまったく依存しているような生活を、われわれはゆたかで快適な生活と呼んでいるのだ。

もちろん人間は、有史以来ものとともに在った。生活に随伴するものが多様化し豊富になるのは、人間の心がゆたかになることであった。たとえばわれわれは柳田国男にならって、木綿という新しい繊維の導入がわが国の近世の人びとに、いかなる生のよろこびをもたらしたか、想起してもよい。また、紅茶やコーヒーという飲料が、ワインやエール以外に日常生活を潤す飲みもののなかったヨーロッパ近世人に、どんな心のゆたかさをもたらしたか、想像してみてもよい。精神とものは切り離すことができない。ものはゆたかになったが精神は貧しくなったなどということは、ものと精神の関係が正常である限り、本来生ずべくもない事態なのだ。

現代はものがゆたかになったのではない。われわれは何よりもそのことに気づくべきなのである。転機がいつ頃であったか、それをもたらした機制がどのようなものであったか。それは今、問わぬとしても、ものが商品という形をとって人間を駆り立て、強迫的な消費者に仕立ててゆく段階への転換が、この近代というプロセスのどこかで起ったにちがいないのだ。むろん分業と交換は人類とともに古い。商品はなにも近代の産物ではない。しかしかつては、市場も商品も人間を支配し隷属させることはなかった。人間は市場の主人であり、商品の主人であった。

カール・ポランニーによれば、近代以前の市場経済が社会の中に埋めこまれ、社会から統制されていたのに対して、現代では、社会から自立した市場経済が逆に社会を統制し振りまわすのである。このような「自己調整的な市場システム」は「飢えと利得の誘因によってのみコントロールされた盲目的な挽き臼」であって、その出現は彼によれば、人類史上初めて生じた異変であり異常なのであった。

こう述べたときむろん彼は、世界恐慌と左右両翼の全体主義の時代である一九三〇年代の教訓の上に立っていた。その意味で彼はケインズと問題意識を共有していたということもできる。市場経済を計画経済にとりかえた社会主義国家が次々と崩壊し、ケインズ主義が失権した今日では、ポランニーの声は気の抜けた響きとなって遠くへしりぞいたようにも思える。だが果してそうか。

「自己調整的市場」が人間を破滅に導く「自己破壊的」システムであるというポランニーの命題は、今日の市場万能的風潮とは逆に、今後いよいよその予見性を立証してゆくと私は信じる。だが私の今いわんとするのはそのことではない。ポランニーは自己調整的市場の自己破壊的性格を、いかなる事象のうちに認めていたのか。恐慌と失業と飢えと戦争のうちに認めていたのである。彼自身はマルクス主義への批判者であったが、この認識はまさしく古典的マルクス主義と同一である。恐慌と戦争から人間を防衛すれば万事足れりとする点において、彼はかつてのマルクシストと同様しあわせな戦士であった。

今日われわれをとり巻く風景はすっかり変貌している。現代資本制は世界恐慌や飢えや失業によって、あるいは全体主義的反動や世界戦争によってわれわれを脅やかしているのではない。それは人間を強迫的な商品中毒者に仕立てることによって、われわれを脅やかしているのだ。いやわれわれは脅やかされていると感じすらしない。そのような商品依存はゆたかさと呼ばれ、快適さと美称されている。

このような商品依存のおそるべき実相を徹底的にあばき出したのはイヴァン・イリイチである。かつて商品が人間の主人でありえなかったのは、己れの自立的能力によって環境と交渉するなかで獲得した様ざまなもの、すなわち商品化されざるものと混って、というよりそれらと有機的に結びついてしか、商品は機能しえなかったからだ。さらに多くの商品はいまだ半商品であって、それが生活上機能するためには、人間の自立的能力による加工・修正が必須とされた。ところが今日では、人間は自己に内在する能力を用いる機会を全く奪われて、ケア・サービスを含む商品に麻薬的に依存するしか選択の途を失う。このような事態をイリイチは「根源的独占」と呼んだ。

学校・病院・高速移動機関をすべて否定するイリイチのラジカリズムについては、その否定をいかにして実現するかという手続きも含めて、様ざまな疑問・反論を提起することができる。彼が商品経済全般を否定するものでないのは、その述作から明らかであったが、少くとも中期までの彼の著作には、近代文明以前の手作りと相互扶助の世界を、人間の在るべき姿とみなすような含意が濃厚で、その意味において、シンプル・ライフとかアウトドア・ライフを志向する風潮と混同を免れぬ気味があった。

にもかかわらず、「根源的独占」が自立的能力を欠いた商品依存者を生み出すとともに、依存者に対するケアを専門とする有資格者の大群を生み出し、世界を計画化・人工化・均質化し、さらには人間をアトム化した商品消費者に変えてゆく状況の記述は、圧倒的であり戦慄的でさえあった。それはたしかに、今日の商品のありかたが過去のそれのありかたから変態を遂げ、人間の生活を彩ったものたちが、人間を強迫的に支配し閉塞する怪物に変貌するという、現代文明のひとつの問題を的確に射抜いていたのである。

しかし前期イリイチが提起した問題は、飽くことのない利潤の追求という資本の本性から読み解くことができる。資本が追求するのが適正な利潤ではなく、つねに最大限の利潤である限り、大量生産は資本の必然である。大量生産とは規格化された同一製品の生産のみをいうのではない。顧客のニーズに合わせて多様化・少量生産が志向されるにしても、全体としての生産、むろん情報・サービスも含めた生産のトータルは、年々増加せざるを得ず、その意味での大量生産は資本制の宿命なのである。経済の成長とはまさにこのことにほかならない。

年々大量化する商品にははけ口がなければならない。はけ口が見出せぬ事態こそ、資本の最もおそれる不況でありマイナス成長である。しかし、今日産出されつつある商品群は、すでに人間の生存上の必要・欲求をはるかに上廻るレベルに達している。既存の欲望がみたされた人間は、それ以上商品を呑みこもうとはせぬ。だから資本は消費者の欲望を、日々新たに開発せねばならぬのである。この新たな欲望の開発を可能ならしめるものこそ、強迫的な商品依存を生活のゆたかさと同一視する現代の神話なのだ。

もちろん欲望の開発の歴史自体を倫理的に否定することは不可能である。人類の歴史はそれ自体、新たな欲望の開発の歴史であったといってよい。しかし、欲望の開発が資本の利潤追求という動因によって主導され、すべて商品化の形をとるというのは、かつて人類史には存在しなかった異常ではないか。八〇年代を風靡した遊びと差異化の言説は、資本の仕掛ける欲望の開発を人類の到達した新たな可能性であるかに偽装するものであった。

資本制というとき、私はそれに、かつての古典左翼のように資本家対労働者という階級対立を読みこんでいるのではない。資本による労働大衆の収奪という局面は、けっして資本制の本質を示すものではなかった。問題は、あらゆる人間が利潤極大をめざす資本制的企業体に組織されつくし、その運動法則に繋縛され了ったということにある。経営者と被雇傭者は営利企業体内の役割の違いにすぎず、ヴェンチャー企業の例に見られるようにいつでも転換が可能なのである。

年々この世に厖大な商品群を送りこんでいるのは資本家ではない。すべての人間がその一員である営利企業体なのである。人間は年々原理的に増大する商品生産＝消費のサイクルに呑みこまれ、そこから脱出することができない。既存の欲望が充足され、ひとつの腹がぱんぱんに膨れあがるなら、もうひとつの腹が用意されねばならない。自他ともに作りまくり買いまくらねば、地獄よりおそろしいマイナス成長が待っているのだ。

製品であれサービスであれケアであれ、人間活動のすべてが増大し新奇化する商品として現象するとき、商品消費者として運命を定められた人間の未来は暗い。なぜなら、商品の増大と新奇化を主導する利潤極大化の動機は、人が人たるべき窮極の価値、すなわち個としての自由、品位、魂の平安と充足を志向してはいないのであるから。

商品はふたつの次元で、われわれ人間の自由を拘束する。ひとつは、その生産と流通が極度の合理性と効率性を要求するという次元で。しかし、この次元については、たんに労働管理の強化という面でのみ理解されるべきではない。商品は社会のデザインの面でも、合理性と効率性を要求する。それは都市であれ農村であれ、住環境を社会工学的に人工化し、さらには山野・河沼・海浜を人工化する。これは自然ならびにコミュニティとの交渉における根源的な自由の剝奪にほかならない。

もうひとつの次元では、商品はわれわれの生活から行動の自主性を奪うものとして働く。幕末から明治前期にこの国を訪れた西洋人は、人びとがいかに手軽に結婚できるかということに一驚した。オールコックによれば日本では、畳を敷いた家と、たがいに持ち寄る蒲団や衣装箱と、それに鍋、半ダースのお椀やお皿、大きなたらいがあれば、みごとな所帯ができあがるのである。彼はこのようなかつての日本人の生活の簡素さを、行動の自主性を保証するものとみなした。生活の質素さ簡素さこそ、人間に行動の自主性を確保する基礎であることを、何びとよりも明確に見抜いたのはかのマハトマ・ガンジーである。

清貧という範型は何も、倫理的に富を敵視する志向から産まれたのではない。金銭や物財を過剰に欲求すれば、精神と行動の自由が喪われることをいわんとしたものである。あるいは、ありあまる財物を主体的に使いこなし享受することの困難を諷したのである。富はよきものである。それが人間を自由ならしめ、その心をゆたかならしめる限りにおいて、そうである。だが、商品として強迫的に消費すべき物財の増大・氾濫は、人間の行動・生きかたの選択の幅を極度に狭めるものでしかない。

このことは複雑化し巨大化する制度・装備と関わる。商品はたんに、純粋な経済空間としての市場をはせめぐっているのではない。それを生み出す営利企業体という巨大な制度・装備自体を別にしても、企業活動と商品の生産・流通のために、われわれが今日知る複雑にして巨大な制度・装備の大部分が産み出されたのだ。

ウォーラーステインに従えば、近代国民国家とは資本制という近代世界システムのインターステイト的角逐の場から出現した。近代世界システムの一環としての国民国家は、地方の風土的特色と自立性、イリイチ風にいえばヴァナキュラーなものを解体して国内統一市場を創出した。それはそれぞれの地域コミュニティに保持されていた自立的な問題解決能力を否定した結果、複雑巨大な政治的・行政的・法的・文化的制度・装備を構築せねばならなかったのである。ひとりの人間の上にそそり立ち、彼をからめとり、様々な制度的施設的手続きと知識を要請し、彼の人生を煩わしいトラブルの連続と化さしめた今日の社会機構は、多様大量の商品を消費することをもって生活のゆたかさとする近代的志向の必然的な帰結でなくて何だろうか。

全面的な商品依存をもって生活のゆたかさとする現代イデオロギーは、また今日的な意味での自由を賛美し宣布する。この自由とは、法に抵触したり他人に迷惑をかけたりしない限り、何をしようと俺の勝手だというレベルの自由なのだ。一時はやった「カラスの勝手」という言葉ほど、この空虚な自由の内実を示すものはない。もし神聖なものが存在しないなら、人間は何をしようと自由だという、あのドストエフスキーの絶望などとはまったく比較にならぬ底の浅い自由観なのである。

実態的には、八〇年代に讃美されたこの自由は、伝統的なコミュニティ内の規範や礼節を忌避し否定したいという欲求であった。長幼の序とか師弟間の礼とか、忍耐を要する訓練とか、集団に必要な規律はことごとく目の仇にされ、いわば他者から拘束されぬ自由こそ近代人の到達すべき楽園であるかのようだった。遊びと勝手気儘が創造と結びつくものであるかに説かれた。

つまりこの自由はモラルを抑圧と同一視し、その全面的廃棄を説くものである。近代は伝統的な社会的拘束としてのモラルを疑い、それを否定して来た。しかし、それは社会的習俗としての道徳への挑戦であって、したがってまた、神聖なものの存在への知覚にもとづくモラルの内面化を促すものでもあったのである。ところが八〇年代の言説は、神聖なものの存在自体を否定し、モラルを交通法規のようなニュートラルかつ道具的な社会的ルールにまで縮小した。むろんこの自由は、人びとがコミュニティの規範から解き放たれ、商品群の構成する人工的空間を、拘束なしに遊動するのを可能ならしめるために説かれたのである。伝統的なコミュニティから抑えられていた虚飾と自己顕示が、かくておそるべき奔流となって社会の水面に浮上した。

近代以来、われわれが追い求めた自由とはこのような自由だったのか。ゆたかさの場合と同様、近代の展開過程で、何らかの変態が生じたのだと考えられぬでもない。だがそもそも近代とは、このような変態をきたすような動因を初めから内に隠し持っていたのではなかったか。

自由とはまさに個に関わる概念である。近代は個の実現についても同じような錯誤を犯した。今日では、個とは平等な競争によって自己の才能を証明すべき個人のこととされている。個人であるとは、他に対しておのれの独自性を際立たせる個性をもつことを意味する。個人がこのように他者との差異と観念される以上、何か他者とは異なる独自な特色・才能によって己を立証せざるをえず、そのような意味での個性を顕示できぬものは、社会の劣敗者としてルサンチマンの淵に沈む。かくして、あなたにはかくれた才能がある、その才能をのばしなさいという全社会を覆う託宣・暗示のもとに、親たちは三歳児を英語教室やヴァイオリン教室へ送りこむのだ。すなわち個性とは、おのれの才能を何らかの形で立証して、商品消費上の優位性と、他者に拘束されぬ恣意的自由をかちとったものに与えられる社会的トロフィーなのである。

しかし有史以来、人間がおのれの最後の砦として守り抜こうとして来た個は、近代的価値としての個性とか独自性とは何の関係もなかった。個はつねに集団の中にあった。人間は集団の中に生きるように定められ、そのような運命(さだめ)のうちによろこびをも見出して来たが、それと同時に、集団にそむき群から離れようとするおのれの性(さが)を自覚し、その性をけっして手放そうとしなかった。そのような離群によって浮上する彼のおのれの側面こそ個であって、そのような個は集団とともに生きねばならぬ彼の生のかくれた核心を構成したのである。

個とはむろん、俺はほかの者たちとは違うという感情であったが、それは決して個性とか才能とか独自性という観念を含むものではなかった。他者が平凡であれば、おのれも平凡であった。ほかの者とは違うというのは差異を意味したのではない。根本のところで他者と切り離されていることの自覚であり、従って個とは孤にほかならなかった。

このような個＝孤の感覚が、近代に至って初めて自覚されたと考えるのは滑稽である。それは人類の原始とともに古い衝動であった。阿部年晴によればアフリカのカセナ族は、個人を双極から成る楕円とみなす自我観を持っていて、「一方の極は社会的なもので荒野と神に結びつけられている」。他方の極は社会外的なものとして把握された個性的なもので祖先と結びつき、後者はウエと呼ばれるが、その実体は神から与えられた個の運命であり、社会のコントロールを超えるのである。人間を個たらしめるのは運命であった。差異はひとりひとりの才能や個性にあったのではなく、神から与えられた運命にあった。個に与えられた運命は孤り担うしかなかったのである。

群から離れて草叢にかくれてものを食いたい人間は孤であった。そのとき彼は獣のように大地に繋がれていた。群から離れて夜空の星を見上げたい人間は孤であった。その時彼は天使のように天上へかけ昇っていた。彼は孤りになることによってのみおのれ自身、すなわち個となりえたのである。

従って、個であるとはひとり天地とともに在ることであった。なぜ彼は天地とともに在ることによって、自分をほかの誰でもない自分と感じることができたのだろうか。大地が天空が、おまえは誰でもないおまえなのだ、そういうものとして嘉されているのだと、彼に語りかけてくれたからである。すなわち個の自覚とは、おのれがこのコスモスに包まれて、その連関・呼応・交響のうちに生きているという自覚であったのだ。

このように人間を自らのうちに関連させ交響させる生けるコスモスを神的なものと呼ぼう。人間はそのような神的なものを媒介としてのみ、社会内の他者と関係することができたのである。人間が社会、すなわち他者との関係の網の目におのれを定位させることができたのは、このような神的なものへの自覚という共通の心の地盤の存在に拠ってであった。人間は個＝孤たるおのれを自覚することによって、社会＝他者をふたたび見出したのだった。

近代人は前近代の様々な社会形態のうちに、集団の専横と個人の抑圧をかぎとって来た。だが人間が個として生きる次元をまったく欠いて、集団に吸収され尽したり、集団的規制に画一化されてしまうような事態が、何千年も続きうるものなのか。むしろ個の全体主義的撃滅は、この二〇世紀に生じた出来事なのだ。前近代の社会は、個が他者とともにより大いなる連関のうちに存在せしめられるようなコスモロジーをそれぞれなりに具備していた。それは人間が自分自身の運命を了解して生きることのできる文明だった。そのようなより大いなる連関・交響のうちで、雄雄しく神から与えられた運命＝荒野をひとり、そして同時に人びととともに歩み通すのが、人間の自由とみなされたのである。

かつて人びとが従容として死を迎えることができたのはそのためである。現代では人は安らかに死ぬこともできない。死はただ、自由と快適の追求に生き甲斐を見出していた生が突然中絶させられるだけである。それはただ残酷な無意味でしかない。だからフィリップ・アリエスのいうように、現代人は死を隠蔽しなければならない。隠蔽したとて、それは訪れる。すなわち現代人は生きて商品を享受できるあいだが華なのであり、さらにはそれを享受できるだけの若さを保持しているあいだが華なのである。

われわれは他者のなかにおのれの生の証しを見る連関の世界でしか、生涯の意味を感受することはできない。そしてそのような連関の世界は、より大いなる存在、すなわち世界＝自然との連関・交響のうちにしかたしかめることができない。近代以前の人類の文明は、いかなる欠陥や不備があろうとも、そのような連関のうちに人間が生きることを可能とする最低の条件を備えていた。世界から意味を剝奪し、その代償として、カラスの勝手的な自由遊動的空間をしつらえる現代文明は異常な文明である。

この異常な文明からいかにして転換をかちとればよいのか。イリイチのいうように、経済成長のプラグを抜くというのは、それができさえすれば手っ取り早い方法だろう。だがそれが抜けるためには、われわれは近代以来どっぷり浸った惰性的なものの見方自体を変えねばならない。それは口で言うほど楽な仕事ではないはずである。抵抗が激烈を極めるだろうというだけではない。鉈を振りまわすような「近代批判」にわれわれは不足はしないが、近代以来の輝かしくもまた哀切な営為の核心を擁護しつつ、そのいたましい錯誤を切開する方法を、少くとも私はまだ見出していないのである。

ただひとつ、過ぎ去ったものを思い返すうちに、ほのかに光る途が見出せはしないか。過ぎ去ったものを思い返すのは断じて逆行的な回顧趣味ではない。過去は正当性のある人類の遺産である。時計の針を逆にまわすなどと言うのは、言う当人の直線的進歩的な歴史観を暴露するにすぎない。人間とはどういう生物なのか。過去の暗闇を前にそう問うことが、いまは何よりも大事なのだ。私に言えるのはその一事だけである。

ポストモダンの行方

皆さん、今日は。今日はこの長崎大学教養部自治会の新入生歓迎行事ということなんだけれど、新入生いるのかな。いらっしゃったら、ちょっと手を挙げて。あんまりいないね（笑）。

さきほど自治会委員長が恐ろしいことをおっしゃった。渡辺の話しを聞けば社会に出たときの考え方を確立できると、こう言われましたね。そんなことは全然ありません。私は肩書きは一応評論家ということになっていますが、実はその評論家もいまは廃業してしまっているのです。じゃ何で飯を喰っているのかといえば、福岡の予備校に週三日教えに行って、それで辛うじて飯を喰っているのです。とすれば私は予備校教師という世間並の職業についていることになりますが、私自身には全くそんな意識はない。私の意識ではこれは喰わんがためのアルバイトなのです。じゃ本職は何かといえば、それがない。つまり私は浪人であり、もっとあからさまにいえば無職なのです。

私は今年で五十七歳になるのですが、その五十七年の生涯で、お給料をいただいたのは、通算して三、四年じゃないでしょうかねえ。いま現に予備校で給料とってるじゃないかと思われるかもしれませんが、あれは九〇分いくらのギャラなんです。テレビに出る芸人とおなじ。つまり私は社会に出て以来、ずうっと浪人暮しをして来た人間、社会的地位を確立できなかった人間です。そういう浪人の喋ることを聞いたって、これは絶対、社会で自己を確立することにはならないね。まず最初に、そのことをはっきりお断りしておかないといけないと思います。

あなたがたは長崎大学に入られて、卒業後のことはいろいろ考えておいでのはずです。端的にいってそれは、せっかく大学を出るんだから、それだけの値打ちのある専門的な職業に就きたいということでしょう。そしてそこで、自分の可能性に挑戦し才能を発揮してみたいということでしょう。ところが、そういうふうにあなたたちが考えておられる専門的な職業というのは、天職でないことはむろんのこと、たんに社会的に必要とされる分業というのでもないのですよ。専門的な職業についてそれなりの報酬を受けられるのは、その職務がそれに見合う経済的有効性をもっているからこそですが、その経済的有効性というのはきわめてかたよった動因によって制度化されていて、けっして、ある個人の活動を正当かつ全体的に評価する基準ではありえないのです。たとえばこの私にしたって、世間が銭を払ってくれるのは私の全人間活動のうち、ごくつまらない部分に対してです。私がこれこそ自分の本当の務めと思っている部分に対しては、誰も銭を払ってはくれません。

このことに関してはまたあとで触れたいと思うので、これくらいにしておきますが、とにかく君たちがめざしている専門職というのは、商品集中経済の力学によって規定された非常に狭い有効性の上に成り立っているにすぎない。そういう有効性を前提として受けいれて、君たちは官吏であるとか教師であるとかテレビマンであるとか、職業人になって行く。ところが仮に優秀なテレビディレクターになってみたり、放送記者を振り出しに編成局長まで出世して、ひょっとすれば重役にまで行ったとして、そしてその間におのが個性や才幹を大いに発揮して充実感にみたされた人生を送ったとして、さてそのあとは死ななければならないわけだ。死ぬまえに、第一、定年が来る。定年というのは、いわばそれまで送って来た自分の専門人としての生涯の露骨な全否定なのですよ。職業人・専門人としておまえは使いものにならなくなったのだという宣告ですからね。そこで四十年、五十年の自分の職業人としての生涯は何だったのか、ということになる。そういう問いの前に初めて立たされる。

いまの人間は私も含めて馬鹿になったのです。人間はもともと、自分は死ぬために生きているのだということを、小さい頃からの経験を通してよく知っていたのです。人間はいつでも死を迎えられるような心の決定を、日々の暮しのなかで培って来たのです。それが歳をとりつつ人間として生きるということだったのです。ところが、生涯の目標が専門人としての才能を発揮することであるかのように、つまり報酬の高い専門職について社会的ステータスを獲得したり、ある分野のエクスパートとしてマスメディアで有名になったりすることが、人としての生き甲斐であるかのように騒ぎ立てている現代という文明においては、ひとびとは職業人として廃棄処分になったとき、なすすべを知らない。ましてや死を迎えねばならなくなった際、どう得心してよいかわからなくなっているのです。

現代人は元気なうちは浮かれに浮かれて、死を前にしてやっと、自分がこの地球の過客にすぎなかったことを自覚するのかもしれません。ぼくらはこの地球上に招かれたゲストなのです。この美わしい自然からも、人間が織りなして来た何十万年という歴史からも招待されて、七十年か八十年の間この地球上での一度きりの滞在を許された過客なのです。そうすると、死を前にして、この一回きりの滞在は何だったのかと問い返す日が必ずやってくるにちがいない。ぼくはそこに焦点を定めて、今日の話をしたいと思っているのです。

さて、今日の論題は『ポストモダンの行方』となっているのですが、ポストモダンというのはもちろん、モダンが終ってそのあとに来る新しい時代、あるいは新しい動向ということですね。このポストモダンってのは、思想界でも学界でもジャーナリズムの世界でも、あるいは音楽界でも建築の世界でも、いたるところではやり言葉になっているんで、君たちの耳にもよく入っていると思います。それで、今日言われているポストモダンというのは全然ポストモダンではありゃしない、こう僕は言いたいわけですよ。そこを最初にはっきりさせたいと思います。

まず今日言われているポストモダンとは何かということです。これは四角く言うと、近代を成立せしめていたパラダイムが崩れたということでしょう。何をもって近代パラダイムというかは論ずる人の視角によって多少変動的だけれども、大雑把に言って、ひとつは合理性・論理性への信頼、つまり合理主義的世界観でしょう。さらにひとつは人間中心の考え方。これはヒューマニズムと言ってもよろしい。つまり、人間は非常に立派で尊いものだ、生物の中で最高の存在なのだという考え方です。そしてもうひとつは、社会でも科学でも無限に進歩して行くんだという考え方。この三つを軸にしていると言ってよろしいかと思います。そういう近代パラダイムが完全に崩れ去って過去のものとなったということが、ポストモダン論者の大きな前提となっている。

ところが、合理主義、人間中心主義、進歩信仰といった世界観は本質的には十九世紀的なパラダイムであって、何も最近になって揺ぎ始めたわけではないのですね。そういう考え方が崩れたのは、実は第一次世界大戦の後のことである。いや、すでに十九世紀から二十世紀への変り目に、ニーチェとか、芸術上のアヴァンギャルドとかの形をとって、十九世紀的なパラダイムはそうとうに揺らぎ始めていたわけです。だからいま始まったことでも何でもない。それじゃ、なんでいま頃ポストモダン、ポストモダンって言うのかといえば、それはですね、第一次大戦後のニヒリズムやパラダイム破壊は、今日から見るならば、何か信じうるものを確かめたいという欲求をまだ持っていた。人間の存在意義について非常に懐疑的になり否定的になって、人間とは実はしょうがないものではないか、歴史なんて意味づけは信じるに足りないのではないか、人間が作っている社会もけっして合理的ではありえないのではないかといった考え方を提出した人たちは、実は希望を得たいがためにそうしたのです。十九世紀的な世界観への不信を痛切に実感すればするほど、それに代る新しい光を求めたといってもよろしい。

ところが、今日のポストモダンなるものはそこが大違いなのです。第一次大戦前後の思想崩壊・人間不信、さらにアウシュヴィッツや広島を経験した第二次大戦後のニヒリズムは悲劇的でありました。ところが今日のポストモダンをめぐる言説は悲劇的でさえない。近代パラダイムの崩壊は悲劇でなく解放とうけとられている。もはや悲劇も苦悩も新しい光の希求もありゃあしない。もう醒めきりしらけきっているわけで、われわれを律する一切のパラダイム・規範・根拠がうち壊されて、そこに非常に自由な空間が出現したということが、むしろ一種多幸症的な感覚で解放感をもって迎えられているのです。つまり、人間の営みというものには何も根拠がないということが、悲劇的な意味じゃなしに、だから人間は本来何ものにも縛られる必要のない自由な存在なのだという、解放的含意をもって語られるようになったのが、ポストモダンと称せられる思想的モードのポイントだと思います。

むかしの人間は神話とか神話的なコスモロジーとか、あるいは信仰や習俗や伝統という形で、自分の生の拠りどころをもっていたわけだけれども、そういう根拠が近代の世俗化・合理化の過程で崩れ去ったあとでもなお、ヘーゲルとかマルクスとか、様々なグランドセオリーが世界を根拠づける言説を構築してきた。そういう合理主義、ヒューマニズム、歴史主義の形をとった理論的構築物は本来人間の解放をめざしながら、事実は人間を理性とか進歩とか普遍的人間性といった近代的概念によって呪縛し抑圧するものであって、真の自由と解放はこういう十九世紀的な近代の思想構築を解体することから始まる。これがディコンストラクション、つまり脱構築であって、ポストモダンとはこのように十九世紀的近代が徹底的に脱構築されたあとの、自由で創造的で解放された文化状況を指すものとして、なにかまったく画期的な、しかもわれわれに希望を与えるかのような時代認識を示すタームとして、いまや流行のただなかにあるわけです。

ポストモダンは人間が構築する文化には何も根拠がない、したがって本質的に恣意であるというアイデアを中心に成り立っている思想ですが、その理論的支柱となっているのがソシュール派の言語学です。

ソシュールって人は一九一三年に死んだフランスの言語学者だけれど、彼の理論の革新性はやっと最近になって認識されて、わが国でも十年ばかり前から華々しいソシュール・リヴァイヴァルが巻き起っています。かれの考えの基本は、人間の世界（あるいは実在）認識は言語に依存しているという点で、他の生物の世界認識とまったく異なるという点が第一点であり、さらに第二点として、言語は実在を分節化する認識格子であるが、その分節化は何ら実在に根拠をもたない恣意的な差異化であるというにあります。つまり、われわれは実在として山があり川があるから山という言葉、川という言葉が実在し、実在として、犬と狼は違った存在であるから、犬と狼という違う単語が存在するのだと、ふつう考えているのですけれど、ソシュールによれば、それは言語の詐術にたぶらかされたまったくの錯覚なのです。山とか川、犬とか狼はあくまで言語という網の目による分節化であって、言語がそのように分節しているからこそ、実在がそのように分節して存在するかに見えるのです。

ソシュールは、言語には実在（自然）から自立した自動的な世界組織作用があると考えていたようです。言語には二項対立によって差異化＝分節化を自動的に生み出してゆく力動作用が内在しており、実在（自然）と切れてフィクショナルな世界像を組織してゆくというのです。だから、その二項対立による差異として編成された分節の網の目、すなわち世界像は、実在（自然）に根拠をもたない恣意性を本質とするのです。だとすれば、言語という形で現出した世界は、われわれがそこから脱出するべくもなく囚われている幻夢にほかなりません。ソシュールは言語の牢獄性をひじょうに鋭く自覚していた思想家といえます。

ソシュールの考えかたにはとても深く鋭いところと、なんだか馬鹿げたところと、両面があります。ですがその検討はあとに譲って先へ進むことにしましょう。さて、言語によって構築された世界が恣意的なもの、いい換えたら実在に根拠をもたないものだとしたら、一切の文化が言語の産物である以上、文化もまたかくあらねばならぬということの一切ない、どうあってもよろしい恣意的なものだということになります。今日のポストモダン的な言説は、このようなソシュールの言語理論から導き出された文化の恣意性に理論的根拠をおいております。

つまり十九世紀以来のグランドセオリーは、その立場の違いはさまざまに存在しても、人間が歩んで来た道は歴史的に意義づけることができるし、人間の文化も社会も、また個々の人間の一生も、かくあるのが正しいとまでいわずとも当然なんだ、必然なんだという前提に立っていたといってよろしい。その意味でこういう思想的構築は、人のあるべき姿、ゆくべき道という形で人間の生きかたを定言命令的に規定する性格をもっていました。ポストモダンとは、その定言命令的な思想構築が脱構築される時代が到来した、近代はまさにその意味で終焉したのだという時代認識を表しています。

ですから、ポストモダン的な文化理論によると、人間は言語を獲得した時点において自然と分離し、恣意性を本質とする文化の世界へはいりこんだのだ、その文化の世界ではかくあらねばならないといったことは何もない、一切は差異の自由な遊動、戯れにすぎないということになります。犬や猫には、犬の道があり猫の道がある。ワンと吠えなくなった犬は犬らしくないし、爪とぎをしなくなった猫は猫らしくない。犬や猫には犬らしい猫らしいという、それぞれはずれることのできぬ道がある。ただ、言語によって文化の世界に生きる人間だけにはそれがない。人間はそういう自然との結びつきを失ってしまった。それが人間の自由である。悲劇でありかつ栄光である。人間には、人間としての道ということもないし、人間らしいということもない。むかし『人間として』というタイトルの雑誌がありましたけれど、ポストモダンの立場からいえば、これほどナンセンスな言葉はない。人間ということからは何の規定も当為も出て来ない。人間であるということはいかなるありかたも選択できるということにすぎない。人間にとって文化とは、実在（自然）の規定性を免れた恣意性であって、すべては選択の問題にすぎない。ポストモダンの言説は要するにこのように私たちに説いているわけであります。

人間にはかくなければならぬということはない、どのようなありかたであれ一切の差異がすべて人間的なのだというこのポストモダン的理念のもうひとつの支柱となっているのは文化人類学です。ご存知のように文化人類学によれば、さまざまに異なる諸文化の制度・習俗・生活習慣・道徳はすべて等価とされます。近代西欧人は世界をおのが植民地として分割してゆくなかで、この地球上には西欧文明とは価値観を異にするさまざまな文明があることに気づいた。それらは西欧人の基準からすれば、珍奇であると同時にきわめて理解困難な、ばかげたおろかしいものであるようにみえた。文化人類学はこのばかげた珍奇な習俗へのおどろきの念から出発して、そのような異文化はそれ自身のコードに従って内在的に読み解きさえすれば、いささかもばかげてはおらず、それ自体完結した意味体系をもった、それなりに正当性をそなえた文化であるという逆倒した認識を確立する過程で成立したわけです。それが一九二〇年代のマリノフスキーやラドクリフ＝ブラウンの仕事の意義でありました。

文化人類学は異文化を自国の文化のコードで読み解いてはならない、異文化自身に内在するコードを読解せねばならないという原則を確立したわけですが、この視点はたんに文化人類学という特殊科学の方法論たるにとどまらず、制度・習俗・道徳などの文化的諸規範は文化によってそれぞれに異なっており、一様平等に存在理由を与えられているのであって、それらを裁断する普遍的価値基準はありえないという合意を、文化理論全般にわたって成立させることになります。この相対主義的な視点からすると、やはりこの世にはかくあらねばならないということは何もなくなるわけで、窮極的には倫理ですらたんなる文化的差異であり、どちらが正しいかなどということはなく、どっちでもよろしいということになります。

文化人類学によって文化に対する相対主義的なとらえかたが普及したことは、ポストモダン的言説の大きな前提になっています。そして、その上にソシュール風の文化の恣意性の理論が重なって、今日のポストモダニズム的な面白文化の盛行が築かれたといってよろしいのですが、要するにポストモダニズムの眼目は、これまでわれわれを縛って来た倫理、伝統、制度、言説の一切を何ら根拠なきものとして示すことにあるわけです。

たとえば家庭崩壊などと嘆かれるけれども、どうして家庭が崩壊していけないのか。人間にとって家庭が必然不可欠の制度であるという根拠がどこにある。どこにもありはしない。われわれは家庭など必要としない新しい文化を生み出しつつあるのだと考えてどうして悪いのか。また、どうして男が男らしく女が女らしくある必要があるのか。男が女みたいな格好したって、その逆であったって、一向構わないじゃないか。だって、ある自然性にもとづいた男らしさ女らしさなんて存在しないのだし、そういうものはすべて恣意的な文化的規範にすぎないのだから、というわけです。そして、そういう過去からひきずって来た共同的な幻想を解体した先に、人類がこれまで経験したことのない自由で楽しい、遊びにみちた世界を展望するのが、今日のポストモダン論者の特徴です。

十九世紀の大思想は人間がある目的なり使命なりを担っていると考えていた。ところがネオダーウィニズムの教えるところによれば、人間は一般の生命体同様、ミューテーションとナチュラル・セレクションによって進化して来ただけである。突然変異によって出現した新しい形質が、自然環境によって選択されて、人間はいまのような人間に進化しただけであって、いわば人間なんて偶然の産物にすぎない。そういう偶然地球上に出現した人間が、言語という一種の幻夢に誘われてつむぎ出したのが、人類の生存意義とか使命とかいったたわごとであって、そういう幻想こそわれわれを強迫的に束縛し抑圧して来た元兇であるとポストモダン論者は考える。

むろん彼らは、近代パラダイムが解放と自由を追求して来たことを認めないのではありません。しかし彼らによれば、近代パラダイムは前近代的な規範は解体したものの、一方では逆に歴史主義・近代ヒューマニズム・進歩主義を中心とする新たな強迫的幻夢を構築してしまった。人類に何らかの目的や使命があるといった考えが実はいちばんよくない。そういうことを考えるからとらわれて不自由になり、抑圧が生じてしまうのだ。宇宙には何の目的もない、人間が存在していることには何の意義もない、こう考えてこそ人間のいとなみは逆に自由で能動的なものになる。意味によって縛られない自由、差異を選択し創造してゆく高度な遊戯心、最大限の自由度をもつチャンスを享受できるゆたかさ、そういったものが実現される状況がまさにポストモダンである。そういうふうに今日はやりのポストモダン的言説は主張しているわけですね。

さて、こういう言説に対して私はどう考えるかということになりますが、私は今日いわれているポストモダンなるものはいっこうにポストモダンではなくて、モダンの最終局面、いわばクライマクスを示すものにすぎないと考えるのです。ポストモダン的言説は近代の知的パラダイムを脱構築するという意味で、自らをモダンの対立者であり克服者であるかに思いこんでいるのだけれども、それははなはだしい錯覚であって、今日ポストモダンと称されている風潮はモダンの対立者でもなければ克服者でもなく、ロング・スパンで見ればモダンの一局面、その極相にほかなりません。ということは、私の理解では、ポストモダンとはモダンの落とし子であって、モダンがやって来たこと、つまりモダン固有の志向と論理を徹底しつきつめてゆくときに到達する極限的な解体状況にすぎず、広義のモダンの最終局面であるということになります。現代という時代は、十八世紀の啓蒙思想以来の反規範、反伝統、反抑圧、一切の価値の解体の運動総体がどんづまりに来ている時代であって、ポストモダンとはそういう近代に内蔵されたダイナミズムが導いたまさにどんづまりであり、けっしてモダンを超えるものでも、モダンのあとに来るものではない。それ自体がモダンの一部にすぎないのです。

なぜそのように言ってよろしいのか。モダン全体を貫いているのが社会・文化の諸構造・諸要素を解体しようとするダイナミズムであり、脱構築もディコンストラクションもなにもポストモダンになって始まったものではなく、ただそれを最も尖鋭化し徹底したのがポストモダンであるにすぎないからです。つまり、ポストモダンが掲げるディコンストラクションという合言葉は、じつはモダン全体を貫ぬく合言葉であったのです。

そもそも、十八世紀の啓蒙思想にせよ、十九世紀の自由思想にせよ、それまで人間を拘束して来た規範、つまり人間と社会はこうあるのが正しいとする伝統的な人間理解・世界理解をそれこそ脱構築したわけですが、その際彼らが用いた武器は合理性にもとづく知的懐疑であり、さらに彼らを導く究極の基準は個人の解放でありました。今日のポストモダンの潮流はデカルト的合理主義の解体ということを旗印にしておりますけれど、彼らの思考は分析的合理主義的な概念操作という点で近代の知的方法を抜けてはおりませんし、何よりもまず、あらゆる拘束・規範・抑圧を解除しようとする情熱において、自分が十八世紀以来のフリーシンカーの後裔であることを疑問の余地なく立証しております。彼らはなにゆえに拘束や規範を解除しようとするのか。それを個人の自由の障害とみなすからであって、この点において彼らはまさに古典的な近代主義者にほかならないのです。

近代初期の自由思想家たちは、ごく簡単に言えば前近代的な世界理解の枠組、つまり広い意味での宗教的な物語の枠組を解体したわけでしょう。そのような物語が自由であるべき個人を神や共同体や専制に繋ぎとめるという理由で、そうしたわけでしょう。そのような物語には根拠がないと、彼らのラディカルでシニックで懐疑的な批判的知性は告げたのです。しかし、彼らはその代りに、個人を解放し自由たらしむべき新たな物語を構築した。ヘーゲルからマルクスに至る歴史弁証法がそうでありましたし、ホッブス、ルソーからミルに至る市民的政治思想がそうでありました。

脱構築論者はそういう近代が創りだした物語の解体をめざしておりますので、自分たちの営みをポストモダンと称するわけですけれども、彼らの言説の行きつく先を見ますと、何のことはありません、おそろしく単純化された自由の擁護、個人の権利の主張、国家的諸制度に対する市民主義的抵抗、フェミニズム・マイノリティ擁護・コスモポリタニズムへの傾斜、一切の規範・拘束への嫌悪等々において、彼らは実に実直にして素朴な近代的価値の信奉者であることが明白になってまいります。自己決定権という彼らの滑稽なスローガンは、何ものにも拘束されざる自由にして全能の個人という、近代の透明かつ単純な原子論的人間像の戯画にほかなりますまい。

つまり彼らは人間が史上創り育ててきた一切の制度的観念の一切を解体して、拘束と抑圧のない個人の王国をめざす点で、まぎれもない近代の申し子であります。このような解体の力動は当初から近代という時代の内部に組みこまれていたのでして、十八世紀以来の近代思想家はすべて一種の解体屋であったのです。ポストモダン論者はこういう近代が内包する方向性を極限化しているだけで、その言説はすべて近代が設定した射程のうちに収まっております。彼らはいわば最後にやって来た解体屋であって、新しいものでも何でもない。その相貌は私たちがすでに十分お馴染みのものであります。

さて、このように国家・地域共同体・家族などの拘束的諸制度を解体し、倫理・規範を無化した先に出現するのが、原子的個人が自由に遊動できるブラウン運動的社会空間であることはいうまでもありません。もちろんこの社会空間にもルールは必要です。遊動のためには衝突や侵犯を防止せねばなりませんから。しかしそれは交通法規のように、一切の倫理的な意味を含まないニュートラルなルールです。

このような自由遊動の正当化は八〇年代の高度消費文明と著しく整合的です。今日の高度化した経済は、ポストインダストリアリズムといわれるように、いわゆる長大重厚の生産財、あるいは生活必需的な基本的消費財に依存していたのでは、とても成長を遂げることができません。消費者大衆のうちに生活の必要を超えた楽しみ、遊びへの欲望を開発し、それを商品化してゆく途を実現せねば、不断の成長を追求する高度産業主義経済は即座に死を宣告されるのです。自由な遊動をあらゆる抑制から解除するポストモダニズムは目的なき消費、消費としての消費へ向けて人びとを駆動する点で、まさしく高度化した産業主義と整合的なイデオロギーであるといえます。

私はいま、資本主義とはこういうものだったのだなあという感慨を抑えかねています。といいますのは、私は共産主義的理想主義にとらわれた青年時代を送った人間ですから、資本主義ということについては、いま目の前に座っておられる諸君たちがおわかりにならぬような、一種の思い入れを持っているのです。いま思うのは、資本制というのは自分が若い頃考えていたようなものでは全くなかったのだなあということです。山登りの時でも、高く登れば登るほど展望が開けてきて、例えば五合目あたりで見える景色と、頂上で得られる展望とは全く違って来るでしょう。それとおなじことで、今の時点に立ってみたら、資本制がどういうものであったのか、ほんとによく見えて来るのです。

資本主義が資本家の労働者を搾取する体制だなんていうのは、資本制の初期段階の様相にすぎなかったのですね。資本制の正体は決してそんなものではなかった。資本制とは、あるいは市場主義経済とは、かつては王侯貴族に限られていた奢侈的消費を万人に可能ならしめるシステムだったのです。ただし、その消費はすべて商品の形をとるのです。そしてまた、人間自身が商品にならねばならないのです。

社会主義者、労働組合指導者、あるいはマルクス主義者は、三十年、四十年前には何を要求しておりましたか。アメリカでは労働者階級はみな自分の車を持っている。わが労働者家庭にも一台の車を与えよと要求しておりませんでしたか。われわれに一軒の持ち家を与えよ、一台のテレビを、電気冷蔵庫を、電気掃除機を与えよ、それらを購入しうる所得を与えよと要求していませんでしたか。家族が病院へ行きたいときに行け、子弟が最高学府までの教育を受けられるような賃金を与えよ、彼らはそう要求しておりました。

彼らはそういうことは、労働大衆の搾取の上になり立つ資本制では不可能であると考えていた。それが彼らの社会主義革命を要求する根拠でありました。しかし、今日の高度資本主義諸国の現状と、いわゆる社会主義諸国の現状を比較するならば、答は明らかです。大衆の要求する高い所得、それが可能ならしめる高い商品消費＝生活水準を実現したのは、社会主義でなくて資本主義だったのです。つまり資本制とは、大衆が要求する豊富な生活資財、高度な福祉と医療と教育、一言にしていえば大衆の幸福への幻想を実現するシステムであったのです。

今年は一九八八年でありますが、私が今申しあげたようなことに気づいたのは六〇年代の終りだったと思います。だから当時私は、公害でこの国は今後地獄になると考えているらしい或る人物に、この国は今後まことに結構でしあわせな世の中になるのですよと告げたのです。私は〝結構でしあわせな世の中〟という言表に痛烈なイロニーをこめたつもりでありましたが、そんなことは到底この人物にはわからなかったようです。

私は少年の頃からマルクスの思想を、類的存在としての人間の実現をめざすもの、つまり人間のあいだに真の共同のきずなを樹立しようとするものと考えておりましたから、公害などの産業主義的弊害の解決がおのれの課題だとは全く思わなかったのです。貧困とか弱者の救済などは社会主義よりむしろ資本主義の方が解決能力をもっていて、そういう物財的福祉的レベルにおいては、今後のなりゆきに気を病む必要はないと考えておりました。私はこのやりとりのあった年に、水俣病患者とコミットすることになりますが、「運動」をともにした「支援者」の九十九パーセントと、「運動」にかけていたものが全く異なっておりました。

私は今でも、政府批判・政策批判に熱中して民衆の友のような面をしたがる反体制的市民主義者に対しては、資本制＝市民社会の本質的な問題はそういうところにはないという判断を保持する「マルクス主義者」でありたいと思っています。しかし、〝結構でしあわせな世の中〟という表現にこめたイロニーの性格は、二十年前とは異って来ております。二十年前の私は、いわゆる「豊かな社会」が大衆社会論でいうアノミー、つまり社会的価値崩壊による精神的混沌そのものであるといった程度の認識、あるいは共同的存在であるべき人間の原子的分割という程度の把握しかしていなかったのです。

今では資本制というものの本質が、もっと明白に見えて来たと思います。話が段々、とんでもない所へはいりこんで行きますけど、辛抱して下さい。資本制がいつ成立したかというと、マルクス主義的な定義も含めて、産業革命を画期とする機械制大工業の出現をもって資本制の成立とする考え方が従来主流をなして来ました。ところが、ブローデルとかウォーラーステインの業績が世に出て以来、資本主義という世界システムの成立を十六世紀に認める考え方が、いまや歴史学界の主流になろうとしています。

十六世紀といえば、いわゆる大航海時代ですね。スペインが新世界へ、ポルトガルがインドへ進出し、オランダ、イギリス、フランスと続々あとに続くわけです。資本主義とは現象的にいえば、それまで地域の風土のうちに自足していた人間、大地に繋ぎとめられていた人間が、足もとを揺すり立てられて世界に乗り出した出来ごとであったのです。

彼らは何に揺り動かされたのでしょうか。和辻哲郎さんは名著『鎖国』の中で、大航海に乗り出した人類の衝動を世界的視圏拡大の欲求と呼んでおられます。だとすると、これは知的欲求です。つまり人間精神の発達の結果であります。一面の真理ではありましょうが、これではあまりにきれいごとすぎ、観念的すぎるのではありますまいか。彼らの征服の実状を見れば、そういうきれいごとは到底維持できるものではありません。

実状に即していえば、彼らをそそのかしたのはアジアの物産であったのです。スパイス、胡椒、金銀、宝石であったのです。のちではこの目録に、木綿、砂糖、茶、コーヒーが追加されます。この辺のところはざっと申しあげているので、正確にいえば、アジアと錯覚して発見された新大陸の物産がその目録に加わっているわけですが、とにかく最初の動機がアジアの物産であるのは間違いのない事実です。

これらはすべて商品としてヨーロッパにもたらされたのであって、商品が人びとの生活を豊かにし、レベルアップするという近代の原点はここに確立されたのです。それはむろん資本制の原点であります。もちろん、そのように言うためには、このような新奇な物産＝商品が従来の西欧人の生活をどのように変えたかとか、十八世紀の大西洋三角貿易がどのように資本の環境を整備したかとか、英国におけるインド・キャリコの大流行がいかにして産業革命をもたらしたかとか、いろいろな説明が必要なわけですが、いまは一切省略します。

つまり資本制とは、世界中の物産を商品に転化して、消費者大衆の欲望を刺戟し、結果的に大衆の生活水準を累積的に引き上げて来た運動の軌跡だということになります。むろん企業家は慈善家ではありません。もっぱら資本の生む利潤の極大化という動機に動かされて来たのですし、その運動の過程において、様々な弊害や矛盾を生み出して来ました。特にそれは人間と土地という、もっとも商品化になじまないはずのものを商品化し、そうすることによって社会に危機をもたらしたのですから、抵抗や反動が大きかったのも当然のことです。社会主義運動はその最大のものでして、カール・ポランニーという経済人類学者は、地主貴族の保守主義やファシズムも含めて、それらを「自己調整的市場」という悪魔の挽き臼に対する「社会防衛運動」と呼んでいます。

しかし今日の時点に立てば、資本制がこのような矛盾や危機を、反対者の批判をも取り入れながら、何とか乗り切って来たことは明らかです。そしてそのことを可能ならしめたのは、資本制が消費者大衆に商品という形で生活向上をもたらしたという、誰にも否定できぬ事実でした。大衆自身がそのことを最もよく知る者であったのです。

マルクスを引かずとも、物財・サービス・情報（知識）・ケアという人間にとっての有形無形の富は、資本制社会においては一切が商品の厖大な集積として現象します。その商品の本質は何かと分析を進めて、マルクスはかの『資本論』を書いたのですが、いまは彼とは全く異った視角から、新しい『資本論』を書くべき時ではないでしょうか。もっともそれは、私などの手に余る仕事ではありますけれども。

一切が商品として現われる社会を、「商品集中社会」という概念で批判したのは、イヴァン・イリイチという特異な思想家です。彼は学校はいらない、民衆はもともと相互に教え学びあう能力をもっているのだとか、病院はいらない、民衆はもともと自分たち仲間で病気を治療しあう能力をもっているのだとか、高速移動手段は社会を階層化するのでいらない、移動手段を自転車の速度に制限せよなどと説いたものですから、エコロジズム的志向の強いラジカリストからは受けたけれども、人間の自立的能力に基づく社会の再編成という彼の主張を真正直に受けとると、それこそ分業も専門職も近代技術も否定されそうで、一種の自然復帰、前近代への退化の主張ではないかという疑いが消えなかったのです。

しかし彼の商品集中社会批判の本質は、いささか説教師ないし社会改良家めいた片々たる言説を切り取ることによっては窺うことができません。彼は一切の商品の存在を否定したことはなく、資本制的産業の存在も否定してはいないのです。彼の言わんとしたのは、商品に一切を依存することによって生じる人間の自由・自主性の喪失であったのです。この自由・自主という概念は、近代のそれとは全く違います。ポストモダン論者のいう自由とは、天と地ほどにも違います。イリイチのいう自由とは、実在としての世界と相互に浸透しあい、交感・交響しうる個の能力のことなのです。しかもその自由は、風土をともにする仲間との共同のうちにしか具現しないのです。

そういうイリイチの思想は、『ジェンダー』『H_2Oと水』などの後期著作にはっきり現われています。『シャドウ・ワーク』にも出ていますが、これはなお過渡的な著作といってよいでしょう。前期のイリイチは様ざまな抵抗や反論に出会ったものの、熱心な信奉者・解釈家に恵まれていたのですが、『ジェンダー』以降、彼は反動的で保守的な思想の正体を自ら暴露したものとして、日本の論壇・ジャーナリズムから急速に忘れられてゆきました。これには、上野千鶴子などのフェミニストによる家父長制的保守主義という、まさに近代主義者の面目躍如たる一斉攻撃も、かなりあずかって力あったかも知れません。

しかしイリイチは、男の家父長的専制はノラの目覚め以来の女性の奮闘によって打倒された人類史の汚点であるといった、啓蒙主義的なパースペクティヴで人類史をとらえてはいないのです。前近代の人間と社会のありかたが近代の批判的理性によって否定され変革されたのは、それなりに根拠のあることであり一種の必然でもあったのでしょうが、また一面では進歩でさえあったのでしょうが、そのような近代のありかたを絶対化し基準化して、人類史を個人の解放の歴史としてイデオロギー化するような近代主義は、決してこの近代という歴史的構成物の矛盾の構造を切開することはできません。

イリイチの眼はいまやもっと遠くを見ています。たとえば彼は、かつては生命の根源、あるいは実在世界の変転する様相の象徴であった水が H_2O に変った、つまりこの産業社会における無機物な資源に変ったことが、近代という時代の本質的な帰結なのだと考えるのです。また自然環境と地域生活に密着し、歌と分離していなかった音声としての言葉が、多様な情感やもの的な触感や風土性を脱色されて、制度的な記号＝分析・伝達道具として抽象化されてゆく過程を近代とみなしているのです。十五世紀の末にネブリハがカスティーリャ語の文法書を書いてイサベラ女王に献じた事件を彼が重視するのは、そういう文脈においてです。

総じて後期のイリイチ思想では、ヴァナキュラーなものという概念が重要な働きをしています。ヴァナキュラーというのは土着的ないし風土的といった程の意味ですが、彼の思想にはいわゆる土着主義的な要素は全くありません。彼がヴァナキュラーと呼ぶのは、人間が土地であれ海であれ、自然という肉感的具象的実在と関わって一定の地域的・集団的生活を織りなし、そのような生命ある実在と交感・交響する中で、自己の自主的な生産＝消費の全活動を、ほかならぬ個の自由のあかし、おのれがこの地上に生を享けて来たことの意味の実現として了解できるような、そのような人間の存在のしかたであるのです。

このようなヴァナキュラーな土台の上に現われる人びと相互の関係、共同生活の様相を、コンヴィヴィアルという言葉でイリイチは特色づけています。コンヴィヴィアルというのはC・O・Dには befitting a feast ; festive, jovial と出ていて、「宴席にふさわしい、祝祭の、陽気で楽しい」といった意味ですが、要するにこれは、自然界との交渉において織りなされる人びとの共同の関係が、またそのような関係の中で展開される自然界との交渉、すなわち労働と消費の生活が、毎日うたげのような楽しさで彩られているということを言わんとする形容なのです。

これは近代的な認識の枠組からすれば、途方もないたわ言ということになります。領主から収奪されつつ低位の技術水準で自然に立ち向わねばならぬ生活が、いったいどうしてコンヴィヴィアルでありうるのかというわけです。近代人は前近代の民衆を封建領主の圧制と収奪のもとにあえぐものとしかみなさず、さらにまた労働といえば、すぐに苛酷とかつらいとか非人間的といった形容においてしか想像できぬようになっているのですが、実はそれは事実の一面にすぎない。

ヴァナキュラーな共同生活をコンヴィヴィアルとみなすイリイチの見地が、実は突飛でもないしロマンティクな幻視でもないことを明示しているのは、石牟礼道子さんの『椿の海の記』という作品です。自然主義文学以来、農民の生活は土を這う虫のようなものとみなされ、その惨めさ辛さ苛酷さ暗さが強調されて来たのですが、それはすべて都市的近代へ向けて上昇したものの視点でとらえられた固定像でありました。彼らは労役としての近代的賃労働のイメージを、それとは全く性格の異る前近代的労働にかぶせただけだったのです。

石牟礼さんの描き出した世界を見れば、農民や漁民のいとなみは、決して近代的な「労働」という概念でその本質を捉えられるようなものでないことがわかります。それは遊びと区別のつかぬような人間の生命活動そのものなのです。むろんそれは苦しさや辛さを伴いますが、その苦しさ辛さはよろこばしさ楽しさと分離していないのです。苦しさ辛さはよろこびの代償でもあります。私は汗いっぱいになって働いて気持よかった、ああ労働は神聖だなんて言っているのではありませんよ。そういう労働神聖視は生産を至上とする産業主義の価値観にすぎません。

農耕や漁撈はなぜコンヴィヴィアルな営みなのでしょうか。それは森羅万象と心身両面で交渉するからです。ただ眺めているだけでは隠れているゆたかな事象のさざ波がひとつひとつ立ち上がって来て、働く者の内部にはいりこみ、そこに多彩で濃密な事象とのうたげが成立するからです。農耕や漁撈に話を限ることはありません。それは誤解を招きかねませんから。選択や炊事といった所帯内の仕事にしても同様です。子育てにしたって同様です。かつてはそれはコンヴィヴィアルないとなみであったのです。どうか『椿の海の記』を初めとする石牟礼さんの著作をお読みいただきたい。イリイチが言わんとすることをこれほどみごとに表現している作家は、世界ひろしといえどこの人しかありません。

このようなヴァナキュラーでコンヴィヴィアルな生活、地域の伝統のうちに根づいている生活を解体し抹殺したのが、一切の人間活動を商品化し、人間が商品に全面的な依存することをもって高度の福祉の実現とみなす幻想を成立させた資本の運動であります。私が新たに『資本論』を書き直す必要があるというのは、こういう視角を踏まえてのことです。

イリイチの近代批判にはしかし、最終的にひっかかるところがあります。それは何かというと、近代の達成のすごさ、その人類史的な展開のある種の必然性を、イリイチがどう自身の思想のうちに繰り入れているのかという点です。先程もいいましたように、彼は商品や近代技術を一切排除せよなどと、夢のようなことを主張しているのではありません。彼はむしろ、そういうものをコンヴィヴィアリティのために統御し活用できると考えているようです。彼が産業とテクノロジーの発展の分水嶺ということを言い、それに閾値＝限界を設定すべきだと説いているのは、その意味で説得力があります。

しかし彼のそういう主張はある種の社会工学ないし社会政策の次元にとどまっていて、近代というものの展開の必然性を押えきった議論にはなっていません。分業や専門化の展開という一点をとっても、イリイチのいうようなコンヴィヴィアルな社会編成と根本的に矛盾するものがある。イリイチには、彼の前期の思想を総括する主著のタイトルが『コンヴィヴィアリティのための道具』であることによく表われているように、技術や制度を道具とみなすプラグマティクな思考癖があります。しかし技術や制度はたんに人間の任意な選択が可能なものとして在るのではなく、それ自体のうちに、あるいはその背後に、人間の意識と活動の歴史的な分裂・展開の過程を含んでいます。

むろん、人類史をこのように意識と活動の分裂・展開と把握する歴史主義は、構造主義的思考の出現によって大きく揺らいでおります。構造主義によると、人間の意識と活動の所産つまり文化には、二項対立的な不変の構造があって、その構造が所与的条件のもとにいろいろパタンを変えて出現するにすぎない。この考え方からすると、歴史には必然的な展開過程など何もないということになる。

しかし白状しておきますと、私は依然として抜きがたいヘーゲリアンなのです。もちろんそれは、一面においてと但し書きをつけてのことですが、人類史における前近代・近代・そして不定の未来という展開もしくは継起について思いめぐらすとき、ヘーゲルのかのアウフヘーベン（止揚・揚棄）という着想を、私は脱ぎ棄てることができません。この螺線的な展開の概念は、けっして単純な発展や進歩の観念ではありません。

市民主義的デモクラットやフェミニストは、あとから来るものは過ぎ去ったものより無条件に優越しているのだと信じこんでいます。彼らにあるのはごく単純な、古き蒙昧や抑圧を一歩一歩払いのけてゆく前進の観念なのです。だが歴史はけっして、そういう単純な前進としての姿を示してはおりません。新たに来たるものは一面において古きよきものを滅ぼすのです。過去の人類史は、人間の活動と知恵がよきものを累積的に付加し蓄積してゆくとは教えておりません。新しきよきものを獲得するためには、古きよきものを滅ぼさねばならぬのが、少くともこれまで人類史が示してきた人間の宿命であります。否定の否定＝止揚という概念にヘーゲルが到達したのは、こういう人間の宿命を前にしたときではなかったでしょうか。

否定の否定＝止揚は人類史の救済の仮設です。なぜなら、新しき時代によって滅ぼされた古き時代は、来たるべきさらに新しい時代のうちに次元を高めて甦えるのですから。ヘーゲルはこのような展開を歴史の自然過程として法則化しましたが、それはむしろ、成熟しつつあった近代が醸成する矛盾群を目前にしたときの、彼の希求であり願望であったのです。

私はそのような希求・願望をおなじくするという意味で、一個のヘーゲリアンなのです。来るべき新しい時代は、近代という人類史上特異な、あえていえば異常な時代と、それによってうち滅ぼされた前近代との対立を止揚するものでなければなりません。それは近代の自足した局限的な思考枠組と価値観をのりこえ、ある意味で前近代の神話的・コスモス的世界観を甦えらせつつ、しかも近代が切り開いた知と市民的自由の地平を確保するものでなければなりません。

マルクスは一面において徹底した近代主義者です。しかももう一面では、おなじく徹底した近代批判者でありました。そしてあとの面では、前近代的な理想ないし夢の、高い次元における甦りを希求するロマン主義者でさえありました。今日、マルクスのこのような歴史哲学的側面は一種のダーティ・ワードとみなされており、むしろ彼は、実体から関係へという世界概念の変化の先駆者として再評価されています。しかし私は、そのすべてではありませんがマルクスの歴史哲学、というより歴史の救拯への希求という一点に心をそそられ続けるのです。

しかし近代主義者マルクスには、かつて人間がその中に生きていた意味あるコスモスについての理解はありませんでした。近代の啓蒙主義と科学がそれを解体するまで、人びとは自然界のうちにおのれの生を意味づける物語を読みとっていたのです。天空や日月星辰、山河や樹木や草花、鳥獣虫魚、つまり森羅万象は人間とともに生きる存在であり、そういうものとの呼応・照応のうちに、人間は自分の一生の意味を納得しておりました。

人間は何の媒介もなしに、利害と性癖の異る他者と直接に関係していたのではありません。

社会契約というのはむろん歴史的事実ではなく、理論的な仮設あるいは要請にすぎませんが、その原初的社会契約ですら、自己と他者を媒介するより大いなる存在なしには不可能であったでしょう。

人間が他者と共存できたのは、我と他を繋ぐより大いなるもの、より高きものが在ったからです。それが実在世界、つまり森羅万象でありました。これが根本的なことですけれども、人間は他者と関わる以前に、おのれの外にある世界と対話するのです。星や、樹木や、雲や、風と対話するのです。自然界は人間にとって第一の他者であったのです。そしてこの第一の他者は自分より絶対的に広大深遠であり、その前に頭を垂れねばならぬ存在です。しかも、へりくだるおのれを抱きとってくれる存在です。

このような大いなる実在に照らされ媒介されてこそ、ひとりの修羅である自己は、もうひとりの修羅たる他者と関わることができるのです。それは我も人もともに、実在世界との対話のなかで、人間としてのもっとも崇高な感情を育くむことができたからなのです。つまり自己も他者も、この広大深遠なる実在、繊細微妙なる実在に感能する能力、まさに人間的といってよい能力をもっているからこそ、その間にドライな社会契約ではなく、魂の関係が生まれてくるのです。

このような人間と呼応・交響してくれるコスモスを、近代は完全にうち滅ぼしてしまいました。そのかわりに、市民的連帯とか、民族的共感とか、階級的団結を導入しました。しかし、そのようなイデオロギー的粉飾を剝がせば、コスモスとの交感を喪った人間は根本的な他者への不信を抱きつつ、社会秩序という約束事のもとに、ゲームのように自他の利害・欲求を調整して生きる功利的存在たらざるをえません。

他者との繋がりの基盤を失った人間は、もっぱら金と知力あるいは体力に頼って、次から次へと面白いこと楽しいことを追求するしかありません。現代人は金と自分の能力しか信じるものがないのです。だから金と健康が関心の第一だし、しきりに能力開発だとか自己啓発という魔術に頼りたがるし、カルチャー教室やジムへ通いたがるのです。でも、死ねばすべてが終りです。現代人は死に当って、原理的に虚無に直面せざるをえません。幕末・明治初期の外国人の見聞記によると、当時の日本人は死を見ること帰するがごとくであったといいます。またフィリップ・アリエスというフランスの歴史家によると、中世の西欧人は死を予感すると、作法に従って従容と死の準備をしたといいます。彼らには信ずべきコスモスが在ったのです。

ポストモダンという今日の議題から、ずいぶん遠いところまで来てしまったようです。ここで今日の論題につなげますと、ポストモダンの言説はいま言ったようなコスモス的世界理解をむろん、根拠なき盲信として解体しようとするのです。彼らによれば、人間は実在世界から言語によって距てられ、文化という言語の恣意的構築物の中で生きてゆかねばならぬ欠陥動物なのですから。実在と対応する本能を喪った欠陥動物たる人間は、文化という何ら実在的根拠をもたぬ恣意的構築物に縛られる必要はなく、つねにおのれの属する文化を相対化しつつ、自由に遊動すべきであるというのですから。

しかし、このような言説はいったいどの程度の妥当性を持っているのでしょうか。ソシュールによる、言語には差異化によって自動的に世界を分節化する働きがあり、その分節化された網の目は実在世界を反映するものではないという認識が、重大な意義をもつことを認めるのに私はやぶさかではありません。しかし、ソシュールの言語の恣意性の強調のしかた、あるいはソシュール祖述家たちのその強調の仕方には、なにか根本的におかしいところがあります。

実在世界はある認識のしかたにおいてしか、認識するものにもたらされません。その認識のしかたは生物の種によって、みなそれぞれに異るのです。つまり生物はすべて、それぞれの環境世界との関係のしかたと感官の構造によって、種ごとに異った世界像を描いているのです。生物は種ごとに、生きる目的にかなったそれぞれのレンズをかけているのだといってよいでしょう。一定のレンズによってしか世界を感得できないのは、人間に限った話ではありません。

人間は言語＝文化を持つ点でほかの動物とはちがうのだと、ポストモダニストは言うでしょう。しかし、言語といえども生物進化、よりひろく言って地球進化の産物です。言語をもつことで人間は欠陥動物になったのだとか、実在と距てられたのだというのは大変おかしな話です。DNAの構造、それから蛋白質がつくられるメカニズムは言語とよく似た性質を持っています。その構造とメカニズムには、実在によって必然化されるような根拠はありません。つまりそれは言語とおなじく一種の恣意性を持っているのです。しかしその恣意性は、環境に適応する上での生物の自由度といってよいでしょう。

言語はいわば特殊なレンズですから、実在世界を人間特有のしかたで変形します。しかしその変形のしかたは、人間が生きるための必要と整合的で、その意味で世界の人間的な近似値を与えるのです。言語による分節化の恣意性の例として、フランス語は狼と犬を区別しないことが引かれますが、両者はよく似ておりますから、そんなことは世界の近似値を得る上での自由度にすぎません。私のいう世界の近似値とは、人間という種の生きる必要によって規定された近似値にすぎず、客観的真実としての実在を仮定した上での近似値ではないことを断っておきます。

言語は実在と関わりなく自動的に組織されるので、人間特有の幻想を生み、実在世界との乖離を招くと主張する人びとがいます。しかし現実と乖離する幻覚を生むのは言語だけではありません。それぞれの種は世界の感受のしかたにおいて、それぞれのしかたで幻想を持ち、実在と乖離しています。本能は裏切らないが言葉は裏切る、というのは嘘です。本能はしばしば生物を裏切ります。

人間は言語＝文化を持つゆえに、他の生物が抱く必要のない幻想にとりつかれ、精神の病いに苦しまねばならないと言う人がいます。これも嘘です。こんなことを言う人は今日の霊長類学の達成に無知なのか、あるいはそれをわざと無視しているのです。世界を概念化するのは言葉だといいますが、言葉を持たぬ霊長類、いやそれにはいらぬサルですら、世界を概念化していますし、世界＝現実との乖離にもとづく精神病理を経験しています。彼らはかなり発達した脳を持っておりますし、しかも集団の文化を持っています。霊長類は音節を分節化し結合する生理的機構を持たないだけで、潜在的に初歩的な言語使用の能力を秘めているのです。彼らは性や集団に起因する精神的病いの兆候を示しますし、集団のなかで政治も行うのです。

人間は自然と距てられ本能を喪った動物だ、ゆえに欠陥動物だというのは、実は裏返された巧妙な人間至上主義であることに注意していただきたい。ポストモダニズムは自然による拘束あるいは規定からのがれたいという欲求の明白な表現です。その意味で彼らはまさにウルトラモダニストであります。

私は本当のポストモダンとは、近代が生み出した人間と自然の関係を考え直すところから始まると考えています。しかし私の長すぎる話は、そろそろ収束へ向わねばならぬでしょう。私は最後に、近代のあとに来るべき時代に、私たち日本人がどんな寄与をなしうるかということに触れたいと思います。私は、それは隠者の思想の伝統だと考えているのです。

隠者というのは世捨て人のことです。つまり世間の外へ出た人です。ですからそれは乞食でもあります。人間はすべて、その時代特有の社会的存在形態に編成されて生きるのですが、隠者はその社会的存在形態を仮そめのもの、人間の真実を覆う殻のようなものとみなすのです。その殻を脱ぎ棄てないと、人間は真実の人間であることができないと考えるのです。

こんなことを言うと笑われるでしょうが、私は隠者の思想はマルクスの思想であると思っているのです。マルクスは資本制社会では、人間関係はすべて商品に媒介されて現れると考えました。そして、そのような社会的関係性をひっくり返したところに、言い換えれば、資本の運動によってきめられた人間の社会的在りかたを廃棄したところに、人間の類的存在としての本質が顕われるのだと考えました。マルクスの千年王国的願望を、今日のわれわれはそのまま有難がることはできませんけれども、人間の社会的存在形態を仮象とみなす視点、その存在形態からわが身をひき離す視点は、それこそ日本の隠者と通底するところでありまして、来るべき未来を考える上で手放してはならぬ思想なのではありますまいか。

私は若い頃、どうして職業につかねばならぬのか、ただの人間であってなぜ悪いのかと、本当に思い悩んだことがあります。サルは出世してボス猿になるかも知れませんが、編集者ザルとか教員ザルとか公務員ザルにならなくていいでしょう。こういう私の幼いロマンティシズムは、ウェーバーのあの厳しく切ない『学問と職業』を読むことによって反省を強いられたのですけれど、それでも自分の接する若者たちが、そのうち県庁に就職するとみごとな県庁マンの顔になり、教員になれば立派な教員顔になるのを、今でも少し悲しいことに思わずにはいられません。ましてや、その職業におけるステータスや名誉心を生き甲斐にしてゆくに至っては、思わず目をそむけたくなります。

新入生の皆さん、と言ってもここに居る諸君の大部分は上級生、中には五年生や六年生もいるらしいけれど、人類が近代を通過した以上、諸君が卒業して専門的職業につくのは必然であるし、その職分を通じて最善を尽くすことが人間としての責務であることは当然です。しっかり勉強して、自分の意にかなう職業につき、それを通じていくらかでも望ましい世の中を作ってもらいたい。しかし同時に、隠者となって今の自分の在り方を見直す心を、どこか片隅にもっていてほしい。そういう眼を自分のうちに持ち続けることは、これからの君たちにとって、とても強い拠りどころになると思います。長話を聞いて下さって、ありがとうございました。

山河にかたどられた人間

育ちかたをいうなら、私は自然にはもっともうとい人間である。植民地育ち、そのうえ本育ちの私は、もともと梅と桃の区別もろくにわからず、「米のなる木はどれかいな」というほうの人種なのであった。

若いころ、友人から都市のイメージをたずねられ、土をコンクリートで被覆して、虫けらや土ぼこりから人間の居住空間を完全隔離したのが都市であると答えて、まるで西洋人だねと呆れられたことがある。これにはじつは実感があって、植民地都市を引き揚げて日本式家屋に住むようになった或る日、大掃除というので畳をあげた。すると、薄い床板の間から、わずか五十センチばかり下に、うじ虫の這いまわっていそうな地面がすけて見えるではないか。何というところで毎日寝起きしていたのかと、まだはたちになっていなかった私は慄然とした。

そういう私にとって、自然とは、人間が防護された都市空間からときどき出遊してたのしむ風景にほかならず、いわば大仕掛けな公園といってよかった。私はロマン派育ちであるから、自然を好まなかったわけではない。ただ、私の愛する自然とは宮沢賢治であり、コロー、シスレーであって、とりもなおさず風景でしかなかったのである。そういう風景の中に足を踏みいれ、ましてやその中で生きるとなると、それまでひたすら美しかった風景はうす気味のわるい生きものに変る。自然とは粗野な混沌であるのだな、というのが私の実感だった。坐ろうとすれば笹が尻を刺すし、林の中は蜘蛛の巣やえたいの知れぬ虫だらけだ。しかも、乾いた大陸育ちの私にとっては、この国の山や森はしめっぽくって、つねに腐敗が進行しているような気配にみたされていた。

しかし一方、そういう粗野な混沌を排除して造出された人間の居住空間は、なんと脆くて滅びやすいことか。私は廃墟というものを美しいと感じたことはなかった。廃屋があると、私は目をそむけて通り抜けた。ことに、田園の中に放置された農家の廃屋などは、醜いというのを通りこして恐怖そのものだった。それは巨大なゴミの団塊である。人間のいとなみというのは、なんと汚ないものを生み出すのか。自然はゴミは生まない。人間の文明だけがこういう醜悪なものを生み出すのだ。つまり、文明という自然の中に劃定された人間の居住空間は、いったん維持・補修を怠れば、即座に巨大なゴミの団塊と化すなにものかなのだ。

私は、自分という昭和初期モダニズムの落し子の感性について、私的な述懐にふけりたいのではない。人類史における反自然的な意識というものの出現について、少しばかり反省を加えたいと思って、自然ばなれのいちじるしい意識の一例を、自分に即して取り出してみたまでである。

現代は文化で明け文化で暮れるご時世である。私はそういうご時世をほとんどあさましいものと思わずにはおれない。現代の「文化」に囲まれて生きるぐらいなら、野山で野垂れ死にしたほうがいい。老衰するに及んで阿蘇外輪の樹海のなかに姿をくらました宗不旱という歌人が熊本にいるが、そういう人のことがいまの私にはなつかしい。

自然という実在から隔離して、文化的形成物の二次三次的な産出としてのイメージに囲まれてヒトが生きるようになった現代、そのような自立的なイメージライフを物質的に可能ならしめるために、自然の効率的な搾取を技術的に強化してやまない現代、そういう現代に生きざるをえない人間として、自然ばなれという点ではほとんど戯画的な域に達した育ちかたをしたこの私が、水に渇いたもののように自然との触れあいを求め、自然についての新しい自覚を強いられている。それはいったいどういうことであるのか。

自然はある意味では、現代文化の寵児となりつつあるのかもしれない。アウトドアライフ、バードウォッチング、一坪農園、渓流釣り。自然はいまやヒマとカネのある人間によって再発見され、喰い荒らされている。自然と対立して極限的な人工世界をつくりあげた人類は、こんどは車という機動力を駆使して、自然へ向けて逆流を開始したのだ。

だが、このように再発見され再び価値づけられた自然は、かつて人間がその中で生きざるをえなかった自然とは異なり、文明化された人間のホビーの対象でしかない。自然が都市住民のナウいホビーでありうるのは、あくまでテクノロジカルな生活基盤と装備があればこそなのである。もちろん、このようなホビーとしての自然再発見は、森や川の破壊に歯止めをかける役割を果すかもしれないという点では、一定の積極的意義を認めてもよいものであろう。だが、こういう自然との「親しみ」かたは、文明論的な一兆候ではあっても、けっしてわれわれ人間を自然との正しい関係へ導くものではあるまい。

私がこの歳になって自然がなつかしいというのは、現代文明のテクノロジカルな生活基盤の上に立って、そのひまびまに「自然」というぜいたくを楽しみたいというのではない。私は釣りや山登りをせずとも生きられる人間であり、土いじりや花いじりをせずとも不足を覚えない人間である。ただ日々の生活が、自然との不断の交流なしには生きられないというだけの話だ。私が生きる想像力にとって、コンクリートでうち固められない川、ビルによって区画されない空、都市計画とかによって無残に刈り縮められてしまわない樹木がいるというだけのことだ。

人類は初期文明の成立と同時に大地に円を描いて、そこを自然の威力の及ばない人間の占取空間として宣言する習性を身につけた。それはすなわち、自然から自立する意識の成立でもあった。人類がみずからを意識として自然から弁別し、それ自身の根拠において存立する意識＝精神が、対象としての自然を工作し操作するという、精神対自然、文化対自然の図式が成立したのは、もちろん根拠あることといわねばならない。大地の重力から解き放たれて天空の高みへ飛翔したいというのは、イカルス以来の人性である。このような意識の自然からの自立が西ヨーロッパにおいてのみ徹底的に遂行されたというのは、興味ある一個の論題だろう。だが、このような精神の自然離脱は近代テクノロジーという裏づけを得て、その歴史的出自を超え、いまや世界を主導する普遍的指向となるにいたっている。

しかし、意識がそれ自身存立するものとして絶対化しつつ自然を対象化するありかたは、意識の気づきの過程としては、それ自体あくまで歴史的で過渡的なものにすぎない。意識の気づきの力学は、そういう意識の自己絶対化をのりこえて、実在系における意識の総体的な位相の気づきにまで至らずにはやまない。意識による自然の対象化とは、この実在系における歴史的出来ごととしてみるならば、自然による自然自身の気づきにほかならなかった。

人間が物質進化の産物であり、その意味で人間もまた自然にほかならぬことはおよそ否認しがたい事実である。だが、多くの人びとは、人間の肉体は自然として承認しながら、精神もまた自然の一分出型であるとは認めたがらない。しかし精神と肉体は、分離しがたい生命的統一を区分という便宜的な初級論理によって解体したときに生ずる仮設概念にすぎず、実在するのは、精神とは肉体であり肉体とは精神であるような分割すべからざる生命現象なのである。そしてその生命が、地球という実在系の一構成因であり、しかも進化による地球そのものの分出的表現型である以上、人間の精神とはまさに自然そのものの働きにほかならない。

分析的区分的な認識枠組は、生物を地球という天体と区別し、さらに人間以外の生物を自然に組みいれて人間＝精神と弁別する。なるほど、それは認識のためのひとつの便法ではある。だが、たかが便法にすぎないもののために、実在の真のありかたへの眼を曇らせてはなるまい。人間は地球という乗物に、あたかもひとが車や船に乗っかるように乗っているのではない。このようにイメージされたときの地球とは、まさに地殻的構造物としての天体そのものであろう。そしてその構造物の上に寄生しているもろもろの生命は、偶然が人間のためにしつらえてくれた調度なのであろう。地球・生命・精神をこのように分断して、部屋という構造物と、その中にしつらえられた備品・装飾などの調度と、その中に住む人間のようにイメージして来た近代的な地球観には、まことに無邪気な人間中心主義的刻印がしるされている。この鏡に映った実在の像は奇天烈に歪曲されているのだ。

しかし、ビッグバン以来の宇宙の創成を思いみれば、生命にせよ精神にせよ、いずれも地球という一実在系のメタモルフォーゼにほかならず、人間＝精神はとりもなおさず自然＝地球の分出的表現型なのだ。

われわれは文化を形成し意識そのものと化すことによって、自己を自然とは別ななにものかと自覚するにいたったけれども、じつはわれわれ自身が自然の一部なのであり、意識は自然自身、地球自身の働きの一局面なのだ。われわれの自然認知・自然の対象化は、自然による自然の認知であり、対象化であったのだ。このことの確認は何をもたらすか。われわれ人間の活動環境としての自然についての、改変されたより的確な認識をもたらす。

自然は人間の生存・活動の環境であり、利用すべき資源の一大倉庫でありうるけれども、人間にとって自然がもつ本源的意味はそれ以前のところにある。

山河はそして草木は、そして空とそこを往き来する雲と風は、なぜわたしたちにとって美しくここちよいのだろうか。それはわたしたちの感性が、ということは全神経系が、そういういわゆる自然を美しくここちよいものとして感受するように、系統発生上、形成されて来たことを意味する。中尾佐助さんは好著『花と木の文化史』のなかで、未開民族が花の美しさに盲目である例をひいて、花を美しいと感じる感性が文化形成物にほかならぬことを主張しているが、それは要するに未開人に対する聞きとりのしかたが悪いのである。日本人と西洋人とで花の美しさが異なるというのは、歴史的な修飾（モデファイ）の問題にほかならず、自然を美しいと見る感性が系統発生的にビルドインされていることへの反論にはならない。

つまり、われわれの心は山河にかたどられているのである。自然は人間にとって資源である以前に、人間が人間として形成される場なのである。山や川や風や雨や、さらにはその中で生をいとなむ花や木や鳥やけもののイメージなしには、人間にはいかなる思考も想像も不可能であったろう。なぜか。その理屈はかんたんで、人間の意識は、宇宙船で飛来して宇宙空間から地上を観察しているような純粋理性ではなく、地球という実在系の一構成因として、系全体との関係＝相互浸透のうちにあらしめられているからである。人間は自然の結節点なのであり、それゆえにこそ己れのうちに全コスモスを映し出しているのだ。人間が古代からさまざまなシンボルを駆使して来た理由はここに求められる。自然はわれわれの心の生みの親であるというばかりでない。われわれの心の拠って立つべき範型なのである。

われわれは意識を確立することによって自然をコントロールして来た。だからこそ、コントロールしてはならない、いやコントロールすることが不可能な実在を自覚することが必要なのだ。なぜなら、人工の世界は自然にもとづいてのみ成り立ちうるからである。人間が意識にもとづいて、反自然的にさえみえる精神的冒険にのりだして来たのは、彼の光栄である。だが、それは自然という実在あっての話だったのだ。しかもこの自然というのは歴史的な形成物である。その歴史的生成の基盤なしには、人間は反自然的であることすらできない。いわゆる二次林を自然でないという論者は、自然ということをなにか思いちがえているのだ。

都市という人工の世界の典型をとってさえ、それがいかに自然をかたどってつくられて来たことか、われわれはおどろかずにはおれない。いまはやりの都市論は、ようやく都市のカオス性・迷路性にふたたび気づいたようである。なぜ都市は、多様で複雑な要素が微妙にいりくんだ世界であらねばならないのか。われわれはそこに自然の編成原理の反映を見出すだろう。造成された杉山は自然にあるものでもなければ美しくもない。自然は多様で複雑であればこそ美しいのだ。

わたしたちは今日、自然などというものはない、人間は徹頭徹尾文化的産物であって、自然と切れているからこそ人間である、といった具合の言説にとりかこまれている。こういう議論には、その出現の歴史的な根拠も意義もあるのだが、今日の反自然論はいちじるしくトリッキーになっているのが特徴である。ものはいいようということがある。だが同時に、どういおうとも動かぬ真実というものはある。今日の知的言説は小林秀雄風にいえば「様々なる意匠」に血道をあげて、動かぬ真実を軽侮することをもって流行と心得ているらしい。だが、われわれの文明の行くすえは、自然と人間の関係を再設定すること、いいかえれば自然のなかで人間の位置についてより正確な見取り図を構成することの成否にかかっているといえよう。いま行われている議論は一切過渡期の言説である。自然についてさえ、それは往々にして大局を離れようとする。私は明るい望みはもっていない。見通しは暗いとさえいえる。しかし、真実は見ようとする意志があれば見うるものとして、われわれのまえにかけられている。自然は資源の倉庫でもなければホビーの対象でもない。それはヒトがヒトとなる場であり、ヒトの生そのものなのだ。

ローレンツの真価

1

卵からかえったばかりのヒナが、最初に目にする生きものは親である。ところがなにかの事情で、そこに親のかわりに人間が立っているとすると、ヒナはその人間を親と信じて駆け寄り、挨拶をする。この思いこみは一生、修正されない。成鳥となっても、彼もしくは彼女は人間を仲間と信じて、最初に見た人間のあとをついて廻るのである。

「刷りこみ」という名で有名になったこの現象は、発見者コンラート・ローレンツの名に結びついている。ローレンツはふつう動物行動学の確立者、一九七三年度のノーベル賞受賞者として知られているだろう。彼の一般向けの著書『ソロモンの指輪』（思索社）には、この刷りこみ現象の主人公ハイイロガンのマルティナや、自分を人間と思いこんでいたコクマルガラスのチョックなど、愛すべき動物たちの興味津々たる生態が、十九世紀風の気品ある生命畏敬のタッチで描かれていて、犬好きにとってはこたえられぬ好著『人、イヌにあう』（至誠堂新書）とともに、ローレンツの名をひろく世人に親しませた。

だがローレンツは、彼の伝記作者アレック・ニスベットもいうようにあの「動物と話をしたドリトル先生の再来」といった存在にとどまる人物ではない（ニスベット『コンラート・ローレンツ』東京図書）。ガンたちをひき連れて垣根のわきをはい廻ったり、水浴びをしたりするローレンツの日常は、写真集にまでなってその愛すべき奇人ぶりを世人に印象づけているが、しょせんは一種の虚像にほかならぬのである。

そして、また別なひとりのローレンツがいる。それは、人間の行動における「本能」の役割を重視し、その「本能」を退化せしめる文明の危険を声を大にして警告する警世家ローレンツである。『攻撃』（みすず書房）、『文明化した人間の八つの大罪』（思索社）など、この種の主張をもりこむポレミカルな著作は、いずれも七〇年代に邦訳されて、折からのエコロジカルな反文明論の風潮と重なりながら、現代文明を忌避する保守主義的騎士としてのローレンツ像を定着させた。

この場合、近代批判・進歩主義批判・西欧文明中心の世界像批判を口にしながら、その実、西欧的な近代信仰・進歩信仰に骨がらみになっているわが国の知的風土においては、たとえば

『八つの大罪』の訳者日高敏隆がその「あとがき」に「やはり年よりだなという感なきにしもあらず」と書いたように、ローレンツは十九世紀的なヒューマニストないし性善論者として、さらにそういう基盤に立つ秩序主義者・伝統主義者として、ある種の侮蔑・冷やかしの対象とすらなったのである。

たとえば経済学者ハイエクは、第二次大戦後専門の経済学を放棄し、哲学的倫理的根本問題の探究に移ったとされるが、その探究とは、今西錦司との対談『自然・人類・文明』（NHKブックス）で見るかぎり、一種の素人文明論であって、伝統と秩序の意味を復権し、フロイトとマルクスの権威破壊をもって今日の思想的諸悪の根源とするその主張は、一面では正当に、かのドストエフスキーが先駆的に描き出した近代の精神的『悪霊』現象を指摘するとはいえ、要するに現象の根本的分析たりうるものではなく、古き「よき価値」のいたずらに性急な擁護に終始するにすぎない。ローレンツの文明論的発言は、たとえばこのハイエク流の専門逸脱とうけとられた。

しかし、ハイエクの場合、彼の文明論的主張は一九七四年度のノーベル経済学賞に輝いた専門業績と、動機においてはともかく、理論的にはほとんどつながりをもたぬのに対して、ローレンツにおいては、その文明論的考察はことごとく、彼の専門領域である動物行動学（エソロジー）でうちたてられた生物としての人間理論に基いている。たとえ彼の文明論的発言に、やはり老人だなと思わせる個人的好尚があらわれた箇所があったとしても、われわれはそこにこだわるべきではなく、その全体としての妥当さを、彼のあくまで学問的な人間論自体の検討に即して判定すべきなのだ。

ところがわが国では、ローレンツの問題提起は、きわめて不当な扱いしか受けていないのが実情である。今日の思想状況について論壇的脚光を浴びながら発言しているような論客が、ローレンツをまじめな検討に値する理論家として検討している例は非常に少ない。彼の理論は生物学者の専門的議論に一任し、文明論の表面のみかすめて一蹴するのが、なにか気の利いた態度のように考えられているふしがある。

それどころか七〇年代には、ナチ時代に彼が人種差別的論文を書いたとして「告発」する動きさえあった。短絡をもってラジカルな思想態度と誤解するこのような小児どもの馬鹿騒ぎが、流行の終りとともに消え去ったのは結構なことであったが、ローレンツをまともな思想家として検討する習慣は、いまなお確立していないというのがわが国の現状であろう。

ローレンツはむろん生物学者である。つまり科学者である。時代に関する洞察それ自体によって知的権威を要求するような「思想家」では、彼はない。しかし、彼が人間に関する生物学的な一連の事実を提示したことは、科学的一知見の提供にとどまるものではなく、同時に、人間とその文明を理解する卓抜な見地を提示したのにほかならなかった。この意味で、彼はフロイトがそう呼ばれるべきであるのと同様に、思想家と呼ばれねばならない。いわゆる評論を事とする「思想家」など、実はものの数ではない。理論が思想であるような思想家こそおそるべきなのだ。なぜなら、彼は人間について新たな発見をしたからだ。その意味でローレンツがフロイトとならぶ二十世紀の思想的貢献者であることは、時日がこれを明らかにするだろう。人間は動物である。それ故にこそ天使である。このローレンツの思想は、人間は獣であるとともに天使であるとするパスカルを抜くこと数等である。そのことの含意も、誤解や歪曲をこえて、やがてわれわれの共通の知的財産となるだろう。

2

ローレンツは『八つの大罪』で、生活空間の荒廃、競争、感性の衰滅、遺伝的頽廃、伝統の破壊、核兵器など、今日、人間の文明が陥っていると思われる病いの数々を指摘した。これは価値観に支えられた文明論であるから、人はまた各自好むところの価値観に従って、ローレンツの所論をあるいは駁撃し、あるいは笑うことができよう。

たとえばローレンツは、現代都市の郊外部の写真とガン腫の組織像がおどろくほど似ていることを指摘し、その共通点を歴史的に蓄積された情報を失って構造が単純化している点に求めるのだが、こういう所見は一読したときには印象的でも、都市とガン腫というレベルの異なる対象を比較する理論的手続きを欠いた直観であるために、必らずしも万人をうなずかせることはできない。世上のローレンツ批判は、主として彼のこういう弱点に集中するもののようである。

しかしローレンツの真価は前にも述べたように、けっしてそれ自身卓抜な箇所を少なからず含みもする文明論的所見にあるのではなくて、あくまでそれを成り立たせている理論的基盤のほうにある。私は素養から言っても、この偉大な生物学者の学説を紹介する適任者ではありえないが、ことは私自身の文明についての理解とかかわるゆえに、あえて不器用な素描を試みておこう。

ローレンツは、彼自身の定義によれば、人間を「下から照射する」人である（『自然界と人間の運命』上巻二一九ページ）。人間は意識をもち、文化を有し、概念と推論を駆使する。学習と理性とによって、彼は宇宙をもその意識的了解と支配のもとにおこうとする。彼は自らの生物的肉体の制約を突破した意識エネルギーとして、あらゆるものを対象化する。彼は意識の王であって、自ら立つものである。

戯画化すればヘーゲルの絶対精神となるようなこのような人間観は、今日けっして支配的な地位から転落していない。スタヴローギン風の肥大した魔的自意識はすでに古風であるとしても、ソシュール理論の現代的再生と流行は、ことばの恣意性を強調することによって、人間とその文化を意識の側に再確保し、それを自然的生物的基礎と切り離そうとする必死の努力と評することができよう。

ローレンツはこのような人間観に対して、人間の意識は生物的系統発生の産物たるひとつのシステムであって、文化もまた同様だとする見解を提示する。人間の意識も、そしてまたその産み出した文化も、その基礎に進化の過程で形成された生物的機構をもっているということ、その機構はけっして理性と学習とによって意のままになるものではないこと、しかしこのことは人間についての機械的宿命論を含意するものではなく、かえって人間の自由を真に保証するものであること、ローレンツはおよそこのように言おうとした。つまり彼は、意識の下部構造についてマルクスとフロイトが明らかにしたことを、生物学の立場から究明しようとしたといっていい。

ローレンツが動物行動学者として最初明らかにしようとしたことは、動物の行動の基本部分が習得的でなく生得的だということである。彼はアメリカの行動主義者の条件反射学説ときびしく争いながら、動物の行動が遺伝的にプログラミングされており、その解発機構も種ごとに固定されていることを明らかにした。彼は「本能主義者」として、人間の理性と進歩に水を差すもののように誤解されたが、実は、そのような遺伝的プログラミングこそ、生物が系統発生の過程において獲得した環境についての情報であり、知識の個体的蓄積としての学習とはまた別種の学習にほかならぬという考えが、彼の所論の底にあった。

彼はのちに『鏡の背面』(思索社)において、「認識する過程」と「認識される対象の過程」の同一性を主張し、その論拠として「認識の過程とは、その系統発生的現象なのである。なぜなら、外的現実の一定の事実への適応は、それについての一定量の情報が有機的システムのなかへ採りいれられたことを意味するからである」と述べるようになる。遺伝的にプログラミングされた行動システムとは、まさに人間の系統発生的な学習の成果なのである。

もちろんそれは、人間とけものの別を問わない進化的過程としての「学習」であって、人間の文化の直接的基礎をなしていることばによる学習ではない。文化の領域に立ち入ることを、彼は最初注意深く避けていた。関心がなかったからではない。自身の能力に余ると思ったし、文科系の学者の専門性を尊重してもいたからである。しかし、生物としての人間についてほとんど理解をもたぬ人間論・文化論の実体に愕然としたことと、それにおそらく文明的危機感とから、彼はあえてこの領域に挑戦した。その最初の著作が『攻撃』である。

『攻撃』は豊富な事実を盛り込んだ著作であるが、その言わんとするところの要点は、人間が生物的種としてもっている攻撃性は、理性の啓蒙によってとり除くことのできるような偏見や無知ではないということである。それは系統発生的に人間にプログラミングされた「本能」であって、もしそれを除去するなら、それとともに友情も愛も献身も消滅せねばならないような何ものかなのである。個体認知のない「無名の集団」をなす生物には、攻撃本能は存在しない。個体認知があり、その上に立つ特別な結びつきがある種にかぎって、攻撃性が見られる。この逆説は、バートランド・ラッセルのような理性主義者や渡辺一夫のようなユマニストの平和論、人間が無知を脱して思想的寛容に達すれば、一切の同種攻撃を消滅させうるとする啓蒙主義的平和主義の虚妄を白日のもとにさらした。

人間は自由にならぬ本能という暗部をもつ。その認識に立たずして、文明の危機に対処することはできない。かくして彼は警告の書『文明化した人間の八つの大罪』を書く。

3

ローレンツは、ことばを基礎とする文化的制度をもつことが、人間の生物的種としてのユニークな特質であることを、一度として否定したことはない。むしろ彼は、それを力説さえする人である。だが、人間はことばを基礎とする意識的存在であるのみならず、より第一次的な意味で生物的な遺伝的プログラミングにより行動している存在である。この第一次的機構の基本的重要性を強調するために、彼は現代における一種の思想的反動とみなされる。つまり、ある種の人びとにとっては、ローレンツが基本的に人間は動物であると説いてやまぬのが、なにか危険な時代錯誤にみえるのである。

政論的なとるにたりぬものを無視すれば、ローレンツ批判はふたつの方向から来ている。ひとつはパヴロフの条件反射説にもとづくアメリカ行動主義者の批判で、人間をふくむ動物の行動が経験と学習の所産だという彼らの楽天的な学説にとって、ローレンツの所論はまことに都合の悪いしろものであるに違いないが、この対立はいわば実証がけりをつけてくれる科学内のできごとであるので、今日ではローレンツ有利の決着の方向は誰の眼にも明らかといっていい。

しかしもうひとつの批判は、いわば形而上学的な方向から来ている。それは要するに、人間はことばというフィルターによって環境世界を構造化する存在、つまりは生物といえなくなった生物であり、そうである以上生物学的知見にもとづく人間論は結局のところ無効だとする立場である。現代ソシュール学派の論客である丸山圭三郎のローレンツ批判にその好例を見ることができる（『ソシュールを読む』＝岩波書店）。

実は丸山は、『八つの大罪』という或る意味で困った本と、その付録であるレクスプレス誌のインタビューに基いてローレンツ批判を行っているので、彼の言い分はローレンツの主著を読めば撤回せねばならぬ揚げ足とりが大部分である。「動物のすべては人間にあり」という金言はけっしてローレンツの「発想の出発点」ではない。「裸のサル」というモリス的発想に対しても、ローレンツはけっして生物的無毛性を問題にしているのではない。ましてや、概念的思考とことばの発生を並列的に切り離して捉えているわけでもなく、少なくとも『自然と人間の運命』二巻（思索社）を読めば、こういう言いがかりはことごとく根拠を失ってしまう。

しかし、丸山がローレンツに克服すべき敵手をみているのは錯覚ではなく、まさに的を射たものと評すべきである。なぜなら人間を「〈言分け構造〉がこれを変容させた文化的欲望によって操作される狂える動物」とみなすような見解こそ、ローレンツからすれば人間という種の進化の性質を理解しない文科的知の観念論だからである。

丸山は人間をことばの獲得によって環境との正常な関係を失った「欠陥動物」とする。動物は「身分け構造」によって環境に適応しているのに、人間という動物ひとりことばをもつことによって「言分け構造」というものを背負いこみ、それによる錯乱や退廃を運命とせねばならぬというのである。ローレンツにすれば、こういう見解は人間の何たるかも知らずに人間について断言しようとするとほうもない独断にしか見えまい。

「言分け構造」は天から降って来たものではあるまい。それはまさに生物学でいう系統発生上のできごとであって、人間を生物として研究せねばならぬ理由にこそなれ、人間を研究するさいに「生物学的発想をきっぱり切って捨てる」べき理由にはならない。人間を「欠陥動物」とするのは俗耳に入りやすいいいかただが、われわれはローレンツに従って「一日に三五キロ行進し、五メートルの麻ロープをよじ登り、一五メートル泳いで、四メートルだけ潜水する」という課題を果せる動物は人間しかいないということもできる。何が「欠陥」かということで恣意的な議論をしたってしかたはないのである。人間以外の動物が合理的に環境に適応しているというのも誤りで、生物的進化はけっしてそのような調和を生み出すとはかぎらず、進化の袋小路で奇形に陥り自滅して行った種は枚挙にいとまがない。

丸山が代表するような現代ソシュール学派は、人間が所有するに至った言語、それにもとづく知を、人間の生物的特性から切り離し、それどころか、そのような言語＝知を所有することが人間の生物性と背反するかのように主張するものであって、人間の他生物種から隔絶する意識存在性を、あくまで生物学の手の届かない祭壇に祀りあげておきたいという、西欧的知のながい伝統の最後の堡塁なのである。

人間は意識あるがゆえに動物を超える。意識の進化史は自然科学の関与しうるところではない。進化論的歴史解釈はブルジョワイデオロギーである。マルクス主義はそのように唱えてやまなかったが、そのような意識＝知の独裁の維持は、マルクス主義没落後、ソシュール学派と構造主義の任務となったかに見える。

しかしローレンツの動物行動学は、過去の生物学主義的な機械論的発想と遠く訣別した新しい人間学なのである。「ヒトも動物である」という主張はアメリカ行動主義の条件反射説まで逆行する危険があるなどといっている丸山は、まことに無邪気なものだといわねばならない。ローレンツは、文化的存在である人間の基底にながい系統発生の結果としての生物的メカニズムがあり、その暗所をのぞきこんでこそ文化の本質も理解されるとする。文化人類学は文化というものを民族固有の運命的フィルターと解し、伝統をふくめての文化を相対論に解消した。ローレンツはむしろ文化に、生物的な生得の性質を見ようとする。それは意識＝理性の独裁から人間が解き放たれる途を探る新しい科学である。その科学は、伝統的価値を人間の生物的機構に基いて再定位する方向を模索している。ローレンツがソルジェニーツィンやパステルナークと出会うのは、そういう新たな生命の泉なのである。

棲み分けの崩壊

多様な民族がこの地球上で共存してゆくことがこんなにも困難な課題であったとは――いわゆるボーダーレス時代、国際化の呪文を猫も杓子も口走る時代に、このような嘆きが心の底から突きあげてくるのは、何と皮肉なことだろう。

能書きやお題目ならもう結構である。仰せのとおり、民族は異なれわれわれはみな人間なのであり、互いのもつ同胞としての可能性を国家的分断によって葬り去るべきいわれはない。あらゆる異文化は価値的には同等で、それなりの根拠をもち、従って互いに尊重と寛容をもって遇されるべきだというのは、文化人類学がもたらした現代の常識である。

また、個人のレベルで言うかぎり、われわれは異邦人を情の通いあう人間とみなすことに何の困難も感じていない。私は十六歳のときに、大連というかつての植民都市から引き揚げて来た者だが、引揚船へ乗りこむ数日前にたまたま入った理髪店で、中国人の店主から「坊ちゃん、大人になったらまた大連へいらっしゃいね」と言われた。

私には小学校中学校を通じて、中国人の親友がいた。なるほど私は政治的支配者である日本人だった。だが今もその風貌を思い出す安君李君を、被支配者と感じたことは一度たりとなかった。私はある種の日本人同級生より、よっぽど彼らを敬愛していた。

これは私ひとりに限らず、普遍的に成り立つはずの経験である。それがなぜ民族という単位になると、互いに敵視し合わねばならず、「浄化」しあわねばならないのか。いうまでもなく、民族という集団の性質がそこに関与するからである。民族とは文化共同体である。文化は特定の風土と集団的記憶と結びついており、従って閉鎖的な一面を免れない。諸民族・諸文化の共存という人類の夢、というより当面する痛切な要請のためには、この閉鎖的な一面を克服し、民族という文化共同体をもっと開かれたものにしてゆかねばならない——これはおよそ今日の公論と言ってよかろう。

だが、そううまく問屋がおろすものかどうか。閉じるといえばネガティヴに響き、逆に開くといえば口当りのよいのが昨今の嗜好だけれども、閉じることを一切せずにただ開くだけで生きてゆける生命体があればお目にかかりたい。文化はひとつの生命体である。

国際化礼賛論者は民族文化の差異を言い立てるのは悪質な民族主義者で、人類はひとつの共通な文化によってこそ同胞として連帯できると考えているらしいが、民族文化の抹殺ののちに出現するのは地球規模のコカコーラ文化だろう。いやそれはすでに、「先進」諸国で実現しかかっているのかもしれない。

英語という共通語、民主主義、人権、スーパーマーケット、インターネットで成り立っているような人類共通文化など、私はご免蒙りたい。なぜならそれは、ひとりの個の生きる人格的基盤になりえないばかりでなく、世界を平板化し創造の源泉をからさずにはおかぬからである。

問題は民族間の敵意と紛争を生みだす差異としての民族文化が、同時に、主体として環境世界と他者と交わる能力を人間に与える基盤だということにある。われわれはおのれの属する文化を通じてしか世界に到達することができない。このようにナショナルなものを媒介にせずにはインターナショナルに通じえないという逆説をいかに切開するか、われわれの課題はその一点にかかっている。

一切の言語は混血言語であり、文化もまたしかりという今ばやりのクレオール文化論の立場からすれば、血路は文化の混血を促進する方向に開ける。混血は確かに共存へのひとつの手がかりだろう。しかし混血の永久運動というのは夢想にとどまる。混血の結果誕生するクレオール文化とは、それ自体ひとつの新しい民族文化にほかならない。

民族紛争の激化という人類共存の夢を裏切る事態は、実は世界のボーダーレス化が招いた新しい事態であって、民族主義という古い亡霊の仕業でないということに気づくことが大事なのだ。民族は適当な距離を保ちつつ、それぞれの国土に棲み分けている限り、やたらと殺し合うものではない。このような棲み分けこそ相互の有益な交流と敬意を保証するのである。棲み分けを崩壊させ、民族を万という単位で集団的に流浪させているのは経済という名の化物である。風土に根ざした文化を壊滅させ、代償として古き民族主義の亡霊を喚び起こしているのも、おなじ名の化物なのである。

アフリカという基底

1

三省堂『人間の世界歴史』の第十五巻『アフリカ人の生活と伝統』は、もしかすれば昨年（一九八二年）刊行された書物のなかで最も暗示にとんだ一冊ではなかろうか。著者は埼玉大学の文化人類学者阿部年晴。この人にはすでに『アフリカの創世神話』（六五年・紀伊國屋書店）という著書があり、まだ二十代の若さでこの「暗黒大陸」を解読するたしかな端緒を提示していたのだが、私はうかつなことに前記の一冊を手にするまではこの人の名さえ知らなかった。

文化人類学はへたをすればファッション化しかねまじき、いやすでにそうなっている当世流行の学問である。「知」という何かいわくありげな表記が一世を風靡し、「活性化」といういらしい言葉が猖獗を極めているのも、みなこの学問のセールスマン諸君の奮励努力の賜物たらざるはない。そしてそういう流行は何をもたらしたかというと、あらゆる現象を祭りと日常、中央と辺境、供犠と権力といった対概念に解消する一種の思いつきを、なにか新鮮な知的創造のように思いこむ安直な錯覚だったといっていい。マルクス主義という眼鏡をかければ世の中がみな赤く見えるとすれば、構造主義という眼鏡もまた世の中を確実に何色かには見せるはずだ。時には眼鏡を掛けかえるのも頭の老化防止策だろう。しかし要するにそれだけのことで、私はすでにその空疎さがやりきれない。当今の文化人類学流行は、大正以来の知的伝統である教養主義の新版とみるのが正確だと思う。

ファッションのネタはみな海外にある。フレイザーからレヴィ＝ストロースに至るこの学問の展開は、われわれ二十世紀の知的展望にとってひとつの革命であった。私はフロイトのそれ、ソシュールのそれとならぶこの革命の意義について、けっして鈍感ではありえない。私の一応主な領域ということになっている歴史についてみても、たとえばマリノフスキーの『西太平洋のアルゴノート』一冊のもつ意義は革命的といっていい。それは在来の経済史学が支柱としてきた支配や土地制度や交易についての範疇的理解を、根本的に揺らがせるものであった。

しかし、マリノフスキーはすでに一九三〇年代、わがくにの知的新流行であった。それでいて当時、知的エリートたちはその訳書から何の本質的な影響も受けた形跡がない。彼の業績にもとづいて四〇年代はじめにポランニーが経済史学の革命に着手していたことを思えば、あちらで流行思想として体系化したあとでしか影響を受けないわれわれの後進性は悲惨というほかない。

柳田国男はフレイザーから本質的な衝撃を受けたにちがいない。しかし彼はフレイザーを切り売りせず、日本民俗学の建設へ向かった。思えば彼の地歩は時代を数等抜いていた。要するに、アチラ種の図式の切り売りやら安直な適用によってジャーナリズムの寵児となっても、それはその時かぎりのことだ。そういう後進国的現象を宿命であるかのように私たちは今も繰返しているのだ。つまり必要なのは柳田が遂行したようなある種の主体的な変換なのだが、柳田的変換はわれわれの知的歴史でいぜんとしてひとつの奇跡にとどまっている。

脱線がすぎたようだが、そういう文化人類学ばやりの状況における掛値なしの貴重な一冊として、私は阿部の著作をあげたいのである。この本はアフリカ大陸の文明について、眼をみはるような知見を提供しているだけではない。われわれ自身の文明の起源もしくは原型について、おそるべき洞察を可能ならしめている希有な書物である。

阿部はまず、アフリカが「長く同じような技術水準と生産力の段階にとどまり、そこで可能な社会や文化の形態をさまざまに模索し、展開し、開花させて来たということは、停滞ではなく彼らの積極的な達成なのであり、アフリカ大陸が人類史になした寄与とも呼べるものである」と説いている。

文化人類学は人類社会の発展段階的価値づけを徹底的に排除するところに成り立った学問で

あるから、こういう阿部の立論はただこの学問の約束ごとを踏まえただけのものと読み過ごされるかもしれない。だが、そうではない。阿部は、どの社会も文明のタイプがちがうだけで、価値的には同列だという文化人類学の前提を、けっして安直に受けいれてはいない。停滞でなく達成であるといい、また寄与であるというい いかたには、明確に人類史的見地、つまりは歴史的見地がうかがわれる。この一文のなかにさえ、人類史をある種の累積と展開として見透そうとする彼の日頃の思考があきらかである。つまり阿部が、文化人類学という舶載の学問を自己の思想と方法に変換しようとする手続きを怠らずに踏んで来た人だと、この一節は確実に告げている。

阿部がいいたいのはおそらく、日本なら日本の文明は、外部の刺激やら風土の条件やらであまりにも早く展開しすぎたのではないか、そのため古典的な成熟が不可能だったのではないかということである。人類にとって原初的な社会は、どこでもそれほど異なるものではない。「アフリカ的」という規定について阿部が慎重で保留的であるのは、そのことを知っているからだ。だとすると、高文明を知らぬその原初的社会はじっくり時間をかけて練成した場合、人間の集団的ありかたについてある古典的な完成度を達成せずにはいないはずである。いや、種族にも才能がある以上、どこでもそうはいかぬとしても、あるケースにおいては「古典的解答」に達することがあるはずだ、そしてそれがアフリカだ。阿部はそういっている。

彼の著作のすごさは、こういう古典的解答を、王権、結社、年齢階梯、性のありかた、憑霊現象、交易などについて摘出して行くまなざしにある。そして、そのすべての集約点に神話がある。社会組織とは種族の世界観の表現であり、そういうものとして人の成熟するところである。アフリカの社会組織とそれを集約する神話はわれわれすべての高文明社会の、今は忘却してしまった基底を示しているように思われる。そして、阿部によって取り出されたその基底は、政治学も歴史学も法学も、すべてそこから再建されねばならぬのではないかと思わせるほど示唆的である。

2

『アフリカ人の生活と伝統』で明らかにされたアフリカ文明の様相は、ふたつの位相でわれわれに衝撃を与える。ひとつは、われわれ高文明社会が展開して来たさまざまな歴史形象の起源もしくは祖型を、それが示してはいないかという問題であり、いまひとつは、生の充足形式が社会であり文明であるのならば、現代高文明（高度消費社会と呼ぼうと高度福祉社会と呼ぼうと、それは任意だが）は、けっしてアフリカ古文明より合目的的ではないのではないかという決定的な疑いである。そしていずれの位相においても、アフリカの持つ意味は基底的なものとして浮上する。

われわれの持つ歴史は文書の歴史だ。しかし歴史が文書として始まったとき、それが社会と文明の始原についていかに無能で恣意的な記録者にすぎなかったか、われわれはながく気づかないでいた。文書は肝心なシステムに関する記述を何ひとつ残さず、どうでもよいような事例をただ虫喰い的に記録して来ただけである。

柳田国男はむろん、こういう文書化による決定的な欠落を、もっともはやく意識したひとりだった。文書化されずに消えて行くものがある、ということが重要なのではない。われわれの生活はひとつの構造化されたシステムなのだが、そのシステムの構造的意味は自覚されぬものであるゆえにほとんど文書化されることがない、ということが重要なのだ。柳田にはこのことがわかっていたように見える。だから彼は、文書化されることのないシステムの構造的意味を、日本「常民」のさまざまな生活的遺制から復元しようとした。

だが彼の試みの先には、絶望的な壁が立っていた。歴史はむろん過ぎ去るばかりのものではない。それは集積として、われわれの眼のまえに現存している。柳田の確信の根拠はここにあったが、その現存するものはまたかならず変容を受けている。これはK・ローレンツが生体システムの進化を説明するさいにも用いたたとえだが（K・ローレンツ『自然界と人間の運命』第二論文＝思索社）、人間がはじめに丸太小屋を立てて次第に部屋を増築して行った場合と、よく似たことが歴史でも起る。つまり「主室は次の間になり、最後にはたぶん納戸になる」。この納戸がかつては主室であったことを推論するのは、歴史の場合かならずしも容易ではない。現実の建物において、今日の納戸がかつては主室だったと推論するのが容易なのは、われわれに建築の構造という法則性が、接合部その他、眼に見えるものとして与えられているからだ。歴史では構造も接合部もぜんぶ消えている。天才柳田もとほうに暮れざるをえない。

たしかに柳田は、痕跡からシステムを復元するうえで、天才的な洞察力に恵まれていただろう。しかしそれをいうなら、一枚上なのは折口信夫だった。彼の『古代研究』三巻を読めば、立論がほとんど論証を欠いているのに茫然とする。それは直感としかいいようがない。そして彼の直感はまったく天才的だった。だが、この二人の天才をもってしても、その直感や洞察はしばしば誤った方向をも指したのである。

日本民俗学が停滞に陥ったのは、事例の蒐集にのみ走って理論化を怠ったからだといわれる。だが私の考えでは、それは理論化の困難な特性をもっていたからこそ、事例の蒐集に走らざるをえなかったのだ。その困難は、日本民俗学が現存の日本民俗のみを手がかりに歴史を復元しようとしたところに起因している。これは私の創見でもなんでもなく、石田英一郎など、とっくにその点を見抜いていたはずだ。

しかし石田は、その著作から判断すれば、現代文化人類学の革命性をほんとうには自覚していなかったらしい。文化人類学者の石田に対して素人の私がこんなことをいうのは奇怪かもしれないが、K・ポランニーの業績を一方におけば、どうしてもそう判断せざるをえない。マリノフスキーやモースの業績の意味するものを、もっとも鋭敏に感知したのは人類学者ならざるポランニーだった。

彼らの未開社会研究は、人類史の考察上、革命的な工具を提供した。高文明において断片化し退化したものが、そこではシステムとして生きていたからである。阿部年晴が素描してみせたアフリカの伝統的文明は、メラネシアやポリネシアのそれよりいっそう完成度の高いものであり、人類史上の高文明の始原的性格を推定する上で、より強力な工具を提供する可能性を秘めている。

委細は阿部の本について見てもらうこととして、ここでは王権、魔術師、宦官の三点について述べよう。阿部は市と交易についてもかなりの紙数をさいているが、この点では、彼は現代文化人類学の知見にそれほどつけ加えてはいないように思われる。

王権について指摘されているのは、それがアフリカ人の世界観、すなわち生と世界についての解釈の表現だということだ。王は、人間に対しては神を、定住農耕民に対しては、放浪の狩人を、村里に対しては荒野を原義的に意味している。しかし王と王制は原義的には非日常性でありながら、農耕民と村里の日常性をとりこむ全体性に自己をたかめることによって、王であり王制たりうるのである。この示唆は、アフリカの粗放農業文明と、農業革命を経た高文明との土台的差異にもかかわらず、およそ王権の基底を問うものにとってスリリングではないだろうか。

周期的に繰り返される妖術師狩りは、ティブ族では指導者のひきずりおろし、すなわち指導者交替の機能を果すという。これを西欧近世に吹き荒れた魔女狩りの原型とみていいかどうかは、むろん問題にしても、少なくとも或る種の示唆を受けとることはできる。宦官の場合はもう少し大胆になってよさそうで、阿部のいう、王権に内在する男性原理と女性原理の媒介者としてのアフリカ的宦官は、中国史上高名なあの宦官の祖型であるかもしれない。アフリカの宦官はつねに王権を守って戦った。三田村泰助の『宦官』（中公新書）によれば、中国の王権が滅びるとき、王と最期をともにするのは一人の宦官であったという。アフリカ的宦官は祖型として、忘れられた宦官の意味を復元してくれる可能性がある。

3

阿部年晴の『アフリカ人の生活と伝統』が私をめまいするような興奮にひきこむのは、それが文明的制度のもっとも始原的なかたちを明らかにしてくれるからだけではない。アフリカ古文明という基底から照らすと、われわれが生きる現代文明が生の原理からいかに特殊化し逸脱して来たか、愕然とするような覚醒を与えてくれるからだ。

アフリカ諸民族の自我観について、阿部はカセナ族の例をひいて次のように説いている。カセナ族では、人間はジョロとウエの二つの霊魂を持つとされる。ジョロは個人に分与された祖先の魂で、個人の社会的人格として作用する。個人が社会生活に定位しうるのは、ジョロの働きなのである。

これに対してウエは神から与えられたもので、個人の運命が実現するように働らく力である。ウエが実現しようとする運命は、社会のコントロールを超えている。社会を拒否することはウエの本性である。「カセナ族によれば、個人は二つの対極から成る楕円のようなものである。一方の極は社会的なもので祖先と結びつき、他方の極は社会外的なものとして把握された個性的なもので荒野と神に結びつけられている」。

人間の魂の本性に関するこのような二面的了解は、なにもアフリカ特有のものではあるまい。とくにそのジョロ的側面は、先祖というものに自我の碇を繋ぎとめて来た戦前日本人にとって、きわめてわかりやすくさえあるだろう。個人を動かす離群、あるいは反社会の衝動についても、むかしの日本の村人は個々の「性分」としてある種の運命ふうな了解をとげていたはずである。共同体に生きる人間を集団的人格としてのみ単純化するのは、文字からものを考えようとするものの悪弊である。ムラ的な拘束は離群の強い衝動とつねに表裏していた。群から離れて個でありたいというのは知識人だけの心性ではない。文字と縁なき労働する人にこそ、むしろその衝動の原型が保持されている。小川国夫の『試みの岸』はそのことを語った感動的な小説であった。

しかし、日本も含めて高文明の社会は、このような自我の双極性を、社会に生きて作用する人格観として完成したことが歴史的になかったばかりでなく、今日では、この双極から生じる人格的不安定の統合を、まったく個我の甲斐性にゆだねてしまっている。アフリカの文明において、祖先を通じて人を社会に繋ぐと同時に、神意という了解によって人を社会から解き放つ、きわめて深い双極的自我観の古典的完成がみられたのは、おそらく阿部のいうように、その歴史的「停滞」にかかわるにちがいない。立ちつくすことによる熟成がここにある。日本も含めて高文明は、変化への刺戟をたえず内部から生成することによって、このような熟成の機会を失って来た文明かも知れないのだ。

阿部によれば、アフリカ人にとって「自我は祖先や神をある仕方で組み入れており、それらの複合体として成立する」。すなわち、このような「自我」とは「さまざまな力が構成する関係の網目の結節点のようなもの」である。

このようなアフリカ的自我観は、奇妙に現代哲学の尖端的見解、たとえば大森荘蔵の「項目的な〈私〉はいない」という見解を想起させる。彼の『物と心』(七六年・東大出版会)は物心二元論の打破に主論点があり、自我問題が直接論じられているわけではないが、「まさに『心』と呼ばれたものは『世界』なのである」というとき、大森はアフリカ的人格観とそれほど遠い地点に立っているのではない。

阿部の紹介するアフリカの生の哲学は、まだまだ示唆的な事例に富んでいて、たとえばその両性具有的原理など、高群逸枝や石牟礼道子の言説と通底するものがあるのもスリリングだが、しかし何といっても、マサイ族の年齢階梯組織の話ほど、校内暴力、家庭内暴力、あるいは高齢化問題になやまされる今日のわれわれにとって切実なものはない。

マサイ族では全男性は、未成年・戦士・長老・老人の四つの年齢階梯のいずれかに属する。戦士階梯はモランと呼ばれ、要するに若衆組なのだが、彼らの行動様式を読むと、現代の日本人なら誰しも嘆声を禁じえないはずだ。なぜなら、彼らのモランとしての義務は、エキセントリックなよそおいと行動、つまり野獣のように振舞うことだからである。非行はまさに制度づけられている。モランのありかたは、若者とは何かを完璧に定義するものといっていい。しかしこの非行は無制約なのではない。彼らは非行という規範を遵守せねばならないのだ。

彼らが一人前の男とみなされていないことも重要である。テンニエスは『ゲマインシャフトとゲゼルシャフト』で二十代の男は女性に近いと述べているが、マサイ族も男としての完成した属性を円熟したリアリズムに認めていて、その属性の体現者が、ロマンティックなモラン期を脱した「長老」なのだ。部族の集会に参与するのは三十代以上の「長老」組である。

年齢階梯の意義はどこにあるのか。阿部のいうようにそれは「男たちが齢を重ね次第に老いて行く過程に文化的な意味と形式を与え」ることにある。つまりそれは、人生の了解の形式なのである。グジ族では、年齢階梯を一つ一つのぼって行くことは宗教的な純粋性を獲得して神に近ずくことだという。男の生涯を救済する最良の理念といってよい。グジ族では最高の年齢階梯に達すると、一切の社会生活から遠ざかり乞食をしてまわることが許される。何という深い人間理解がここには潜んでいることか。

人間が若者となりやがては老いて死んで行く過程を、どのように社会的に整序し調整すればよいのか。ここにその古典的解答がある。われわれの社会もかつてはかくあったにちがいない。そしていまは、どれほど遠い地点まで特殊化の途を歩んでしまったことか。だが、アフリカの人間学的完成とでも呼びたい文化システムから、ここまで遠く来なければならぬ理由が、われわれ「文明」の民にはあった。その行程は不可逆である。われわれが病まねばならないのは、アフリカが絶対達成しえないものを達成したからだ。そう、その行程は教える。

インディアスの驚異

1

地球上で日本の真裏は南アメリカにあたるという。それかあらぬか、ラテンアメリカは、今でこそジャーナリズムで一種のブーム化しているとはいえ（手近な例でいうと、集英社の『ラテンアメリカの文学』が完結し、現代企画室から『インディアス群書』の刊行が始まった）、ついこのあいだまで、われわれ日本人にとって遠い遠い存在、まさに地球の裏側だった。

ブラジルやチリやアルゼンチンやキューバが、近代日本人にとってあながち縁遠かったというのではない。彼我の交渉からいうならば、大洋をへだてたその距離にもかかわらず、移民の例で明らかなように意外と濃密な関係があった。南方熊楠や高橋是清のような型破りの明治人が、この界域で革命騒ぎに巻きこまれたり、銀山を経営して失敗したりしていたし、一八九八年の米西戦争のさいは、のちの日本海海戦の知将秋山真之が観戦武官として、米艦隊によるキューバの海上封鎖をつぶさに観察していたのだった。ちなみに、日露戦争で大活躍した日進・春日の二巡洋艦は、ブラジルの注文でジェノヴァの造船所で竣工したのを、開戦直前に日本が買い取ったものである。

にもかかわらず、ラテンアメリカが縁遠い存在に感じられるのは、この界域がわれわれにとって地球の裏側に位置するからではなく、世界史の舞台裏と感じられることに由来している。いうまでもなくこの界域は、十五世紀末クリストファ・コロン（いわゆるコロンブス）によって「発見」された。その発見とそれに続くインディオ社会の滅亡の経過は、カルペンティエールふうにいうならば、この世のものとも思えぬ「驚異」の物語である。われわれがまったく知らぬ世界に、われわれ人類の同朋がマヤ、アステック、インカなどいくつかの文明をうちたてていたというのがすでに驚異であるのに、わずか数百、数千のスペイン人によって、半世紀を出ない短期間のうちにその文明が忘却の淵に沈められたというのが、さらに大きな驚異である。

だから、ラテンアメリカはわれわれにとって、いわばアナザ・ワールドなのである。その別世界性は例えばアフリカと対比してみるときさらに鮮明ならざるをえないので、いかに遠くても、アラブやインド、さらには地中海世界を通して、われわれの属する旧世界の一部を有史以来構成していたアフリカに対して、ラテンアメリカは世界史の舞台の端っこどころか、舞台裏、いやもうひとつの別世界的舞台であったといっていい。

しかも事情は、その「発見」と滅亡とにだけ関わっているのではない。インディオ文明の滅亡のあと、そこにはスペイン人を主体とし、それにインディオと黒人が混血する不思議な文明がつくられた。それはカルペンティエールが『失われた足跡』で描いてみせたような、アナクロニックな中世文明の再版であった。そしてそれが「驚異」であるのは、そこでは世界史的事件が何ひとつ起らなかったことである。「世界史」はあくまで旧世界で進行していた。ラテンアメリカにも十九世紀初頭独立革命が起ったし、それが世界史的関連の外の出来事とはむろんいえない。だが、われわれのコスモス感覚からいえば、そこはスペイン帝国の没落とともに世界史の舞台から消えさったもうひとつのアナザ・ワールドだったのである。

ちなみに、われわれはスペイン人征服者の物語は別として、それ以後のラテンアメリカの歴史について何を知っているのだろうか。何ひとつ知らないといってよい。それでいてわれわれは、世界史について語るのに不自由しなかったのである。

しかし、このラテンアメリカについての孤立的隔絶的印象は、近年大きく転換した。私の用語でいえば、世界史の虚構性が崩壊し、人類史の問題が浮上したのである。世界史から見れば辺境、いや異界でさえあるこの界域が、人類史的に見れば世界読解の光源ではないのかという問題意識が多元的に噴出しはじめた。

それはおそらくキューバ革命がひとつの契機をなしているだろうが、問題の深度はけっしてそのような第三世界的な政治論にとどまってはいない。われわれがひとつの文明の極限をのりこえうるか否かは、ひとつには人類史的理解をわれわれがどう再編成するかにかかっている。ラテンアメリカは、そういう角度から人類史の再構成の視点をわれわれに提示しているのだ。

多くの人がそうであるに違いないのだが、ラテンアメリカについて私の眼をひらかせてくれたのは、まず和辻哲郎の『鎖国』である。同書の主題は、十五・六世紀の「世界的視圏の成立」に日本人がかかわろうとして挫折した「悲劇」を究明することにあり、スペイン人のインカ・アステク帝国征服は、西方からの視圏拡大運動の一局面として扱われているにとどまる。また和辻が依拠したのは、プレスコットなどの欧米の啓蒙書で、今日の研究水準からすれば一時代前のものにすぎないが、それでも和辻の叙述はきわめて生彩に富んでおり、この「失われた世界」への案内としていまでも価値を失ってはいない。

しかし和辻には、この異界がはらむ問題性についての自覚はなかった。コロンによる新世界発見とそれに続くスペイン人の征服のはらむ意味について、今日の研究水準の上に立って、もっとも精力的に啓発を行ったのは増田義郎である。たとえば彼は好著『新世界のユートピア』(研究社・一九七一年)において、コロンがめざしたのがインドではなくインディアスであり、そのインディアスとは当時の西欧人にとって化物の棲む地とされていた東アジアにほかならぬことを明らかにした。つまり彼はコロンのコスモス構造が一面ではいちじるしく中世的であることを力説する一方、同時に当時のスペインがエラスムス的人文主義の牙城であって、そのようなヒューマニズムがスペイン人征服者の蛮行によって変容するインディアス（求めていた東アジアならぬ新世界としてのインディアス）に対して数々の善意の「実験」を試みた事実を紹介した。ラス・カサスの存在を日本人に親しいものにしたのも、結局は増田の功績である。しかし、彼にも、インディアスを人類史再編の光源とする発想はなかった。その発想は実は、かなり場違いな経済史的研究から提起されたのである。

2

近代資本主義の成立について、これまでわが国で支配的だったのは、いわゆる大塚史学を代表とする内因説である。農村工業を基盤とする「中産的生産者層」がプロティスタンティズムの勤労のエートスに導かれて、商業資本の支配を脱し「局地的市場圏」にもとづく資本家的自立をとげるというその筋書きは、いまの四・五十代の世代にとって、いまや昔語りとなった「戦後」を追想させる「なつかしのメロディ」のようなものだろう。

ウェーバー・テーゼとピレンヌ学説の綜合というべきこの大塚テーゼは、大西洋貿易に依存したスペインと仲介貿易に立脚したオランダが、新興イギリスの前に敗退せざるをえなかったのは、イギリスにおけるような自生的かつ「国民的」な資本生成の基盤を欠いたからだという副命題を伴なっている。つまり大塚テーゼは、国内市場と市民革命にもとづく「健全な」資本主義というイメージに根っこから縛られているわけで、「戦後」という歴史的一時期を風靡した「近代」の理想化の一典型、というよりそれを主導した学説なのであった。

大塚久雄はマルクス主義者というわけではなかったが、彼の「一国資本主義」論は、国内の生産関係を決定的に重視するスターリン主義的なマルクス理解ともよくなじむ性格をもっていた。言葉の綾ではなしに、大塚の「一国資本主義」はまさにスターリンの「一国社会主義」の資本主義版だったのである。

大塚テーゼは敗戦直後『欧州経済史序説』と『近代資本主義の系譜』の二名著によって展開されたが、氏はそこで確立した視座を今日なお堅持されていて、その泰然自若ぶりは七九年発行の『歴史と現代』(朝日選書)によくうかがうことができる。氏は、日本の付加価値生産的な仲介貿易立国方針を、「健全な」資本主義の見地からオランダの轍をふむものと批判するのだが、ここに至れば正直いって、資本主義の現代的変貌を一切無視したその古典的固執に悲惨さを感じないわけにはいかない。いや、「健全な」資本主義、「健全な」近代という概念が、イデアル・テュープスどころか、架空の幻影でしかないことに、氏は気づこうとしないのである。

話はインディアス、すなわちラテンアメリカであった。大塚理論の検討自体はもちろん私のテーマではない。大塚理論を典型とするような西欧近代＝資本制の自生説が根本的に破産する場所がインディアスという磁場なのだというのが、要するに私のいいたいことなのだ。そして、それはたんに資本制的近代の自生説に関わるだけではない。人類は内在的な社会発展段階をかならず一段一段登りつめねばならず、その最高の段階が資本制的近代であり、ラテンアメリカなどは先進諸国が通過して来た古い時間帯に滞留しているにすぎず、いずれは資本制的近代に到達すべき運命にあるのだ、といった今日なお頑固に支配的な思考に、インディアスという思想の磁場は決定的な転回の契機を与えた。

むろんわれわれはここで、六〇年代末から七〇年代にかけて展開されたフランクの「新従属理論」を想い起すべきだろう。資本主義はその成立の当初から中枢―衛星構造、いいかえれば先進―低開発の組合せ構造にもとづく世界資本主義にほかならない、という鮮烈なフランクの視点は、いうまでもなく彼のラテンアメリカ経験からはぐくまれたのである。

だがそこまで一足跳びするまえに、私はもう少し素人じみお芝居じみたウェッブの壮大な仮説から話を始めたい。アメリカには、十九世紀末にターナーが提出したフロンティア理論というものがある。一九五二年に刊行されたウェッブの『グレイト・フロンティア』(東海大学出版会)はその世界史への適用といってしまえばそれだけであるが、十六世紀から始まる西欧近代の成立は、新大陸と濠州というフロンティアの発見がもたらした四世紀にわたる長期ブームの産物だというウェッブの仮説には、それにとどまらぬ奇妙な衝撃力がある。

もちろんウェッブのアイデアには、近代という広々とした平野は新大陸という「授かりもの」がもたらした一時的現象であり、ブームのおかげで中世の谷間を出て平野に出ることのできた人類は、これから再び全体主義的規制が強まる谷間へはいってゆかねばならないのだ、というこれまたユニークな結論が含まれている。これはいわばオーウェルの逆ユートピア的展望とつながるものであって、ウェッブとしては言いたいことの重点はこちらにあったのかも知れず、それは民主主義は西欧でなくアメリカで成立したのだという彼の特異な認識とも結びついているのだが、これはいまの私の問題ではない。またウェッブの仮説がたしかに穴だらけであることにも触れまい。その点についてはすでにバラクラフが『転換期の歴史』（社会思想社）の一章を割いて、行き届いた論評を加えているからである。

私の考えでは、ウェッブの仮説のかんどころは、アメリカという授かりものがなければ西欧近代は成立していなかったということにある。これを赤裸々にいえば、資本制は南北アメリカ、ことにラテンアメリカを収奪しなければ成立していなかったということになる。ウェッブは露骨に書いている、アメリカは「権利の尊重される要もなく、またされもしないであろう少数の（!）原住民を除いては、すべて主無き土地ばかりであった」と。さらに書いている。「その土地は何の役に立つのか。すなわちあなたはお望みの天然資源は何から何まで手に入れることができる」。ウェッブはなんと無邪気に真相をいい当てたことか。この掠奪者的視点をこそ十六世紀のスペイン人神父ラス・カサスは、全生涯を捧げて指弾したのである（ラス・カサスの思想的意義については石原保徳の『インディアスの発見』＝田畑書店＝が徹底して論じている）。

エリオットによれば、こういうウェッブ的な論法は「歴史のアメリカ的解釈」と呼ぶべきもので、十八世紀から在ったそうである（『旧世界と新世界』岩波書店）。だが、ウェッブの第一の論点はその後、ウィリアムズの一連の業績によって強力に支持されることになった。彼は別にウェッブを補強したわけではない。奴隷制という視点を導入することで、全く別な角度から世界資本主義成立の暗部に迫ったのである。

3

トリニダード・トバゴの首相をつとめたエリック・ウィリアムズはまた、『資本主義と奴隷制』(理論社)『コロンブスからカストロまで』(岩波書店)などの著書で知られた黒人史家である。彼は、十八世紀に最盛期を迎えた西インド諸島を底辺とする三角貿易の意義に初めて本格的な照明を与えた。

英本土から雑貨を積みこんでアフリカ西海岸におもむき、それを黒人奴隷と交換する。この奴隷を西インド諸島へ輸送するのが、有名なミドル・パッセジ(中間航路)である。英本土には、奴隷と交換に砂糖をはじめとする熱帯資源がもたらされる。この三角貿易のことを歴史家たちは昔からよく知っていた。知りながら、あくまで「周辺的」な事実として黙殺していたのである。ウィリアム・テーゼが衝撃的であったのは、この周知の三角貿易をイギリス資本主義の離陸の決定的な要因とみなした点にある。つまりそれは、いわゆる資本の原始的蓄積過程の欠くべからざる一環とされたのである。

三角貿易は当時の大英帝国の貿易総額の七分の一を占めていたが、その重要性は単なる数字ではわりきれない。それはリヴァプールに船舶業をおこし、その後背地たるランカシャーの綿織物業に西アフリカと西インド諸島の市場を与えた。産業革命の起点たるマンチェスターは完全にこの三角貿易に依存していた。しかも砂糖は、十九世紀の鉄鋼、今日の石油に匹敵する当時の戦略商品であった。バルバドスは今日ではカリブ海上の衰微した一島嶼にすぎない。しかし十八世紀初頭においては、それは北アメリカの英領植民地のすべてを合せたより大きな経済的意義をもっていたのである。

要するに、イギリス資本主義の成立の真の起動力は、インディオの滅亡したあとのインディアスに移転された黒人奴隷労働にあった。この労働がむざんな生命消耗と同義だったことはいうまでもない。バルバドスでは奴隷人口の半分は八年で更新された。自由な労働と国内市場にもとづく資本主義成立という大塚久雄的テーゼは、ウィリアムズによって劇的に打倒された。しかし、老マルクスはすでにはっきりと語っていたのである。資本主義はあらゆる毛穴から血と膿汁をしたたらせてこの世に出現したと。

しかしウィリアムズは、資本制成立の起点に黒人奴隷制が存在したこととの意味を理論的に説明できなかった。その説明をやりとげたのがイマニュエル・ウォーラースティンの『近代世界システム』（岩波書店）である。

ウォーラーステインの理論体系は壮大な展望と多岐な論点を含んでいて、その全面的な検討などこの場でとうていできることではないが、さしあたっての話との関連でいえば、彼の貴重な理論的貢献のひとつは、世界資本主義システムの周辺に存在する自由ならざる労働が、けっして歴史的遺制などというものではなく、まさに世界システムとしての資本制に適合した労働形態にほかならぬことを明らかにした点にある。すなわち彼によれば、近代世界システムは中核・半辺境・辺境の三層構造をもち、そのそれぞれに対応するのが、自由な賃労働であり、分益小作制であり、奴隷制あるいは再版農奴制なのである。

このとらえかたによれば、インディアスの砂糖植民地における奴隷制や、わが国の戦前における小作制は、資本主義が清算し残したおくれた旧制度なのではまったくなく、世界資本主義の構造的分業にもとづく資本制的労働形態なのである。ウォーラーステインは近著『史的システムとしての資本主義』（岩波書店）では、この点を一歩進めて、歴史的実在としての資本主義はいわゆるプロレタリア化した労働よりも、半プロレタリア的な労働に依存する度合いがずっと強かったと断言している。

ウォーラーステインはむろん資本主義を世界システムとしてとらえている。すなわち資本主義はその成立の第一歩から世界経済だったのであり、その意味でインディアス植民地の成立は資本主義の成立と同義なのである。これは決して歴史を外因によって説明することではない。内因と外因を区別し前者を重視することが、なにか科学的であるかに考えられて来たのは笑うべきことである。マルクス主義を自称する史家ほど、そういう民族国家を基準とする内外の枠組にこだわって来た。明治維新を外圧によって説明する仕方を外因説として斥けて来たのも、そういう詰らぬこだわりからである。西欧文明の衝撃は外因なのではない。人類史上に生ずべくして生じた内因であったのだ。

ウォーラーステインはそういう旧来の内外の枠組をいっきょに吹き飛ばしてしまったが、彼はこういう視座をA・G・フランクから手に入れたのにちがいない。

フランクは私が無条件に賛同できる理論家ではない。彼の理論にはあまりに第三世界的な政治論がまとわりついており、しかも『従属的蓄積と低開発』（岩波書店）では、ウェーバーに対する批判の粗雑さなど、低次なラジカリズムへの退行が目立っている。しかし『世界資本主義と低開発』（柘植書房）で提示されたあの初期の清新な発想の意義は、どれほど大きく評価してもよいものだと思う。

フランクの世界資本主義論の要点は、中枢と衛星の同時成立という命題にある。先進国すなわち資本制的中枢は、衛星的地域を低開発化せずには成立しないのである。低開発は遺制でも近代化のおくれでもない。資本主義的中枢との交渉を密にすることで低開発を免れるわけでもない。衛星を低開発化することが中枢の成り立つ条件であり、資本主義はこういう世界的な中枢―衛星構造としてしか、歴史的に実体化しないのである。

このフランクの世界資本主義論がいかにウィリアムズとウォーラーステインを連結しているか、一見すれば明らかだろう。ここにこそ今日の資本主義論の新方向があり、あのイリイチの現代文明批判さえ、その延長線上をはずれてはいない。この視座を支える要めの一点、それがまさにインディアスという場なのだった。

4

世界史の虚構が解体され、人類史の射程が浮上する場所、それがインディアスだと私は先に書いた。むろんそれはインディアスでなくとも、機縁さえあればどの場所であってもいいはずだ。あえてインディアスにその場を求めたのは、メキシコのクエルナヴァカに本拠を置いて世界史解体の力業を進めているイヴァン・イリイチに、話の結末をもっていきたい魂胆があったからである。

だがイリイチに触れるまえに、私は用語について少し寄り道をしておかねばならない。というのは、石原保徳がその著者『インディアスの発見』で私とは全く逆の用語法を採用しているからである。石原は、近代ヨーロッパ世界が自らの文明を世界の残余部分に押しつけて行く過程を人類史と呼び、それに対立する視点を世界史と呼ぶ。だが、そのこと自体は単なる用語法の問題だから、どうでもよいことである。石原にバックル、ギゾーふうの人類文明史のイメージがあれば、私は私で人類学的視点の含意を用意しているからである。

私が頼りない気がするのは、石原の「世界史」（私ふうにいえば人類史）がもっぱら大江健三郎やエンツェンスベルガーふうの知識人的良心主義の上に組み立てられていて、要するに、歴史の谷間にもの言わぬままに埋没された弱者・敗者の立場からの歴史の書き直しを求めているにすぎない点である。むろんそれは強力な倫理的動機ではありうるだろう。しかし動機はあくまで動機であって、視点ではありえない。視点は理論の産物である。理論なしに動機を視点に代用するとき、うんざりせずにおれないあの知識人特有の良心主義的自家中毒がはじまるのだ。

イリイチは倫理的欲求を前面に押し立てた思想家であるように見える。私自身、この人のことを、良質ではあるが説教者であり社会改良家だと書いたことがある。だが『シャドウ・ワーク』から『ジェンダー』へと展開された彼の近業は、こういう私の生かじりな評価をすっかりくつがえしてしまった。たしかに彼の思索は倫理によって導びかれている。だがそれはすべての偉大な思想に内伏された動機なのであって、倫理的欲求が思想とすりかえられているということではない。イリイチはまさに理論的視点の深まりを示すことで、自分が説教者でもなくいわんや社会改良家でもないことを明らかにしたのである。

イリイチははじめ、エネルギーの限界値を越えた使用を警告するエコロジカルな現代文明批判者のような貌つきでわれわれの前に現れた。学校制度を否定するのも、それが過剰な産業化に人間を制度づけする装置だからであると理解された。交通・教育・医療の三大分野におけるケアの体系化が、人間の自律性をスポイルするという主張は、それなりに説得的ではあったが、そのような動向の根拠を問わずに、社会工学的な処方箋を説いているのではないかという疑いは消えなかった。

だが『シャドウ・ワーク』と『ジェンダー』の両者で、彼はついに産業化の根拠に足を踏み入れたのである。「過去との断絶を、人は資本主義的生産様式への移行としてとらえるが、私は、ジェンダーの庇護のもとにあった世界からセックスの体制への推移としてとらえたい」と書いたとき、彼はD・H・ロレンスからマルクスへ、マルクスからゲーテへとつながるひとつの壮大な視点を提示したのだった。

産業化以前の世界は、ヴァナキュラーな世界である。ヴァナキュラーとは「その土地に根ざした固有の」ということである。つまりヴァナキュラーな世界とは地霊の支配する土地なのである。地霊の支配するとは、人間が象徴体系としてのコスモスの中に生きるということである。そこでは風ですら空ですら、大地に属するものであった。この大地との交流の中で、男と女は異なる意味体系にふりわけられた。そのありかたがジェンダーである。

産業化はこのヴァナキュラーなジェンダーを破壊することなしには、プロレタリアートも、その補完物としてのシャドウ・ワークも生み出すことは出来なかった。近代的な知にとって、地霊の支配とは大地の呪いにほかならなかった。大地の牽引力からいかに脱出して、抽象と規格化の均質的な世界へ飛翔するか、そこに産業化の課題があった。シャドウ・ワークとは「消費者が買入れた商品を使用可能な財に転換する労働のことである」。それはもっぱら女性の仕事とされ、ジェンダーの経済セックス化が完成される。

イリイチは、われわれが失った前近代の社会の本質を提示したのである。それに対して、前産業化の時代が貧困と疾病につきまとわれたいかに苛酷な世界であったかということを、反論として提示しても無効であろう。イリイチはそんな優劣の比較の上に立ってものを言っているのではないからである。マルクスと同様、彼は未来について語ることを拒否する。同じく彼は懐古主義者でもない。われわれが何を失ったかというのは、懐古ではなく現状分析なのである。

今日われわれにとって世界は、計量し規格化し操作するものとして存在するが、かつては意味づけられたコスモスとしてあった。われわれの自律と共生はその意味づけのもとにのみ可能だった。パステルナークが『ジヴァゴ』で求めたのもそういうコスモスだったのである。

世界史を人類史に再編するというのは、産業化を終点とする歴史的合理化を解体することである。フランクはラテンアメリカを資本制的現存としてとらえたが、イリイチはフランクの経済成長至上の視点をきびしく批判する。イリイチの視点を媒介とすれば、カルペンティエールやドノソの奇妙に前衛的で土俗的な小説世界を、ヴァナキュラーなものが断末魔の悲鳴をあげている世界として解読しなおすことも可能になるだろう。インディアスはそういう豊饒な意味の世界として、われわれの前に在る。

世界史は成立するか——アーリイモダンの夢

今日は、あまり厳密な話ではなく、この辺が私の年来の関心であるということを漫談風にお話ししたいと思います。

今日の論題は、各国史・地域史というような形は書けるとしても、世界史というものはどういうふうに成立するかということです。僕らが旧制中学を出たころは、人航海時代とは言わなかったんですね。地理上の発見と言ってたんですけれども、地理上の発見をもって世界というものが一つになった、そこで世界史が成立する、というふうな話であったわけです。こういう捉え方はもう少し突き詰めて考えると、大航海時代を発端として十九世紀の日本の開国でもって世界が一つになったわけです。これは世界資本主義の成立と言ってもよろしいですね。三十年ほど前の私たちの常識では、資本による世界市場の形成というのが世界史の成立の根拠であるという、非常に明快単純な捉え方だったわけです。

例えばマルクスは、通商の力というのは万里の長城を打ち破るカノン砲であるということを言っています。また、十九世紀に日本が開国した後の初代のイギリス公使で、『大君の都』を書いたオールコックも、通商というものは革命的な力であると言っています。オールコックは、通商は文化の障壁、あるいは孤立的なそれぞれの地域文化・民族文化というものを打ち破って世界を一つにしていく力があると言うのです。昔はこういう捉え方があって、これが常識だったわけです。これはもちろん西洋中心史観であるわけです。西洋中心史観の最たるものです。しかし近年はこの西洋中心史観というのは、いろんな批判を繰り込んで変ってきております。

ウォーラーステインの「近代世界システム論」

世界史はどこで成立するかという問に対する答えとして、一番進んだ所ではウォーラーステインの理論だと思うんですね。ウォーラーステインは、一九三〇年、私と同じ年に生まれたアメリカの学者で、『近代世界システム』という本を書いております。これは現在第三部まで翻訳が出ております。本当はウォーラーステインの話だけで一時間どころか二時間も三時間もかかってしまうんですが、簡単に言うと、ウォーラーステインは世界システムということを考えるわけです。各地域にはそれぞれ近代国民国家以前にしても様々な形の国家が成立しており、様々な文化が成立している。そういったものを統合して一つの世界をつくりだしていくシステムということを考えるわけです。

この世界システムには二つあって、一つは世界帝国で、もう一つは世界経済である。世界帝国というのはローマ帝国や唐帝国を考えてみてもわかるように、膨大な官僚制をともなうわけです。したがって非常にコストがかかります。この世界帝国というのが従来の世界システムであった。そのほかにもう一つ、世界経済というのが成立しかけたことがあったと言うのです。例えば、地中海における古典世界です。ギリシャやローマが穀物をどこに依存したかといえば、エジプトあるいはシシリーに依存したわけです。そういう風な地中海経済圏というものをとってみても、これは、マックス・ウェーバーがつとに言っておりますように、古代資本主義というものの成立が認められる。そういうものが世界経済の一つの形でしょうね。ところが、ウォーラーステインは、世界経済システムというものは、成り立ち始めるとすぐに世界帝国に吸収されると言うんです。世界経済というものが充分に成長して、経済的な要因をもって世界を統一していくというようにはならずに、ついに全部挫折してしまったと言うのです。だから世界を統一するシステムとしては世界帝国しかなかったわけですね。ところが、これはさっき述べましたように膨大なコストがかかるのです。したがって、定期的に王朝の栄枯盛衰というのを繰り返していく。これは中国の例を見ると非常によくわかります。

十五世紀末から十六世紀初めにかけて、ヨーロッパ世界経済が成立していきます。これが、まさに世界経済として世界を統一するものになりえたわけですね。これまで世界経済というのは、生まれかかっては世界帝国に吸収されてきた。このヨーロッパ世界経済のなかでも、たびたび世界帝国への意図が生まれてくるんだけれども、その意図は挫折して、ついに世界帝国は成立しなかった。つまり、膨大な官僚群を擁する帝国という統治システムに拠らずして、純粋に経済の力で世界を統一するという、そういう近代的システムができたというわけです。ウォーラーステインが「近代世界システム」といっているのはヨーロッパ世界経済のことなんですね。これは十五世紀から十六世紀初めに成立したと言うんですけど、成立の端緒がそこにあったわけでございまして、少なくとも十九世紀までこの近代世界システムは形を整えていく。ウォーラーステインはヨーロッパ経済こそが帝国という世界システムに最終的にとって変わったシステムであったと主張しているわけで、帝国といっても文字通り全世界を光被しえた世界帝国が出現しなかった以上、彼は世界史成立の根拠をヨーロッパ世界経済の成立と成長に求めたと言ってよいでしょう。

ウォーラーステインと大塚理論

さらにウォーラーステインの理論で注目されますのは、資本主義は当初から世界経済システムとして存在したと言っていることです。

僕などは大塚久雄さんの理論によって育てられた世代ですが、僕らの常識というか、戦後日本を風靡した大塚理論によりますと、資本主義というものは一国で生まれてくるんですね。国内市場をもとにして生まれてくるんです。それ以前の例えば十六世紀におけるスペインも一種の世界経済の形をとりましたね。さらにオランダが通商帝国を築きますね。もちろんポルトガルもあります。このスペイン・ポルトガル・オランダという通商帝国の形をとる商業資本主義は本当の資本主義が生まれてくる動因にはならないんだ、近代資本主義はそんなところから生まれてきたんじゃない。それが大塚説であり、また僕らの常識だったわけです。つまり、華々しい遠距離の商業であるとか、フッガー家のような大金融家であるとか、資本主義はそういうものから生まれたんじゃないんだというのです。ではどこから生まれてきたかというと、イギリスの田舎で、五～六人の人を雇って毛織物業をいとなみ、片手間に農業をしながら自分も働いてという中間的生産者層から生まれてきた。キャピタリズムというのは要するにプロテスタンティズムであり、勤労の精神なんだ。そういう大塚理論からすると資本主義というものはいたって健全なものであります。

大塚さんという方は一九八〇年頃まではなかなか元気で、依然として同じようなことを言っておられました。当時は日本は経済的繁栄のまっただ中にあったのですが、大塚さんは「日本は没落する。なぜ没落するか。日本というのは外国から原料をもってきて、それを加工して他の国に売るというようなことばかりやっていて、国内市場をもとにした資本の成長はない。オランダの例を見なさい。オランダはそういうことをやっていたから没落した。日本もいずれ没落する」。そういう古典的なことを一九八〇年頃になってもおっしゃっていた人です。

この大塚さんのような捉え方を徹底的に打ち破ったのがウォーラーステインです。国内市場に基づいて中間的な生産者層が資本家になり、プロテスタンティズムの勤労の精神に基づいて各国で資本主義が成立し、その各国の資本主義がお互いにコネクションをもっていくなかで世界市場が成立するという従来の捉え方、この捉え方は大塚さんだけでなく欧米のマルクス主義者にもそういう捉え方は強かったわけです。もちろんモーリス・ドッブなんかもそうです。ウォーラーステインはそういう捉え方を完全にひっくり返したんですね。そうじゃないんだ、資本主義というのは最初から世界経済という形をとったんだ。世界経済の形をとらないと資本主義は成立しなかった。これがウォーラーステインの大命題であるわけです。これは革命的命題ですが、ウォーラーステイン独自のものではないのです。これはもともとA・G・フランクという西ドイツの学者の理論なのです。

A・G・フランクの新従属理論

フランクはずっと南米にいまして、南米の低開発がどこから来たのかを考えたのです。高度に成長した先進国と低開発国の矛盾、いわゆる南北問題はどこから生まれたのか。これは資本主義が生まれたときに生まれたと言ったのです。つまり、フランクの理論によれば、資本主義は中枢―衛星という関係をとり、中枢に対する衛星からの価値移転があってはじめて資本主義が成立するというのです。平たくいえば、イギリスとかの先進的な資本主義は、低開発といわれるような辺境の人々を搾取することによって原始的資本を蓄積した。つまり、中枢における資本主義の成立は辺境における低開発とセットになっているのであり、資本主義が続く限り低開発は必要とされるというのです。

従来のマルクス主義理解の仕方では、低開発というのは歴史的発展段階が遅れており、封建的生産関係が克服されていない結果だというわけです。低開発諸国は、ブルジョア革命を徹底してやって、歴史的段階をさらに進めることによって低開発を乗り切ることができるというのが、マルクス主義者の理解だったのです。それをひっくり返したのがフランクだったのです。資本主義が成立するということ自体が低開発を必要とする。だから低開発は決して遅れた封建的段階ではなくて、資本主義そのものの継続・展開がつくり出したものであるという捉え方をしたわけですね。七〇年代にはこの理論が流行しましたが、最近はフランクを賞賛する人は減ってきました。

というのは資本主義が続く限り低開発が続くという捉え方には問題があるのです。アジアにおける新興工業国、例えばシンガポール・マレーシア・台湾といったアジアにおける優等生たちが、新たに市場主義経済を受け入れることによって飛躍して先進国の仲間入りを果たそうとしている。そういう現状を見ますと、資本主義はどうしても低開発を必要とするという考えは問題があると思います。例の『歴史の終り』と言う本で評判になったフランシス・フクヤマも、同書のなかで抜かりなくこの点をついています。ただし、資本主義の成立に関しては、低開発諸国をつくりだすことなしには資本主義は成立し得なかったというこの発想は、非常に優れたものであります。フランクの場合は、別に南米だけが視野に入っているわけではなく、アフリカだってアジアだって全部低開発の地域は吸い上げられて先進国が成長したんだということになる。さらには、アメリカというものがないと資本主義は生まれなかったんだという解釈になるわけです。実はこの理論には先輩がいて、それはW・P・ウェッブというアメリカの学者です。

ウェッブのグレート・フロンティア理論

ウェッブはテキサス大学というういわば田舎大学の先生だったのですが、一九五二年に『グレイト・フロンティア』という本を書いて一躍有名になりました。アメリカの歴史の解釈に関してはターナーという人がおりまして、あの有名な「フロンティア理論」というのを唱えたんです。つまり、アメリカは西へ西へとフロンティアを拡大し、これがアメリカ成立の動因であるという理論を一八九三年に発表しまして、これがアメリカの歴史を解釈するうえで非常に有力な理論だったわけです。ウェッブはこのターナーの理論を「グレート・フロンティア」に拡張したのです。ターナーにおけるフロンティアというのは、北アメリカの西部諸州や中西部諸州であったわけですね。ところがこの「グレート・フロンティア」というのは、南北アメリカ・オーストラリア・シベリアを指しているのです。

つまり、ヨーロッパは十五世紀までは谷間のなかにいた。十四世紀というのはペストで人口が三分の一ないし三分の二になった。これは過大評価かもしれませんが、そういうふうにも見られる谷間ですね。封建制も行き詰まってきて、その危機が明白になったのが十四、十五世紀です。そういう悲惨なヨーロッパが南北アメリカを征服した。まさにこれは天からの授かりものので、その授かりものは南北アメリカだけでなくてオーストラリア、ロシアにとってはシベリアというふうに続くわけです。このフロンティアがあったからこそ、ヨーロッパは中世という暗い谷間をぬけて近代に到達することができたというわけです。エリオットというイギリスの歴史家がおりまして、スペイン史の権威なんですけれども、彼によればこういうのを「歴史のアメリカ的解釈」と呼ぶのだそうです。これをとことんやったのがウェッブなのです。

授かりもののおかげで中世の谷間を抜けて近代に到達し、そこで資本主義が成立した。ウェッブは南北アメリカを gift、天からの贈り物が転がり込んできたと言うのです。そこのところは非常に無邪気でして、アメリカには誰も住んでいなかった、無主の土地であった、インディアンが少しいたけど、と書いてある。誰もいないつかみ取り自由のこの土地がそこにあったというわけです。これによってヨーロッパは近代になったと言うのです。ウェッブは歴史学的に問題にするなら穴だらけなんです。しかし壮大な理論ですね。アメリカの学者というのは、こういう風に一発ホームランをねらってくる人が多いです。しかもウェッブはその先を言っています。南北アメリカ・シベリア・オーストラリアを全部開発してしまったから、もう地球上にフロンティアは残っていない。そうするとどうなるか。また中世に帰っていく。近代はつかの間であった。近代は自由を求めてそれを実現した。しかしこれからはそうはいかない。これからは全体主義的な社会体制が復活するんだとまで言ってるわけですな、このウェッブは。

このウェッブの本は歴史の学術書としては穴だらけでして、イギリスにバラクラフという歴史家がおりまして、『転換期の歴史』という有名な本がありますけれども、この本の中でバラクラフは一章をさいてこの理論を完膚なきまでやっつけています。しかし、ウェッブの言っていることは非常にサジェスティヴではあるわけです。先に名をあげたエリオットも著書『旧世界と新世界』でウェッブ説をくわしく紹介し、成功を祝して万歳三唱とまではゆかないのは残念だが、その勇敢さをたたえて二唱くらいには値すると言っています。

エリック・ウィリアムズの三角貿易論

ところがウェッブ説全体ではありませんが、アメリカ征服が資本主義成立の大きな契機となったという点に関しては、ウェッブの本がでる前に、エリック・ウィリアムズという黒人の学者が一九四四年に出した『資本主義と奴隷制』という本で、もっと学問的に精密な立論を行っていたのです。エリック・ウィリアムズは、のちにカリブ海のトリニダード・トバコの初代総理大臣になった男です。もともと歴史学者で、オックスフォードで勉強したんですけれども、非常に秀才だったにもかかわらず、黒人ですからオックスフォードでは相当差別されて惨めな思いをしたんでしょうね。

『資本制と奴隷制』は三角貿易をとりあげた本です。三角貿易とは何かというと、イギリスで産業革命の初期に雑貨をつくります、このいろいろな雑貨をアフリカにもっていく、そしてその雑貨と黒人奴隷を交換するわけです。その奴隷をカリブ海のバルバドスとかジャマイカとかの砂糖植民地に連れて行くのです。その航路を middle passage というんですけど、これはひどいもんで、航海中の死亡率が三〇ないし四〇％にものぼったというんですね。そういう悲惨な形で黒人奴隷を導入したわけです。もちろんアメリカにも導入した。じゃあ黒人をジャマイカやバルバドスで売って見返りに何をもっていくかというと、砂糖をもっていくわけです。砂糖は十八世紀における戦略的商品なんですね。今日における石油に相当するような戦略的商品として、カリブ海地域はものすごい砂糖の産地だったんです。サトウキビというのは地力をものすごく消耗するわけですね。だからカリブ海地域でも砂糖生産の中心地はサント・ドミンゴからバルバドスに移って、バルバドスからジャマイカに移ってきた。五、六〇年単位で移って行くわけです。

その当時のイギリスの貿易量においては、この三角貿易というのは七分の一なんです。従来イギリスの学者は、七分の一なんて大したことないじゃないか。奴隷貿易は悪かったけれども、イギリスは一番早く奴隷解放を実現したんだと言うんです。悪いことは重々悪かったけど、一番最初に反省したんだからな、というわけでありまして、イギリスの資本主義の成立と黒人奴隷労働とは関係ないよ、だって三角貿易は七分の一だよと言うのです。これに対しウィリアムズは、単なる七分の一にとどまらないと言うのです。三角貿易によってまず繁栄したのはリヴァプールであった。リヴァプールは三角貿易なしには絶対に出現しない町であった。そしてマンチェスターとは何か。イギリスの産業革命の中心地となったマンチェスターはリヴァプールの後背地ではないかと言うのです。リヴァプールの三角貿易による繁栄というのがあって、それによる資本蓄積があって、はじめてマンチェスターの繁栄、さらには産業革命が起こったというわけです。

エリック・ウィリアムズは一九七〇年に出た『コロンブスからカストロまで』において、自説をもっと詳細かつ包括的に展開していますが、このような歴史のアメリカ的解釈、つまり南北アメリカの征服というものがヨーロッパの資本主義の成立に非常に深い関わりをもっていたんだ、黒人労働の搾取ということがイギリスの産業革命を呼び起こしたんだという話は、西洋人、とくにイギリス人にとっては承認すべからざるテーゼであったわけですね。そのテーゼを復活したのがフランクであり、さらにウォーラーステインだといえると思います。このウィリアムズ・テーゼは発表以来、賛否両論にさらされて来ましたけれど、近年は肯定的に評価される傾向にあります。その点については布留川正博という人が『ウィリアムズ・テーゼ再考』（同志社大学人文科学研究所『社会科学』四六号）という論文を書いておられるので、関心のおありの方には一読をおすすめします。

近代世界経済における中核・半辺境・辺境

ウォーラーステインはこれまで述べてきましたウィリアムズやフランクたちの業績を受けて、世界史の統一理論として近代世界システムという概念をつくりあげたわりです。この近代世界システム理論は非常に詳細なもので、簡単に要約することは許されないんですけれども、あえて簡単に言いますと、資本主義はまず世界経済として成立したということです。ウォーラーステインの特徴は近代的な機械制工業の成立をもって資本主義の成立とは認めないわけで、つまり、資本主義は工業的な資本主義ではなくて農業資本主義の形で成立したと主張するのです。資本主義が成立したのはまず農業においてであり、その農業資本主義は大西洋貿易の成立によって完成したというんですね。大西洋貿易というのは簡単に言って南北アメリカの植民地化であって、この南北アメリカの植民地化というものによって世界資本主義が成立したという捉え方です。ウィリアムズやフランクという先行者はおりましたけれども、やはりウォーラーステインは非常にショッキングな命題を微にいり細にうがって実証しているわけです。

今日先進諸国は資本主義段階に到達している。ところが植民地はなぜ植民地になってしまうのか。資本主義以前の遅れた封建制的な段階にいつまでも愚図愚図していたからだとマルクス主義者は言います。だから先進資本主義社会の餌食になったのである。したがって後進国の課題は近代化であるというわけですね。マルクス主義者というのはだいたい近代化論者です。世界史というのは発展段階があるから、発展段階を飛び越えることは許されない。だから発展段階を一つ一つ追っていかなくちゃならない。プロレタリア革命をやるにはブルジョア革命をやっておかなければならないというわけです。それをウォーラーステインは否定したんです。

この三つの役割分担については細かくなりますから申し上げませんけれども、この中核と辺境・半辺境というものはいろいろと変わっていくんですね。例えば、中核においては最初はスペインのヘゲモニー、次はオランダ、その次はイギリス。ただし、イギリスのヘゲモニーが完成するには、英仏間の長期の争いがインドや北アメリカで繰り広げられるわけです。それから半辺境というのはですね、これは地中海諸国、その辺を指している。イタリーというのは十四、十五世紀においては先進国だったわけですね。それが近代世界経済の成立とともに半辺境に転落する。それから辺境というのは何かというと、例えばポーランド。ポーランドはかつては辺境ではなかったんです。ポーランドではいったん農奴は解放されるんですけれども、この解放された農奴が再びユンカーのもとで週に三日とか四日とか働かされるという非常に苛酷な農奴制的なものが再出現するんですね。なぜかというと、ポーランドでは貴族が国際化したんです。貴族が当時成立した国際経済のなかに参入した。つまり、世界経済に対して障壁を設けず開放経済をとったのです。したがってポーランドは、穀物の大量輸出国になったのですね。世界経済のなかにおいて穀物の輸出国という役割を担わされた。そこで再版農奴制が出現したわけです。

ウォーラーステインはその再版農奴制を封建的なものに逆戻りしたとは捉えないんです。そうじゃなくて、それは資本主義の労働の一形態だというのです。資本主義の労働というのは、宇野理論に拠れば、近代プロレタリアート、自由な労働というのが成立して初めて資本主義が成立したというんですけど、ウォーラーステインはそう考えない。自由なる労働、近代プロレタリアートなんていうのは、この資本主義二〇〇年の歴史の中でも、今日でもまだ一部分にとどまっていると彼は言うのです。いわゆる自由なる労働者、つまり工場労働者や近代プロレタリアートが成立したのは中核諸国だけである。半辺境ではどういう労働の形をとったか。これはシェア・クロッパー、つまり分益小作制である。分益小作制というのは、日本の小作と大体似たようなもので、収穫の量を取り合うんですね、四が地主で六が小作というような分益小作制です。辺境においては、奴隷労働あるいは農奴的労働が行われていた。再版農奴制も非常に奴隷的である。中核・半辺境・辺境の三つの要素は世界資本主義が成り立つ上での絶対的必然的な要素である。したがって分益小作制というのは決して封建的なものではない、まさに資本主義的な労働である。辺境における黒人の奴隷労働、こういったものも決して古代的なものではない、まさに資本主義的な労働の一形態なのである。このように捉えたところがウォーラーステインの非常な鮮やかさです。この辺のところは彼の『史的システムとしての資本主義』において説得的に述べられています。

ウォーラーステインについてはこれ以上深入りしませんが、私が申し上げたいのは、ヨーロッパ近代で生まれた動向が世界を統合した、したがって世界史が成立する根拠というのはヨーロッパ近代の世界統合のダイナミクスの中にあるのだという理解の仕方の、一番最新の整理されている捉え方がウォーラーステイン理論だということです。ただしウォーラーステインは、西洋中心主義については十分反省を持っていますから、今のような形でこの近代世界システムが成立したということを正当だと言っているわけではありません。ただ客観的事実として、ヨーロッパがリードして世界システムが成立したと言っているのです。これは近代世界システムというのは決して人道的なものではないということを含意しています。つまり近代資本主義社会というのは、これをジャスティファイすると、人間に福祉をもたらした合理的・開明的・啓蒙的なものであったということになるわけです。近代資本主義というのは民主主義とセットになっているわけですからね。近代資本主義は民主主義とセットになって人類を抑圧から解放していくんだという捉え方に対して、資本主義というのは、辺境・半辺境において膨大な人命あるいは人間の労働というものを犠牲にして初めて成り立った世界経済システムだと、こう言っているわけです。ですから、なにも西洋近代の支配というものを正当化しているわけじゃありません。ありませんけれども、結局近代世界システムというのは、ヨーロッパにおいて封建危機から生まれてきたという考え方ですね。十四、十五世紀の封建危機を克服するためには、ヨーロッパは絶対に世界経済を成立させなければならなかったんだということです。そういうヨーロッパにおける歴史動向から近代を導き出してくるという点、西洋近代をもって世界を統合する原動力だと見ているという点では、従来の西洋中心的な歴史解釈と変わりがないわけです。

さあそこで批判がでてくるのですね。西洋中心史観というのはたいへん評判が悪くて、西洋中心主義に対する悪口というか、これを攻撃するのは、現代知識人の資格をうるためには必ずやっとかなくちゃいけない一つの入り口みたいになっているわけです。

サイードの脱中心化理論

西洋中心主義に対する反省というのはかなり早くから始まっているんですが、これが徹底化されたのは、やはり一九七〇年代から八〇年代だと思うんです。七〇、八〇年代というのは、みなさん身に覚えがあられますように、世界的にラディカリズムの噴出期でございまして、したがっていろんな理論的なラディカリズム、ラディカルな再解釈というものが、フェミニズムをはじめとして非常に盛んになった。七〇、八〇年代は、西洋近代というものを世界統合の根底にしていくという見方に対する批判が噴出した時期だったんですね。ここで二人例をとってみましょう。一人はサイードです。

サイードはアメリカの学者ですけどパレスチナ人で、中近東で育ってアメリカに渡って学者になったんです。このサイードが、『オリエンタリズム』という有名な本を書いたわけです。この『オリエンタリズム』というのは長い本でございまして、大体アメリカの学者と言うのは膨大な本を書くんですな。そのエネルギーは凄いんで、読む方はまた大変なんですけれど。サイードの『オリエンタリズム』全体の主張は措いておいて、今日の私のテーマに関わるところだけを申し上げますと、サイードはアジアとヨーロッパの区別を認めないというわけです。アジアとかヨーロッパとかそういう区分自体が西洋中心主義を現している。ヨーロッパは見るもの、アジアは見られるものという関係だと言うのです。要するにアジアとかヨーロッパという範疇区分そのものがヨーロッパの偏見を現わしている。これを撤廃しないといかんというわけです。ウォーラーステインの近代世界システム論も、サイードは西洋中心主義だと批判しています。サイードの主張は結局脱中心化でありディコンストラクションですね。一九八〇年代はポストモダンの全盛期でしたから、サイードもその流れの中にあるわけです。つまり非体系化するということです。要するに、中心化し体系化していくというのが世界統合であり世界史なんですね。従来の世界史の理解の仕方は、ある中心から出ている、あるいは一つの体系化をめざしている。この人はこれをやめようというのです。つまり世界史を解体しようということになります。世界史を解体しまして、アジア・ヨーロッパの区別をやめるというわけです。

オリエンタリズムはラディカリズムの最たるものですけど、日本の歴史家は八〇年代から、日本史の学者は余り言いませんが、西洋史の方はサイード、サイードでしたね。一時サイードばやりだったんですよ。だけど僕に言わせると、あなた方サイードをよく読んだの、と言いたいわけです。サイードはあなた達に都合の好いこと言ってないよ、と言いたいわけです。

というのは、たとえばバルフォアというイギリスの政治家が一九二〇年代だったか、イスラムの歴史、中近東の歴史には自由というものが全くないと言ったのです。そこには何があったか。despotism があったんだ、専制だけがあったんだと、こう言っているわけですね。それに対してサイードは、これはもうひどい偏見だといきりたつんです。そうしますと、サイードによれば、いわゆるアジア的専制主義と言う概念は成り立たないわけです。アジア的専制主義なんていう概念を用いる奴はまさに差別主義者であるというのです。それじゃあ日本の学者諸君は困ったことになりませんか。

日本の学者諸君は従来マルクスとかウェーバーに基づいて、アジア的な専制主義というのがいかに自分達の負い目であったか、歴史の汚点であったか、そういうのがずっと自分達のしょいこんで来た悲しい遺産であると考えてきたわけですから。日本的な専制というのがずっと支配して、民衆の中から生まれてくる自由というものが無い。そういうアジア的な専制主義をずっと言ってきたわけですから。サイードは、そんなのは偏見よ、そういうこと言う奴が差別主義者よと言うんです。それじゃあ大アジア主義者の方が正しかったのかなあということになるわけですよねえ。サイードの言うことを徹底すると、岡倉天心の方が正しかったのかなあということになりまして、それじゃあ東大の先生たちは困るでしょ。だから、東大の先生たちがサイード、サイードと持ち上げるのは変だと思うんですよね、僕は。

まあそれは別として、サイードは徹底的なことを言ってるわけです。地域と言うのは文化が結びついてきますね、あるいは宗教が結びついてきますね。そういう文化あるいは国民性といった地域的特性は実は現実性のない観念にすぎないと彼は言うのです。アジアとかヨーロッパとか、あるいはアラブとかアフリカといった概括化を一切やめようと言っているのです。そういう文化的、観念的な構成物でもって歴史を見るから差別をうむというわけです。徹底してますねえ、サイードは。それでは彼はどういう世界史を書くんでしょうか。彼は歴史家ではありませんけれども、書くとしたらどういう世界史を書くんでしょうね。脱中心化されて、脱概念化されて、脱体系化された世界史とはどういうものなのかという疑問が起こります。サイードというのはPLO派ですから、非常に古典的な、左翼的な面もあるんです。階級闘争ということをしきりに言うわけですよ。そして民族解放というのが彼の大きなテーマです。つまり、植民地的現実に苦しんでいる一人一人の人間の喜び悲しみに迫ることこそ歴史の課題であるのに、いわゆる世界史的な概念はそれに触れないと言うんですね。そうなってくると、各地域、地域には苦しんで闘ってきた人たちがいたのよ、という歴史になるんですかな。サイードの世界史はこりゃなかなか難しいですな。サイードについてはこれぐらいでやめときます。

石原保徳の犠牲者の歴史

もう一人、石原保徳さんという人がいます。石原保徳さんは、『大航海時代叢書』というのを岩波書店が出しましたが、その編集部にいた人なのです。岩波の編集者だったのですが、なかなかの学者でして、というのも彼は『大航海時代叢書』を編集するうえでスペイン語を勉強しまして、インディアスつまり南北アメリカ征服の歴史に関して相当詳しくなっている。この人は『インディアスの発見』という本を一九八〇年に出して、ごく最近は『世界史への道』という前後編二冊の本を新書判でお出しになりました。

言ったら悪いが、私はたいへんこの人は苦手なんです。石原保徳というのはラス・カサスなんです。ラス・カサスというのは新大陸・新世界におけるスペイン人の蛮行を一生涯かけて告発した人です。石原さんはこのラス・カサスの立場に立っている人なんです。いってみればエンツェンスベルガーとか、大江健三郎によく似てるわけです。要するに、敗北者、弱いものに味方していく、その心の痛みを感じる良心主義的立場ということですね。だからアウシュビッツとか南京虐殺とかヒロシマとか、まあそういうことを強調なさる。そういう立場から歴史を見ていく。そして今までの世界史は人類史だと言うんです。僕と言葉の使い方が反対なんですけど、西洋中心に世界をとらえていく見方が人類史だと言うんです。何でそれを人類史と言うかというと、その背景にはバックルとかギゾーといった人類史概念があるんですかなあ。つまり、キリスト教を背景に、理性をもった文明人というイデオロギーが生まれ、その文明を世界中におし広めてゆくのが歴史だという使命感のもとに、人類史の概念が成り立つというのです。スペインがイベリア半島をイスラムから奪回していく、それがレコンキスタだったわけですが、ところがそれがコンキスタになっていくというわけです。新大陸でコンキスタになる。レコンキスタからのひとつながりの動きとしてコンキスタとしての人類史が生まれる。

スペイン・ポルトガルの新大陸征服は、南北アメリカに住んでいる奴は人間じゃないという考えが前提になっている。何で人間じゃないかというと、キリスト教徒じゃない、だいいち理性がない、文明がない。つまり、その征服というのは理性と文明の名において行われたというわけです。石原さんが言うよりもずっと昔から、たとえばモンゴルの世界征服では、途中における中央アジアの諸都市を攻略するときは住民を全部虐殺して、山のようにどくろを積んだといいます。昔から人類の初めから、血生臭い勝手きわまる征服というのは行われていたんですね。それはずっとあるわけです。ところがこのスペインとポルトガルの新大陸征服が違うのは、理性と文明を新大陸に広めるという名目で行われた。これがコンキスタの最大特徴であるというわけですね。つまりこの時点で、ヨーロッパが文明の名において、理性の名において、残りの世界を支配してよいという考え方、また実際に支配する動きが始まった。これが人類史だというのです。

彼がいっている人類史というものは最終的にはコンキスタとなるわけで、西洋諸国が新世界を暴力的に征服して、それがずっとアジア・アフリカにも及んで行くんですけど、その過程が人類史だ、それを合理化する考え方が人類史だというのです。まさに不当な新大陸征服ということを契機にして、ヨーロッパが残余の地域を暴力的に支配する名分を得ていく、その過程を批判的に捉えかえすのが、石原さんのいう世界史になるわけです。つまり理性的な文明が世界を光被してゆくのが歴史だというヨーロッパ中心的史観をひっくり返して、それは無法なコンキスタの歴史だったんだよ、そういうコンキスタの強行に抵抗し、それにうち勝ってゆく動きの中から世界史が生まれるんだというのが、石原さんのいう世界史なのです。しかし、これは要するに近代ヨーロッパがつくってきた歴史をやられた方から捉えかえすだけではありませんか。ですから、世界史はやはり近代ヨーロッパがつくったということを、犠牲者の立場から確認して告発するということになりはしませんか。これじゃあ新しい世界史にならんのじゃないかなあと思うのです。

これまで世界史の成立ということで、いろんな見方を紹介して来たのですが、結局はヨーロッパ近代が世界を一元的に編成してゆくという見方と、それに反発する見方ということになります。この問題はあとでもう一度考えたいと思いますが、どういう立場に立つにせよ、十六、七世紀に全地球的な社会変動が起こっていて、それが今日の近代世界につながっているということは、客観的な事実として認められます。それを指摘したのがジョセフ・フレッチャーです。

フレッチャーの統合現象説

フレッチャーというのはアメリカの学者で、近年亡くなった人らしいのですが、どういう人か私はよく知らないのです。ある論文を読んでいたら、フレッチャーの“Integrative history”という論文が参考文献としてあげられていたので、取り寄せて読んだんです。これがなかなか面白い。“Journal of Turkish Studies”という雑誌の一九八五年九月号に出ています。彼の言うには、一五〇〇年には世界はまだバラバラだった、one history はない。それぞれの国の歴史があるだけだ。ところが十九世紀後半をみると世界の一つの歴史を認めることができる。そうするとその間に integrative history というのが成立したに違いない。彼はとくに十七世紀の動向にその成立を認めています。

彼はどういう方法をとったかというと、飛行機に乗って十六世紀、十七世紀、十八世紀の上空を飛んでみましょう、そうすると下の方に見えてくることがあるというのです。見えてくるのは平行現象である。彼は、インターコネクション（interconnection）とホリゾンタル・コンティニュイティ（horizontal continuity）という二つを考える。

インターコネクションとは現実のつながりです。貿易なら貿易、思想や技術の伝播といったつながりのことで、たとえば、日本の古代において渡来人が中国や朝鮮からやってきた、これはインターコネクションです。もう一つのホリゾンタル・コンティニュイティは、直接の交渉はない、しかしそれぞれの地域が同じ現象を経験していることを言うんですね。どういうことかというと、たとえば十七世紀における寒冷化です。寒冷化ということはあらゆる地域が経験しているでしょう。それから疫病ですね。ペストならペストという疫病、これもいろいろな地域が経験しているでしょう。この二つの例を挙げているわけですね。インターコネクションはわかりやすいわけですね。お互いに実際的な交流があっているわけですから。それが世界のパラレリズム（parallelism）を生み出しているということでわかりやすいんですけど、このホリゾンタル・コンティニュイティというのはよくわからんところがあるわけです。しかし、とにかくずっと十七世紀の世界をみてみると平行現象、パラレリズムというのは七つあるというんです。

詳しくいう時間がありませんが、まず人口増大。さらに生活のリズムがどんどん加速化されていること。次に地域的な都市形成。この地域的な都市形成というのは、いわゆるロンドンとか江戸とかいった大都会じゃなく、regional な center としての都市の成立です。都市市民階級が力をつけて勃興していること。それから宗教復興と伝道運動。それから農民における動揺、農民一揆、農民戦争がおこっていること。それから遊牧がまったくこの時代から衰退してしまっているというわけですね。飛行機から見たら世界中でこういうふうな平行現象がおこっていて、世界が一つになっていこうとしていることが、十七世紀において認められるというわけです。

これはですね、理論は一切ないわけです。なぜそうなったかもない。人口の増大が起点になっているから、人口史観みたいな感じもしますが、とにかく、どういうメカニズムあるいはどういう動因によってこういうふうな世界の統合現象がおこってきているかということについては一切問わないわけですね。そうじゃなくて、飛行機から見てみるとこういう統合現象があるよ、と言っているわけですね。そうしますと西洋中心主義もなにもないわけです。飛行機で上から見ると、近東もこうなっていて、東南アジアもこうなっていて、世界をずっと見渡して同じようなことがおこっているというのですから、西洋中心主義なんて叱られる心配はないわけです。そういうふうな方法が一つ出てきているのです。

これは、案外馬鹿にできないんではないでしょうか。こういうふうな研究は案外やられていないといえばやられていないいんですね。というのは、それをやるには各地域についての膨大な個別研究を総括しなければならないのだから、とても一人の手には負えません。しかし、フレッチャー的な視点をとれば、例えば日本の江戸初期の鎖国に導かれる現象なんていうのも、世界的に十七世紀というのは危機の時代でしてね、十七世紀の危機に対する日本のリアクションじゃないかという気がします。世界を通観してそこに一つの共通した動向を探っていくというのは案外やられていないので、これは一つのやり方かなあとも思うんです。

僕はこのフレッチャーの論文ってかなり面白かったんですけれども、しかし、これやったって、何でそうなってきたかということは出てこないわけです。それではどうも困る。なるほど現象的には世界のパラレリズム、平行現象が起こってきて一つの世界になってきてるよねということはわかりますが、その動因がわからない、メカニズムがわからないわけですから、どうもよくわからんということになる。フレッチャー自身は人口増大ということに変動の起点をみているようですが、これも明確ではないし、また説得的ともいえないと思います。

十八世紀までウェスタン・インパクトはなかった

しかし、フレッチャーの主張は、世界史はいつどのようにして成立するのかという私の問題設定にとって、大いに示唆的であります。フレッチャーは統合的歴史はアーリイ・モダンにおいて初めて可能になると言っているのです。そしてその際、彼は例のウェスタン・インパクトに全く言及していない。十六世紀といえばスペインが南アメリカをおさえ、ポルトガルがインドから東アジアへ進出するわけですが、そういう大航海時代を形成したヨーロッパの動きを、アーリイ・モダンという統合された世界の動因だとは彼は考えていないのです。彼はポルトガルを始めとするヨーロッパ諸国のこの時代の海上貿易について、「この貿易はそれを行うヨーロッパ諸国にとっては経済的に重要であったが、ヨーロッパの船舶がしばしば訪れていたアフリカやアジアの諸社会に対して、当時においてはごく小さな影響しか与えなかった」と言っています。

つまり十六、十七世紀段階においては、アメリカは別として、古代から文明の中心があったアジアにインパクトを与えるような力を西洋はもっていなかったのです。ポルトガル、それに続くイギリス、オランダの海上貿易は、それまで存在していた強力なインド洋交易圏、さらには東アジア交易圏の上にのっかり、そのおこぼれを頂戴するようなものにすぎず、インド洋や東南アジア多島海、さらには南シナ海に新しい秩序やヘゲモニーをうち樹てるようなものではなかったことは、チョードゥリを初めとする最近の研究家によって認められた定説といってよいのです。

フレッチャーによれば、アーリイ・モダンにおいてひとつの統合された世界が出現したのは、西洋諸国の世界進出によるものではなく、くしくもヨーロッパ、アジア、アフリカに共通してみられる平行現象、人口増大、生活リズムの加速化、都市の増大、都市市民階級の勃興、宗教改革、農民一揆といったパラレリズムの帰結だということになります。そういう一連の変動の意味するところは何なのか、その動因あるいはメカニズムをどう理解するかという点では不満は残りますが、フレッチャーのいうのは、近代の出現は西洋の専売特許ではなく、全世界的にみられる胎動の結果だということで、これはきわめて重要な指摘といわねばなりますまい。ウォーラーステインの近代世界システム論はたしかに修正を余儀なくされるところがあるようです。

ヨーロッパとアジアの貿易関係においては、少なくとも十八世紀までは優位はアジアの上にありました。インドの綿織物、中国の茶に対抗しうるような商品をヨーロッパは持たなかったのです。手っ取り早くいえばヨーロッパは、新大陸から収奪した銀によって、当時先進的であったアジアの物産を獲得したのです。産業革命という概念は近年かなり揺らいでおりますが、仮にイギリスにおける綿織物機械工業の成立をもって産業革命というとすれば、それも実はインドの優秀な綿織物に圧倒された結果、それを輸入禁止にして、代替産業としてマンチェスターの機械制製糸業織布業が成立したのであって、そういう経緯は角山栄さんや川北稔さんのお仕事でひろく知られるようになっています。

世界史の成立をいわゆるウエスタン・インパクトによって説明しようとする従来の考え方が一面的であり、虚偽意識にすらなりかねないことは、以上のような考察によってもほぼ明らかでありましょう。しかし問題は十九世紀後半から二十世紀初頭にかけて、西洋の圧倒的世界支配が実現したのは否定することのできぬ事実だということにあります。西洋中心主義といくら批判しようが、今日の世界システムが西洋主導で成立した事実を打ち消すことはできません。とすると一口にモダンと言っても、そこには区分が必要と言うことになります。近年は近代つまりモダンの成立を十六世紀あたりに求めるのが定説となっていますが、それでも十八世紀あたりまではアーリイ・モダンと呼んで、そのあとのモダンと区別する傾向があります。いったい近代（モダン）のメルクマール（標徴）を何に求めるのか、まずそれが問題ですが、通説のように、科学技術による産業・交通通信・軍事における大量化高速化と、平等主義的な政治・社会体制の平準化を近代のメルクマールとした場合、その出現と定着は十九世紀末より二十世紀初頭にかけてのことでありましょう。西洋がアジア・アフリカを支配したのは、西洋技術文明と西洋的な政治・社会システムが一種の強制力として働いたからです。十九世紀初頭まで、西洋がアジアに覇権を樹立できなかったということは、それまでのモダンが、それ以降のモダンとは異なった様相のものであることを暗示しているようです。

つまり十八世紀末までは、フレッチャーのいうような近代への様々な胎動が地球規模で生じていて、それが世界の統合、one world の出現の動きにもなっていたので、何も西洋がその動きを主導していたわけではない。つまり近代への途は西洋の専売特許ではなかったのです。ウォーラーステインのいう近代世界システムの実体は、十八世紀にはまだ環大西洋経済にすぎず、アジア・アフリカはその外にあった。ということはまだ世界システムになっていなかったということにほかなりません。

帝国と世界経済をまったく異質のものとして区別する双分法にも問題があるかもしれません。十七、八世紀においては、大きくいって三つの世界経済があったといえます。環大西洋経済、環インド洋経済、環東および南シナ海経済です。このうち環大西洋経済は世界帝国システムとは異質な性格のものとして成長したといえるでしょうが、しかしその内部には挫折したとはいえ、スペインの世界帝国への野望が生まれたし、ポルトガル、オランダの企図も海上帝国への試みにほかならず、さらにはフランスとイギリスの覇権争いも世界帝国への志向を含んでいたことは否定できないでしょう。そのいずれの場合も、たんなる経済のメカニズムによって世界を統合したのではなく、その背後、いや核心に官僚制と軍備という負荷が存在したことは明らかです。世界経済と世界帝国は対立し排除しあうものではなく、補完的なシステムであるかもしれないのです。

三者のうちあとのふたつは世界帝国システムと深い関係があります。インド洋交易の場合、イスラムの圧倒的な支配のもとにありますが、オスマントルコとムガルという世界帝国が実現した領域内平和がインド洋交易の繁栄をもたらしたということができる。さらに東支那海、南支那海の交易圏は浜下武志さんが強調なさっているように、朝貢交易システムとみることができます。つまり中華帝国を中心とする朝貢システムが、実質的に自由な交易システムとして作動しているのです。このように世界帝国は世界経済と補完的な関係にあるとさえ考えられます。

ともあれ十八世紀の時点においては、三つの世界経済のうちどれが究極的に世界を統合するか、先験的に決まっていたわけではないのです。その意味でアーリイ・モダン期には、さまざまな近代の可能性、今日のような西洋普遍主義の支配する近代ではない近代がありえたかもしれぬ可能性が含まれていたのかしれません。

しかし、この場合やはり確認しておかねばならぬのは、三者のうち環大西洋経済のもっていた膨張的性格です。つまりその主体であった西洋諸国は、この世界システムを文字通りグローバルなシステムたらしめようとする膨張志向を十六世紀段階からもっていたといえます。それに対してあとの二者は、世界を呑みこもうとするような拡大志向を一切示しておりません。もちろんオスマントルコ自体は一貫して東ヨーロッパでの覇権をめざしておりまして、失敗には終わりましたが一六八三年にはウィーンを攻囲し、ヨーロッパの心胆を寒からしめたということはあります。しかしこれは純然たる帝国的企図であって、世界経済的な志向を示すものではないわけです。

ヨーロッパ的な世界経済システムがどうして膨張的拡大的な志向を内包しているかというのは、ひとつの研究課題であります。ヨーロッパ文明の性格とか、ヨーロッパ人のメンタリティとかがそれに無縁であるとは思えませんが、いきなりそのような精神論理念論に短絡するのは慎むべきでありましょう。その経済システム自体の特性や、それが内包あるいは直面していた歴史的な諸課題こそが問題であると思われますが、それを解明するのは今の私の能力をはるかに超えたことです。

それにしても十八世紀においては、ヨーロッパの近代システムが世界を統合し支配する予定調和的な必然などは存在しなかったのです。そのことは一七九三年に清朝に使いしたマカートニーの日記をみてもわかります。ときはまさに乾隆帝の治世、大清帝国の盛期でありまして、マカートニーは英国を慈恵的に見下す清朝の中華主義に対し、自国の対等性を保持しようと汲々と努めているだけで（それも成功しておりません）、世界に普遍的文明を宣布する使命がヨーロッパにあるとは露ほども思っていないのです。

おなじことが日本にやってきた西洋人についてもいえます。オランダ長崎商館の駐在員は、十七世紀末のケンペルから一八二〇年代のジーボルトに至るまで、日本に関するいくつかの記述を残していますが、彼らはいずれも日本の制度文物、産業や生活をヨーロッパより劣ったものとは見ておりません。異質ではあるが、ヨーロッパにはない美点をもった対等の文明とみなしています。ところが十九世紀中葉以降、がらりと見方が変わります。英国やアメリカの外交官は、日本について美点も認めましたけれど、根本的にはヨーロッパより一段階発展のおくれた社会であり文明であるとみなしています。彼らはいくらかためらいながら、それでも日本の西洋化近代化を促すのが西洋の使命だと感じているのです。ハリスやオールコックはジーボルトにわずか三十年ほどおくれて訪日したにすぎないのにこの始末です。この三、四十年の間に何か重大で根本的な変化が起こっているのです。

「近代」は十九世紀に成立した

その変化とは工業・交通・通信・軍事にわたる科学技術による革新つより広義の工業化と、大衆的な基盤に立つ議会制民主主義の確立であります。要するに十九世紀の第二・四半期あたりに、従来のアーリイ・モダンとは異なるモダンの時代相が出現したのであって、一八二二年にヨーロッパを離れたジーボルトの目にはまだそれはしかと見えていなかったのです。

ウォーラーステインによれば、十五世紀に誕生したヨーロッパ世界経済が次第に成長して今日の近代世界システムとなったということになりますが、実は十九世紀の中頃に生まれた新しいシステムは（それが世界を制覇したのですが）、十五世紀以来のヨーロッパ世界経済からの連続とは単純にはいえないのではないか。むろん連続の面はあるにせよ、そこには断絶があるのではないかと思われます。であるからこそ、十九世紀の後半に日本を訪れた西洋人は、当時の日本の姿に古いヨーロッパの面影を認めて懐かしんだのです。つまり西洋人にとっても、古いヨーロッパの消滅と新しいヨーロッパの出現は、彼らの一生のうちに経験するような急激な変化だったのです。その急激な変化は、ワーズワースなどイギリスロマン派詩人の例を見てもわかるように、嘆き悲しむべき喪失であったのです。

十五、六世紀に形成されたヨーロッパ世界経済は、十八世紀まではまだ全世界を同化し統合するような力はもちませんでした。それがついに全世界を呑みこむに至ったのは、十九世紀半ばに出現した新しい事態によるものであります。十八世紀においてはヨーロッパ世界経済が全世界的システムになるかどうかは未定であったわけで、それを初めから世界システムとなるべきシナリオで描き出すならば、なるほど悪しき西洋中心主義といわねばなりません。しかし、事実において、十九世紀以降それは世界を呑み尽くす近代世界システムとして自己を完成したのです。その客観的事実を認めることまで西洋中心主義というのは、いかにもおかしな話であります。

今日の歴史学界はいわゆるウエスタン・インパクトを可能なかぎり相対化する方向にあります。今日全世界が近代といってよい様相に到達し、そのことによって世界が統合化され、one world が実現したことは誰も否定できない事実ですが、そのような世界の近代化＝一元化が西洋のアジア・アフリカ進出によってもたらされたとする視点、すなわち近代化＝西洋化とする視点を、西洋中心主義というレッテルのもとにしりぞけようとするのが、サイード以降の流行といってよろしい。例えばポール・コーエンの『知の帝国主義』という著書も、中国近代化におけるウエスタン・インパクトという従来の常識を問い直したものであります。そのような反ウエスタン・インパクト論は、従来何もかも西洋の衝撃ということで話をすませるような単純化への批判としてきくべきところはありますが、結局は歴史の内因論にたつことになります。中国には中国自身の課題があり、近代化はその課題への応答であって、西洋の衝撃への応答ではないというわけです。

これと同じような議論は実はわが国の明治維新論においても行われていたのです。それは五〇年代から六〇年代初めにかけての頃ですが、当時日本では開国・維新を外圧によって説明しようとするごく常識的な議論は極度に排撃されておりました。歴史の発展を当該社会の内部矛盾によって説明せずに、外来の影響によって説明しようとするのは邪道だというわけで、何のことはない、例の史的唯物論の公式にすぎなかったのです。

私はこういう議論を滑稽だと思っておりました。歴史は人間、つまりホモサピエンスという生物の地球規模での足どりであるのです。人間の経験という立場に立つかぎり外因も内因もあったものではありません。一国史の立場に立つからこそ、内因と外因の区別が出て来るのです。サイード以来の反西洋中心主義は、一面では歴史を一国、一地域の内因によってとらえようとする反世界史志向といってよろしい。私はこんなものには満足できないのです。

世界史＝人類史の立場

世界史という概念についての私の立場を申しあげますならば、私は地球上の諸地域がフレッチャー風にいうと、インターコネクションとホリゾンタル・コンティニュイティによって統合されることをもって世界史の成立とは考えないのです。そのような地球規模の世界統合の出現は世界史の重要なエポックではあるが、たとえ世界の諸地域が分離して交渉がなかったとしても、世界史は成立しているのだというのが私の立場です。

というのは私は先ほどいったように、世界史とはホモサピエンスという生物の経験の軌跡だと考えているからです。つまり私の立場は世界史＝人類史なのです。フレッチャーに言わせれば、それは one history ではなく、様々な histories があったというにすぎないということになうのホリゾンタル・コンティニュイティという概念自体が成り立たぬことになる。地球上のいろんな地域にわかれ住んでいて、寒冷暖暑、砂漠・サヴァンナ・ステップ・森林、あるいは山岳・平野・島嶼といった異なった環境の下にありながら、人類はホモサピエンスの生物的能力を共有し、多くの共通する課題ととりくんできたわけで、ホリゾンタル・コンティニュイティとはまさにこのことをいう概念でなければなりますまい。

文化人類学は文化の差異を強調する傾向があります。これはこの学問のそもそもの誕生が、西洋人の世界発見におけるおどろきの連続によってうながされたという事情にもよるのでしょうが、彼らのいうところを聞くと文化とはまさに恣意的な差異にほかならず、人間、あるいは人間の文化という一般概念は成り立たぬといわんばかりです。しかし、たとえば西洋なら西洋という一文明にどっぷりつかった眼からすれば、人間の文化あるいは社会はどのように珍奇なものでもありうるように見えるにせよ、もっと視点を高くとれば、人間のすることにおどろくべきことは何もない、人間としての共通性に収まる範囲内のことを人間はやってきたのだということもできるはずです。

そもそも人間は東アフリカで生まれて、それが世界中に散らばって行ったのです。アメリカ大陸に成立したマヤやアステックやインカの文明は孤立しているといわれるけれど、それらの文明をつくった人間たちはアジアから渡ったモンゴル種であって、中国や東南アジアや中央アジアの諸文明を創ったものたちと、かつて共通の経験を持っていたのです。しかも文化は伝播します。農耕にしても狩猟にしても、弓にしても船にしても車にしても、その多くが大洋を越えて伝播するのです。

ですから人間という生物は、地域によって非常に異なった展開をしたようにみえ、事実異なった歴史を歩んできてはいても、一種の必然的な進化を共有しているのだと考えられます。おなじような生物的特性を共有して、それにもとづいて様々な違いはあれ広い意味で地球的な環境と交互作用を行うなかで文化を形成し、その歩みが歴史となったのでありますから、それには人間の形成物という共通の刻印がうたれているのです。

ヘーゲルとマルクスは今日大変評判が悪いのですが、私は人間という生物の意識の必然的な展開として歴史を考えた点では、彼らは大変まっとうだと思うのです。人間の意識というものはちょうど細胞分裂のように分裂して高次なものへ展開してゆくのだというとらえ方です。ヘーゲルは観念論でマルクスは唯物論だなどというのはどうでもいいのです、実在が精神であるか物質であるかなどというのはくだらぬ議論です。人間が自然に働きかけると同時に、自然が人間に働きかけるというのがマルクスの労働過程論でありますが、それ自体が自然である人間のうちに意識が生まれ、その意識が矛盾・分裂を通じて展開するというのは、人類史の大きな筋道です。

ヘーゲルもマルクスも螺旋的な展開ということを考えました。例の正・反・合という過程でありますが、この止揚（アウフヘーベン）というアイディアはちょっと天才的だと思います。今日のラディカリストはフェミニストも含めて、前あったものより新しいものが絶対的な善だと考えています。つまり彼らは累積的進歩の信奉者で、十八世紀の啓蒙主義者の生まれかわりなのです。しかし人類は新しき良きものを獲得するためには、必ず古き良きものを滅ぼしてきたえた。つまりアウフヘーベンは彼らの夢であり願望だったのです。古きものが高い次元において復活するというのはヘーゲル、マルクスの願望であり、それを彼らは世界史の理論であるかに仮託したのです。

それはともかくとして、ヘーゲル、マルクスは部族共同体から個へといった筋道で歴史を考えた。これはウェーバーもそうです。それが人間の意識の分裂の大きな筋道であった。その筋道を貫徹したのが西洋近代だということがまさに問題なのです。

西洋近代文明の浸食力

ここでちょっと角度を変えて、毛沢東の文化大革命やホメイニのイスラム革命について考えてみましょう。この両者には共通点があって、いずれも西洋近代文明の浸食力を遮断しようとする性格をもっています。文化大革命については、動機としては私はシンパシーをもてるところがあります。都市と農村の違いをなくすとか、肉体労働と頭脳労働の分裂を統一するとか、人間の古来の夢ですからね。ですが私は、これはダメだと最初から思っていました。毛沢東のやることはいつも知識人征伐になるんです。農村による都市征伐になるんです。

毛沢東の最後の冒険は結局悲惨な失敗に終わりましたし、ホメイニ革命の帰結も今や明らかだと思います。どうしてそういう試みが失敗するかというと、人類の意識というものが矛盾から平衡へ、平衡から矛盾へと絶えず運動を繰り返して高次のものへ展開するダイナミクスを、政治的あるいは宗教的な固定化によって阻止しようとしているからです。西洋近代文明は様々な問題を含みつつも、根本的にはそういう人類の意識の展開のひとつのかたちに他ならず、それを政治的あるいは宗教的権力の強制によってせきとめようとするのは、最初から失敗を予定づけられた試みといわねばなりません。

今日の高次な近代文明は伝統的部族的な社会と接触すると必ずそれを解体するのです。これはほとんど暴力的といってよいのですが、いわゆる暴力によるのではありません。西洋は世界統合にあたって数々のほんものの暴力を行使してきたけれども、今日の大量消費文明の浸食力はそういうなまの暴力とはちがうわけです。いったいなぜ今日の高次な近代文明は古い伝統的な社会と接触するとそれを解体してしまうのか。古い伝統的な社会ばかりではない。私は例のソ連圏の社会主義崩壊も、現代の高度消費文明の浸食力の例証だと思っているのです。いってみれば社会主義体制は、今日のアメリカ的な消費文明、すなわちマクドナルド・ハンバーガーやオーディオ機器やバイクにつぶされたと思っているのです。

いったいなんでマクドナルドごとき、携帯電話ごときにひとつの社会がつぶされねばならぬのか。考えてみれば憤慨にたえないということになりますけれど、これは抗しがたい力である。その根本には共同体から個人へ、あるいはウェーバー流にいうなら呪術から合理性へという人間の意識の人類史的展開があるわけです。

このような人類史展開を認めるというのはもちろん、マルクス主義的社会発展段階説や、社会進化論的一般コースの設定を肯定するということではありません。そういう発展説進化説的見方をとると、結局は西洋が発展ないし進化のトップランナーで、アジアやアフリカは一周遅れ、二周遅れのランナーということになってしまいます。こういう見方こそ西洋中心主義であり、われわれが克服すべき思考であることには私も異議ありません。

人類の社会と文化の展開を西洋をモデルとして標準化しようとする傾向（ヘーゲル、マルクスもそれに陥っていたのですが）は、自然科学の法則性というものへの過大な信仰、あるいは誤認にもとづいているのかもしれません。自然の法則性というのは、自然の一部としての生命現象も含めて、これまで考えられていたような窮屈な斉一性必然性をもっているのではありません。そのことはプリゴジーンらのゆらぎの考え方、それを生命現象に導入して注目すべき展開をなさっている清水博さんのお仕事をみれば明らかです。生命を含んだ自然は明らかな傾向性・趨性（走光性）というべき運動の方向性をもっていますが、それは展開の過程で多くの選択肢を含み、そのどれが選択されるかは偶然に左右されます。つまり生命現象は法則的であると同時に創造的です。でありますから人間の意識の展開、つまりは社会・文化の進展も、ある趨性にうながされつつも、一方向ではなく多方向の展開のしかたがありうると考えられます。私は先に一種の必然的な進化という表現をしましたが、その場合の「必然」とは今いったような意味の傾向性・趨性のことにほかなりません。

ここでアフリカという大陸を考えてみますと、アフリカの諸社会・諸文化はあきらかにユーラシアのそれとは異なった展開・進化のしかたをみせている。アフリカにももちろん歴史はあって、それなりの国家形成が行われています。しかしヨーロッパ近代的な産業・科学・制度といったものを生み出しはしなかった。つまりアフリカはヨーロッパやアジアとは相当違った人類史の一コースを示しています。埼玉大学に阿部年晴というアフリカ研究者がいらっしゃいますが、この方はアフリカ文明を立ちどまって熟成する文明だといっておられる。何が熟成するのかというと、人生観であり世界観であるのです。宇宙の中の存在としての人間について非常に深い洞察を生み出したのがアフリカだというのです。ここではいわゆる共同体から個人へというヨーロッパ的展開はみられないけれど、共同体的であると同時に非常に個人的な人間観・社会観が成り立っているのだと阿部さんは言われます。

しかしそのようなアフリカも、ヨーロッパ近代文明の浸食を受けると変容してゆかざるをえない。そのように世界を同化し一元化していく科学技術主義文明は先ほども言いましたように、十九世紀後半から二十世紀初頭にかけてヨーロッパさらにはアメリカで生まれました。ここでもう一度注意しておきたいのは、十八世紀までのヨーロッパ文明は他地域の社会を解体するような浸食力をもってはいなかったという事実です。十六世紀から十八世紀にかけて西洋はアジアに進出したけれど、彼らの文化はアジアにとって何ら脅威ではなかった。インドネシアのように政治的に植民地化されたところでは、土着社会は変容を蒙ったけれど、それは政治的軍事的なゲヴァルトによるものです。中国にしろインドにしろ日本にしろ、西洋との交易や文化的接触によって、固有の社会・文化が解体したところはどこにもない。日本のキリシタン騒動は西洋の解体力というものではなく、当時の日本の特殊な政情によるものです。

ですから西洋中心的な世界史理解が成り立つのは十九世紀の後半以降のことにすぎない。すなわちはなはだ新しい事態なのであって、ここに至って初めて私たちは西洋主導の世界編成を事実として認めることができます。しかし、事実として認めるということは、それを正当化したり弁護したりすることではありません。この辺を混同すると大変おかしな話になります。

西洋モデルの世界制覇

ある時期まで多元的な展開を示していた人類の諸社会・諸文化が、加速的に西洋モデルの近代化によって一元化されるというのは、実は大変厄介な問題を含んでおります。その一元化は十九世紀後半以降のヨーロッパ的近代が一種の普遍性をもっていることによって生じています。何らかの普遍性を想定せねば、その浸食力を理解することはできません。その普遍性は科学技術にもとづく生産・消費の効率化・大量化、脱宗教による世俗化・合理化、様々な共同体を解体する個人化、近代的人権とデモクラシーにもとづく平等主義的政治システムなどにわたって認めることができるでしょうが、このようなシステムないし価値を生み出したのがヨーロッパであったこと、他の地域は自力でこのようなものを生み出すことがなかったというのは厳然たる事実です。ウェーバーの関心が、このような世界普遍性をもつ思考・制度・技術がなぜヨーロッパだけに生まれたのか、換言すれば「近代」はなぜヨーロッパに生まれてほかでは生まれなかったのかという一点に向けられていたのはご承知の通りです。

ところが、このように世界普遍性をもち、事実そのことを過激な浸食力で示している西洋近代文明が人類史の普遍的な王道であるのか、他地域はみな近代化＝西洋化という力学に従わねばならぬのかという点になると、話は単純ではなくなります。先ほど私が厄介といったのはそのことです。

むろんフランシス・フクヤマのように、開放的な市場経済と政治的民主主義をもって歴史の終着点とみなす論者は大勢おります。ソ連圏崩壊後、このイデオロギーが花盛りであったのは改めて言うまでもありません。しかし、今日のような近代技術文明を生み出したヨーロッパの歴史は、広く人類史の見地から見ると非常に偏ったものではないか、それは人類史からの偏倚ではないかという問題意識が、かなり以前からヨーロッパ人自身によって抱かれておりました。たとえばカール・ポランニーがそうであり、オットー・ブルンナーがそうであります。ポランニーはオーストリアに生まれアメリカに亡命した経済人類学者ですが、資本主義が生み出した自己調整的市場を異常な変態とみました（『大転換』一九四四年）。オットー・ブルンナーは戦後のドイツ史学界を代表する歴史学者ですが、ヤン・ロメインという学者の説をひきながら、ヨーロッパ近代は「一般的な人間の型」からの「偏倚」ではないかと問題提起しています（『ヨーロッパ―その歴史と精神―』一九六八年）。

ブルンナーは次のように問題を立てています。「このヨーロッパの歴史的貢献は、ほかならぬその個性、その特殊性にもとづくのか、それとも、ヨーロッパにおいてのみその力を十分に発揮したかにみえるもろもろの一般的な基本傾向に基礎をもつものなのか」。ブルンナー自身は前者の見かたに与していて、それゆえにこそヨーロッパ史を「一般的な人間の型」からの「偏倚」とみるのです。だとするとブルンナーの提起は、かのウェーバーと同様にヨーロッパの独特な個性を再確認する趣旨のもので、必ずしもその「偏倚」を自己批判するものではありません。私自身のブルンナーの問いへの回答が、むしろ後者であることは、これまでの私の話から明らかだと思いますが、それでも人類の「一般的基本方向」が偏った形で抽出され展開されたと見る点で前者の見方とも重なっております。

一般的基本方向と偏倚

そろそろ話の結末をつけねばなりませんが、私は人類の「一般的基本方向」をあくまで認めたい者です。そしてその上に立って一般的な人類史を構想したい者です。しかしそれはいわゆる一般的な発展法則を認めるという意味ではありません。人間が生物としてもっている能力の展開、とくに自然との交渉を通して獲得される意識の展開は「一般的基本方向」をもつのだという意味です。その「一般的基本方向」は多様性をもち、様々な契機に左右されて相当幅のある展開のしかたをもつと考えられるのです。

たとえば巨大な神殿を中心とする古代的都市は、紀元前五千年頃オリエントに出現したわけですが、それよりはるかに遅れてメソアメリカに出現することになります。これは人間という存在そのものにある方向性をもった構想力の種子が内在すると仮定せねば理解できぬことです。だがそのような神殿都市はあらゆる地域の文明がひと度その段階を通らねばならぬというのではありません。太平洋に散らばる諸島を考えてみれば、あのような首長制的な部族社会の段階に長期間とどまることも、「一般的基本方向」のひとつのあらわれでありますし、アフリカの場合は先に述べた通りであります。そのような一般的展開における選択の多様性を前提にして、西洋の展開の特異さ、いわゆるその「偏倚」が問題にされねばならないのです。つまり本来多方向的な展開を許すはずのものであった「一般的基本方向」が、極度に偏った一方向的なものになってしまったのが問題なのです。

要するに、西洋近代文明は人間の「一般的基本方向」の含むいくつかのコースのうち、特定のコースを徹底的に過激に展開しきった文明といえましょう。人間のもつ可能性の一面を掘り下げ拡大して、その極点まで展開し切ったという点で、これはトンネルを最後まで掘り抜いてしまった文明ということができます。そしてその過程でもたらされたさまざまの獲得物はたしかに人類に対する寄与といえる一面をもっておりました。その寄与をあげるとすると膨大なリストになりますが、ただひとつあげるならいわゆる世俗化という西洋の経験は、今後人類全体の財産として受け継ぐべき貴重な貢献ということができます。宗教という構築物が政治的社会的な支配力を発揮し、しかも異教を排撃して争闘を繰り返すという段階を西洋近代は突破したのであって、これは人類全体にとって逆戻りできない、また逆戻りしてはならないプロセスであると思います。

しかしまた、西洋近代文明は市場経済の自立的な肥大・独走という点において、また合理性の一方向的な追求によって親和的で有意味なコスモスを滅ぼし、世界を平板化した点において、さらには個人原理の限度のない進展によって社会の安定を失い、人間の精神病理をひき起こした点において、狂気の文明といってよい性格をもっております。しかも問題は先ほどからいうように、その文明が一種の強制力・浸食力をもっていることにあります。その強制力の一部はそれが実現したポジティヴな価値によっているのは否定できませんが、今日ではむしろ自由で安楽なライフスタイルによる面が大きい。そして、その自由なるものが浅薄で局限されたものにすぎず、その安楽ないし快楽なるものが劣悪で貧しいものでしかないのは、今日ますます明白になりつつある事実であります。すなわち西洋近代文明が実現したかにみえる普遍性は、一面では人類共有の道具となりうるものであると同時に、他面では極めて局限された偏った性格をもつものであるというのが、今日われわれが抱えている問題であるといえましょう。

世界の一元化に抗して

しかし西洋近代文明が完成した one modern world は、今やクライマックスを迎えて、その行程を歩み終えようとしております。私の今日の話は、そのような時点に立って、人類史にとってこの西洋近代文明とは何であったのか、省みるものでありました。

最初にウォーラーステインから入りましたのは、地球上の諸社会を統合し one history として叙述可能ならしめたのが、彼のいう近代世界システム、すなわち西洋近代文明であることをまず確認し、さらにそのシステムが単に合理的で自由平等な社会編成とか、ゆたかで快楽な生活とかを人類に与えるヒューマニスティックなものではなく、世界を中核・半周辺・周辺と差別的に編成する性格のものであることを明らかにするためでありました。フランク、ウェッブ、ウィリアムズ等をとりあげたのは、近代世界システムの成立のためには、新大陸の征服がほとんど必要条件であったこと（というのは新大陸ばかりでなくヨーロッパ以外の地域をいわば喰いものにすることなしには成立しなかったということですが）を確認しておきたかったからにほかなりません。そして次にサイードやフレッチャーの議論を紹介しましたのは、西洋中心主義的な世界史理解を吟味するためでありまして、今日の後半の議論は、西洋近代文明による世界統合をどのように理解し評価するのかということを延々と申しあげてきたわけであります。

私は一方では、人類という生物の歴史は初めから世界史なのだと言い、また一方では、十九世紀後半の西洋技術文明の世界統合をもっていわゆる世界史の成立とするという、二元的な立場に立っているようにみえるかもしれません。この点で私の考えをはっきりさせますと、西洋技術文明による世界統合という事態を、私はもともと多元的であるべき人類史＝世界史の基本方向の一元化、すなわち偏倚だと考えているのです。従って西洋の世界統合による「世界史」の成立を、人類の進化上のポジティヴなステップだとは全く考えていないのです。それはむしろ災難の面すらあったと考えるわけです。むろん西洋近代のもたらしたポジティヴな価値を擁護しつつ、そう考えるのです。

今日、西洋起源の大量消費文明はますます世界を一元化する様相を深めつつありますが、それでも世界の多元性はしぶとく生き残っております。たとえばおなじ市場経済といっても、日本のそれ、中国のそれ、マレーシアのそれ、ロシアのそれは、それぞれの社会の特性を反映した独特な性格をもっているわけで、欧米モデルを基準とするモダニストがそれをグローバル・

スタンダードに合わないなどと非難することが起こっております。西洋流に一元化されないこういう地域の文化的特性は、近代を超える世界統合のありかたを生み出す上で、いくつかの可能性を秘めているのではありますまいか。ただしその文化的特性が左翼政治イデオロギーや、盲目的なナショナリズムや、宗教的亡霊の形にゆがめられて噴出している現状は情ないことといわねばなりません。

今日の話では近代国民国家の問題にまったく触れることができませんでした。国民国家は西洋近代の最大の発明物でありまして、世界史の成立を問いながらそれに触れぬというのはまことに間の抜けた話です。しかし今日の問題設定の枠組では、そこまで話が届きませんでした。おゆるし願いたく存じます。

＊本稿は一九九九年七月二四日、河合塾福岡校にて同校講師の有志の方々にむけて講演したものに、この度加筆修正を施したものである。もとの講演を企画して下さった河合塾講師茅嶋洋一氏、記録し活字化して下さった同校講師溝田正弘、同校教務秦貴美子の両氏に厚くお礼申し上げる。

「永続農業」はなぜ滅びたか

フランクリン・ハイラム・キング（一八四八〜一九一一）というアメリカ人が、一九〇九（明治四十二）年に中国・朝鮮・日本を訪れ、"Farmers of Forty Centuries : Or Permanent Agriculture in China, Korea and Japan" という本を書いた（一九一一年刊行）。彼はウィスコンシン大学の農業物理学の教授で、アメリカ農務省土壌局の土壌管理部長も務めた人物である。

私は幕末から明治にかけての外国人日本訪問記のおおよそには眼を通したつもりだが、このたび本誌の編集部から教えられるまで、キングのこの本のことはまったく知らなかった。訳本は日米戦争の敗色明らかとなった昭和十九年に栗田書店というところから『東亜四千年の農民』として出ている。鬼畜米英などといって、アメリカに敵意を燃やしていたさなかにこんな翻訳が出ていたとは、戦時中の言論統制の意外な一面を語るものではなかろうか。しかし、これは余談だ。

キングがこの本を書いた眼目は、中国・朝鮮・日本で四〇〇〇年間続いてきた「永久農業」の実態を解明し、その長所をアメリカ農業に生かすことにあった。「永久農業」とはパーマネント・アグリカルチャーの訳語で、今日なら「永続農業」と訳すべきところだろう。キングは土壌から作物を育てる養分を流出するに任せ、代わりに大量の化学肥料を投与して産出を維持するアメリカ農業との対比において、水を活用し、生活の生み出す廃物を土壌に還元することによって、永続的な耕作を可能にしてきた東アジアの農業の特性を高く評価したのである。

キングが一九〇九年の時点で目にした中国や日本の農業が、四〇〇〇年の歳月を閲(けみ)したものだというのはむろん誤りであろう。彼は二〇〇〇年とも言っているが、それでもなお不正確である。彼は横浜・東京間で「驚嘆に値するほど施肥され高度に耕作された地帯」を目にし、「郊外に出ぬ中に、電車が小麦、大麦、玉葱、人参、甘藍、その他の野菜で緑色になった畑や園芸圃の中を走」るのに「青天の霹靂とでも云った衝動を受けた」。その光景はあまりにも母国アメリカとは異なっていたのである。

これはすでに幕末に来日したプラント・ハンターのフォーチュンが、「ファームというよりガーデンだ」と嘆声を洩らした農場光景であるが、このように徹底的に耕され培われた田畑のありようはけっして日本古来のものではなかった。十六世紀の中葉に日本を訪れたイエズス会の宣教師たちの眼には、当時うち続いた戦乱のせいもあったろうが、日本の農民の農場管理はいたって粗放なものと映ったのである。

フォーチュンによって手入れのとどいたガーデンと讃えられた日本の耕地のありようは、あきらかに江戸期の所産であって、速水融はこの変化を産業革命（インダストリアル・レヴォリューション）になぞらえて勤勉革命（インダストリアス・レヴォリューション）と呼んでいる。つまり、耕地に投下する資本量を増加することによってではなく、労働投下量を増やすことによって生産の向上を確保したのであって、その革命によってフォーチュンやキングの驚嘆の的となった整然豊麗たる農場風景が出現したのだった。

中国農業については事情はよく知らないけれど、二〇〇〇年間おなじような耕作のありかたが続いてきたわけがない。ただキングのために弁じておけば、彼が言いたかったのは、中国や日本では同一の土地において二〇〇〇年間農業が持続したということだろう。古代メソポタミアの事蹟を思い返すまでもなく、人類が農業を営んだ土地はやがて土壌が枯渇して荒廃に帰す場合が多かった。キングは当時のアメリカの農地についても同じ危惧を抱いていた。彼にとって、同一の土地でかくも長期間農耕が継続するにはなにか秘密がなければならなかった。

しかも東アジアの農業は長期に持続したというだけでなく、それによって、稠密な人口を維持してきた実績があった。キングはこの点にも注目したのである。

「われわれは、二千年或は三千年更に四千年にもわたって、なお現在これら三国（中国・朝鮮・日本）に住んでいるが如き稠密な人口の維持のためにその土壌に充分な生産をなさしめる事が、いかにして可能であるかを知りたいと願った。われわれは今やその機会を得た。ほとんど毎日、われわれはどこへ行こうと、出会ったその状態や実践に全く啓発され、驚かされ、仰天させられた。つまり幾世紀にもわたってこれらの国民がその自然資源を保存し、利用して来たり、現にそうしているその方法と程度に啓発され、またかれらがその田畑から得ている収益の量に驚かされ、かつ多量の能率のよい人間労働が、わずか食事つき五セントの日傭賃金でよろこんで提供されるのに仰天させられた」。

キングによれば、アメリカの農業慣行が「強大な処女地を三世代で枯渇せしめた」のに対して、東アジアの農業慣行が「二千年の農作の後にも、なおその肥沃性を保」った秘密は次の点にあった。

第一に作物生産における水の価値の正当な評価である。稲という作物を選択したこと自体が、水による農業というコンセプトを確立したことになるわけだ。水稲耕作の基本は水平に均(な)らされ畔によって区画された小さな耕圃の造成にある。それは「水平な溜池」と言ってよく、段丘状になって「やっとナプキンより少し大きいぐらいの田」さえある。それにたたえられた水によって「多くの植物栄養素が利用され、高い平均収量が得られる」。西洋人は農業におけるこのような水の遣いかたを知らない。キングは中国における運河の発達にも注目した。

キングは稲の生産性は小麦の二倍から三倍にのぼるというが、鯖田豊之の『肉食の思想』によると、ヨーロッパの近世では小麦の収穫量は播種量の五、六倍にすぎないのに、徳川期日本では米の収穫量は播種量の三〇倍から四〇倍だったという。二、三倍どころの差ではないのである。キングはまた肉牛の生産が米の生産に較べて、同一面積の土地から得るカロリー生産として不効率であることも承知していた。

第二にあげられるのは生活が生み出す廃物を耕地に還元する慣行であって、その代表はむろん下肥（しもごえ）の利用である。中国では「驚く程多量の河泥」が人畜を問わぬあらゆる種類の糞尿と混ぜ合わされて田畑に施肥される。上海市の公共租界は中国人の請負人に下肥を運び去る権利を与えて三万一〇〇〇ドルを受けとった。「ところがわれわれは、これら廃物のすべてをただ棄てているばかりでなく、棄てるためにより大なる金をかけている」。

日本では一九〇八年に二三八五万t強の人糞尿、二二八一万t強の堆肥、一四〇万t強の焼灰、一一一八万t強の緑肥を田畑に投入し、一方輸入された金肥は七五万t強にとどまった。キングは中国・朝鮮・日本において「現在西洋諸国民の使用する水掃式汚物処理法に相当するものが何ら存在しない」ことに奇異の念を抱き、日本人通訳に糞尿を海へ放出するのが都市の習慣ではないのかと尋ねてみた。通訳の答えはこうだった。「いやそれこそ無駄でしょう。われわれはなんにも棄てたりしません。非常に金になるんですからね」。

キングは自然に適応し、自然に過大な負荷をかけずにすむ範囲で生活を成り立たせる節約の精神に出会ったのだった。彼は中国に住むアメリカ人女性の経験を語っている。彼女は中国人コックに新式レンジを買い与えたところ、コックは古い中国式ストーブに頼ってレンジを使おうとしない。「火が余計要りますからね」というのが彼の言い分だった。またキングは中国人農夫が畑を耕起する際、ミミズを傷つけないように細心の注意を払っているのに気づいた。東アジアの古い農法はこのように土壌中の生物の力すら借りていたのだ。

さらに重要なことは器械の使用も巧妙の域に達していたことだ。たとえば足踏み式の揚水機について、キングは「一見素朴に見えるが、西洋の製品で生産費、維持費乃至は支那の諸条件に対する効率の点で、これと競争できるものはない」と言う。「最大の効果が最も単純なる手段で成就されている」。

キングが感嘆した「永続農業」のさまざまな工夫は以上に尽きるものではない。だが、農業技術に無知な私はキングの感嘆の細部を正しく評価する能力を持たない。所見の細部を検討するのは専門家の眼に任せるとして、問題は、キングによってこのように称賛され、アメリカ農業の未来のための教訓とされた東アジアの「永続農業」がその後たどった運命にあるだろう。少なくとも日本において、環境に巧みに適合した伝統的な農業形態が不合理かつ非効率的なものとされ、キングがその将来を危惧したアメリカ式大農業に範をとって徹底的に「近代化」されたことは周知の事実に属する。東アジアの永続農業に学ぶべしとする一九〇九年のキングの提言は、今日からすると歴史的なイロニーの観を呈している。アメリカ農業は世界最大の農作物輸出を誇り、日本の「永続農業」はいまや見る影もない。

キングの驚嘆の的となった完成された農業の自然適応形態はなぜ滅びねばならなかったのか。一言で尽くすと、それは社会が近代工業システムによって再編成され、農業もそのシステムに従属せねばならなかったからだとしか言いようがあるまい。キングは中国・日本における労賃の廉さに驚いている。それがあればこそ、大量かつ広汎な人力の使用の上に成り立つ「永続農業」が存続しえたのである。

労賃が廉いというのは生活費が低廉であることを意味する。幕末来日した外国人はみな物価の廉さに驚いている。また日本人の生活が簡素であるのにも驚いている。キングの言うように「永続農業」は農民の菜食の上に成り立っていた。

近代工業システムはそれまで存在しなかったニーズ、つまり欲望を創り出すことによって支えられるシステムである。ニーズが増え続け、それに対する無際限の供給が行なわれる以上、生活費は増大の一途をたどるしかない。節約と勤勉と自然への敬意の上に成り立っていた伝統的農業は、このメカニズムの前に崩壊の一途をたどるしかなかったのだ。

むろん、これは大筋の話である。私は農業にもうといし、農政史にも不案内だ。キングが一九〇九年の時点でその健在を確認した日本の伝統的農業形態が、どのような過程、推移をたどって今日の崩壊あるいは変貌に至ったのか、問題意識をそこに合わせた研究・著作があれば知りたい。キングの著作はそのような研究にも一石を投ずるはずである。

キングの著作は、この数十年来さかんになった有機農法、自然適応型農業の再評価の気運を力づけるものだろう。しかし、一九〇九年の時点でその優秀さを認識されていた古来の農業形態が、その後時代遅れの悪者視されるに至った経緯と根拠こそ、いま私たちはあらためて考察せねばならぬのではなかろうか。

キングの書物が私に教えることはもうひとつある。一九〇九年といえば辛亥革命の二年前に当たるのだが、キングによれば当時の中国民衆の生活は悲惨とか困苦とかからほど遠いものであったようだ。彼は上海で地搗きに従事する男女を観察し、米飯・豚肉・野菜からなる食事内容を紹介したうえでこう書いている。

「然らばかれらは強健であろうか。また幸福であろうか。かれらは事実強健であった。かれらは着々と幾百万となく増加しつつある。そしてかれらが働いているのを立止って見守るなら、その顔面は微笑にあふれ、さも満足し安堵し切った容相を呈しているのが見られたのである」。

上海だけのことではない。キングは「支那では何処へ行こうと、労働階級の人々は概して幸福そうであり、もし何かやる仕事さえあるならそれで満足し、栄養もよい様に思われた」と言っている。そして、このような住民の健康と幸福についてのキングの言明は、幕末から明治初期にかけての日本の住民に関する、多数の外国人の同趣旨の言明を思い出させずにはおかない。

だとすると、辛亥革命も維新革命も民衆が貧困と抑圧にたえかねて蹶起したものでないのはもちろん、そもそも民衆の生活の必要とかかわりのない事件だったことになる。私はフランス革命、イギリス革命と称される事件もこの点において事情は変わらぬものと想像する。近代の画期をなす市民革命なるものの性格は根本から考え直さなければならない。

西洋人の眼に映った中国や日本の農民を主体とする民衆生活の安穏な様相を支えていたもの

こそ、完成の域に達していた東アジアの永続農業であったことは疑いを容れない。だとすると、このような農業を一挙に時代遅れと化せしめた近代化とはいったい何であったのか。近代化以前の「前近代」というあいまいな時代規定自体が一種のまやかしではなかったのか。

辛亥革命や維新革命以前の社会は発達した農業社会の完成形態を示していたと考えられる。それは自然と巧妙に調和しながらそれを最大限に利用するシステムであり、窮極の形まで発達した手工業的器械の体系を伴っていた。さらに市場の発達が低廉な価格の生活必需品の供給を保障した。しかし市場には一種の抑制が設けられ、自然すなわち土地と、人間すなわち労働力の商品化には歯止めがかけられていた。西洋においても事情がおなじだったのは、カール・ポランニーが市民革命以前の絶対王制国家について検証した通りである。

このような市民革命以前の社会状態が「前近代」なる曖昧な規定で一括されてよいはずはない。これをアーリイモダンととらえ直してこそ、市民革命が導入した近代工業文明以前の農業社会のゆたかな最高発達段階を適切に評価し位置づけることが可能になるのではあるまいか。キングの著書は中国・朝鮮・日本におけるゆたかなアーリイモダンのありし日の面影を叙述した貴重な証言とも読めるのである。

中国や日本のアーリイモダンは、キングが広東で見た蛋民（たんみん）のような存在を許容する文明であった。

「広東の水上生活者達はひとつの驚異である。というのはその数の多い為ではなく、軽快な姿態、たくましい筋肉、輝かしい眼、快活そうなその顔、それが若かろうと老人であろうと特に女に見られるという事に驚いた。ほとんど常に一人あるいはそれ以上多くの女が――母と娘とが最も普通であるが、時には皺だらけで白髪のしかし強靱な、動作の敏捷なしかも元気一杯の老婆の場合も多いが――ジャンクや屋根船やサンパンの橈(かい)（櫂）を操っていた。（中略）女達の様子は男より強そうに見え、元気旺盛であるような印象を与えた」。

これが国家というものによって管理され保護される以前の、民衆の自立した共同社会が示していた相貌である以上、われわれは近代国民国家とはそもそも何であったかと問うことができよう。

辛亥革命にせよ維新革命にせよ、いずれもナショナリズムによって点火され成就された革命であった。ナショナリズムは近代国民国家の成立をうながし、近代国民国家の使命は近代工業文明創出の機関たることにあった。中国において永続農業の極点で自足していた民衆の生活は、辛亥革命の業火に包まれて崩壊した。だとすれば孫文のナショナリズムは何を民衆にもたらしたことになるのだろうか。事情は維新革命においても変わらない。龍馬・晋作のナショナリズムは日本の永続農業を今日のような崩壊に追いこむ起点だったのではあるまいか。モダンはアーリイモダンの可能性を一切封殺することによって出現した。人類史は何を弁証してきたのかと問えば、思いは深い淵に沈まざるをえない。

Ⅱ 現代政治

アジアの子から見たマルクス

私はもちろんマルクス学者でもなければ、マルクスについて格別の研鑽を積んだものでもない。没後一〇〇年（一九八三年）の感想を求められるような資格はさらさらないものといわねばならぬ。しかし私は自分が彼の生徒のひとりだとは書いたことがあり、その文責を問われるのもまたやむをえないのだろう。ただその生徒だということの含意は、それほど単純ではありえない。自分がいわゆるマルクス学派の一人だとは考えたことがないし、ましてや宗徒のたぐいの仲間入りは願いさげだからである。

生徒だというのは、私の考えることがこの人の大きな構想からどうしても抜けられないという意味だ。私は少年のころから八年余共産党員だったことがあり、その期間マルクスを経典として読んでいたし、マルクス・レーニン主義的教義の破産と崩壊の時期を経てからでも、しばらくは特別な意味を付与することなしにこの人に接することができなかった。

しかし、いまなおこの人の構図から抜けにくいというのは、かつてのそういう特殊な思い込みをいうのではない。いまの私にとって、マルクスは偉大ではあるがただの十九世紀の思想家である。わが仏でもなければ導師でもない。ひとつの巨星というだけで、他の巨星とちがって師礼をとらねばならぬ義理はさらにない。その程度の相対化は、私のような愚者にもとうにすんでいる。

私は二十一年まえ「初期マルクスの人間論的考察」という一〇〇枚ばかりの論文を書いた（大学へ進むのがおくれた私の、それが卒業論文だった）。私の「マルクス主義」止揚は当時ほぼ完了していたのだが、いま考えると、私はそれでも自分の考えるところにマルクス像をひき寄せねば安心がならなかった。

知的後進性というのはおそろしいものだ。E・H・カーやアイザイア・バーリンなどのアングロサクソン系の著述家（バーリンは当時帝政ロシア領のリガで生まれたが、成人したのは英国である）が、何の努力もなしにマルクスを歴史的存在として相対化しえていたのは、それにどんな浅はかな見当違いが含まれていたとしても、それ自体ひとつの優位性である。むろんそれは、思想の優位性ではなく彼らの属する社会の優位性にちがいないが、そういう相対化を可能ならしめる思想の社会的成熟に、われわれは戦後三十数年にしてようやく到達したのだということができる。

マルクスの言説をひとつの理論的体系として読むならば、その七、八割はすでに破綻したものとみなすことができる。例証は枚挙にたえない。世を挙げてマルクス葬送の曲が奏でられ、そしてもっとも護教的なイデオローグでさえ、そのことごとくをやれ反動だの、やれブルジョアイデオロギーだのとは非難できぬ今日のご時勢に、なによりの明証を求めてもよかろう。だが、にもかかわらずひとつ明らかなのは、マルクスが思想的に対象化し止揚しようと試みた市民社会を、われわれ人類がまだ止揚できないでいるということである。

マルクスが樹立したと信じた市民社会の解剖学の大半を、今日のわれわれは疑っていい。またその解剖のいわば副産物として形をとった唯物史観なるものに至っては、そのおおよそを博物館へ送りこんでいい。彼は人類の歴史は階級闘争の歴史だと特筆大書したが、その階級なるものがまったく近代資本制社会に特有な範疇であって、その近代的範疇を前近代的社会構成に投影することは誤りであると、たとえばオットー・ブルンナーに従って認めてもいい。だが、そのように破綻した彼の体系の部分からいくら自由になっても、そして自分の考えるところの理論的根拠を彼に求める必要がまったくなくなっても、彼は私のまえに来て座ることをやめない。それは彼の市民社会の構造への洞察が今日なお有効な本質をそなえているからだと考えられる。

むろん彼は資本制社会の運動法則なるものを定立し、その法則の作用にしたがって生ずる資本制の崩壊と新社会の出現のすじ道を模式化してみせたかにみえる。だがそれは、彼の思想の壮大な付録にすぎまい。そのような命題は、カール・ポパーふうにいうと反証可能性によって立つ科学的命題にすぎないのだから、現実の推移によっていくらでも真偽を検証することができる。この命題についての反証のそろい具合は、今日ではおよそ決定的といっていい。

彼の洞察の今日なお生きている部分は、そういう擬似科学的命題にはなくて、市民社会においては人と人の関係がモノとモノの関係によって担われるという、まさに思想としか呼びえない命題のうちにある。むろんこれは今日はやりのマルクスの物象化論であって、私のようなマルクス学の素人がことごとしくもち出すまでもないが、そういういわゆる物象化論にはじめて触れたとき、ちょうど二十代の最後だった私にとってそれがいかになまなましく感じられたか、いまでもよく想起することができる。私ははじめて、この世間に浮遊するように存在している自分の位相を、他者との関係において実感的にとらえることができた気がした。事実、街を歩いていて、街の形も通行人の姿も、明瞭で、ある深度をそなえた存在のように突然見えてきたほどだ。つまり、そのときから世間は私にとって、構造的で縦深的なものとなった。

この命題は、商品の相互関係が人間の相互関係として現象するといいかえることができよう。そしてそれは反証可能な科学的命題などではなくて、まさしくあるまなざし、すなわちインサイトとしか呼びようのないものである。

カール・ポランニーは一面ではマルクスに対する反発から出発した人で、社会のデザインを選択の問題、すなわち欲求の問題として提示し直している。しかし、彼とマルクスの距離は本人が考えるよりずっと近いのかもしれない。彼が前近代社会を市場経済が埋めこまれた段階、資本制社会を市場経済が社会とは別な領域として独立し、逆に社会をふり回しはじめた段階と特徴づけて、「科学的マルクス主義」に挑戦したとき、彼は実のところマルクスの物象化論に新たな展開をつけ加えていたのだ。商品・貨幣・交換・市場は、いかなるプリミティブな社会にも存在した。しかし市場制経済以前にはそれが自立的・普遍的になることはなかったといい、土地と労働力の市場商品化に市場制経済への転化のメルクマールを見るとき、ポランニーはほとんどマルクス的といっていい。

しかし、そのような転化は何によって促されたのか。この点になるとポランニーには、回答の用意がないというより問題関心がないようにみえる。国民国家の政策的な国内統一市場の創設にひとつの転機を見ているのは確実だが、そういう見方と全理論構成との整合性はもうひとつ明らかでない。

マルクスは周知のとおり、そのような転化をひとつの自然的過程と解した。ポランニーはそういう自然的過程、すなわち必然的展開という概念に頼ることを極力避けている。というより排撃している。彼がウィーンで学風を形成したことの意味をそこに読みとっていいはずで、つまり彼はK・ポパーなどとおなじく、社会の形成についての理解がいちじるしく社会工学的なのである。

ポランニーの思考はヘーゲル的な有機的自己展開の概念から自由な点で、マルクスよりも優位にあるように見える。だがこの外見の優位性は、彼の現代社会への診断を見るときむざんに崩れ去らずにはいない。ポランニーによれば、十九世紀社会の弱点は産業社会であったことではなく、市場社会だったことにある。産業文明を新たな非市場的基礎の上に移行させることが必要なのだが、最悪の時期はすでに過ぎ去っていて、諸国家の中に、経済システムが社会を支配するのではなく社会が経済システムに優位に立つことを保証するような発展が、すでに目撃されると彼はいう。語るに落ちるとはこのことだろう。混合経済体制、それこそ人類の最終目的地というわけだ。

マルクスは、そんなふうに問題を観察したことは一度もない。彼にとって、モノの関係が人間の関係を担うというのは、そんな次元の問題ではなかった。さらに重要なことに、モノの関係が人間関係として現象するような倒錯に到着したのは、彼によれば人間の進歩・発展の過渡的な発現であった。彼は一貫して問題を、人間に内蔵された天性(ナトウール)の展開という視点から扱った。そしてそれは、人間が環境すなわち自然との相互浸透を本質的な存在態様とするかぎり、同時に自然(ナトウール)の富の発現でもあった。

彼の洞察の深さはたんに、人間の市民社会的物象化を見通したところにではなく、そのような物象化を人間の自己展開の必然的結果とみなしたところにあった。しかし、そのような必然、いいかえれば自然過程は何によって駆動されるのか。彼はヘーゲルを顚倒して、動因としての物質的過程を発見したといわれる。その物質的過程はさらに、生産力という一点に煮つめて把握されたともいわれる。私は生産力と生産関係をめぐるスコラ的マルクス解釈学に立ち入る気は一切ないが、生産力とは何ぞやと問えば問題はその瞬間にふりだしに戻ることだけはいっておきたい。人間の生産力が増大したのは、彼の身長と筋力が増えたためではない。まさに道具の駆使しようにあったのだとすると、その駆使する力とは即人間のイメージする力である。史的唯物論も史的観念論も要するに、ニワトリとタマゴの先後関係の問題にすぎない。

こういうばかげたところに、あの精力的かつ徹底的な頭脳の独創があったのだろうか。そういうことがあるはずがない。あの大きな知力が考え詰めたことは、もう少し位相が違っていたと思う。彼はおそらく次のように考えたはずだ。人間の世の中には、あとには押し戻せない勢いというものがある。どんなに心きよらかな希求でも、どんなに巧緻を極めた合理的計画でも、逆らうことのできぬ成り行きというものがある。人間の個人の意図は、ほとんど意図とは逆な、もしくは無関係な結果に終わる。それは個人の恣意とかかわりないという意味で自然の過程に似ている。その自然過程を基底的に方向づけるのは、人間が日々行っている自然との代謝過程、すなわち物質的生産のありようである。しかもこの過程は、つねに多様化し拡大する特徴をもっている。そしてこの過程に対し、法律・政治・宗教という領域は二次的である。

このような考察に唯物論という自己規定を与えたのは、彼の不用意きわまるミスといってい い。彼が唯物的と称したのは、人間の自然との交互作用という基底的感性的な事実に立脚することを指したので、それはただ、法律・政治・宗教という観念的構築物の領域がそれに対して二次的であるという含意にすぎず、その感性的基底的な交互作用の内容が人間の心の諸作用を統一的に含むのは、彼にとって当然の前提にすぎなかった。

われわれは彼の不用意な自己規定から導き出されたスコラ学的マルクス主義の愚鈍な概念構築から、一切自由になっていい。そのとき残るのは、人間がよりうまいものをたべ、より贅沢な家屋に住み、より高速で移動する等々、自分の五官と自分の四肢を全面的に展開し、環境から最大限を収奪しようとするのは、人間に内蔵された必然の趨性であるという彼の見地である。こういう欲望、さらにその欲望の実現を保証する能力の全面的展開こそ、人間の人間たるゆえんだとする、およそ揺るがない確信である。その展開は一種盲目の力であり、かならずしもマルクスの倫理ないし、美意識が欲するところに人間を導くとは限らない。ここで彼が拠った砦がかの弁証法だったのである。

彼の拠った弁証法とは要するに、悪を欲して善をなすというあのメフィストフェレスの論理である。彼は現存するものはいかに悪あるいは醜と見えようとも、次の展開を準備する省略できぬ階梯という意味で意義をもつと考える。この点で彼は終生へーゲルに忠実である。そして、その階梯が人間の偉大な自由へ向けて設定されているとする点でも、彼はへーゲルと全く確信をともにしていた。

彼はなぜ、こういう弁証法を信頼しえたのだろうか。それは、彼が人類史上ただひとり近代を実現しえた西欧の人だったからであり、西欧近代はその成立のためにいかなる悲惨な代償を払おうとも、擁護するに足る文明を建設しえていると彼に考えられたからである。彼がイギリスのインドの統治を論じて、イギリスの侵略がいかに露骨で貪欲なものであったとしても、インドなんぞはつねに多種族から劫掠を蒙って来たので、問題は侵略にあるのではない、イギリスがインドを暴力を用いてにせよ近代へひきこんだことが問題なのだと論じたのは、そのためである。

「ところで、この無数の勤勉で家父長的で無害な社会組織が解体され、各構成単位に分解され、苦難の海になげおとされ、その各成員が古代そのままの形態の文明と伝来の生活手段とを同時に失うのをみることは、人間感情にとって胸いたむものであるにはちがいないけれども、われわれは、これらの牧歌的な村落共同体がたとえ無害にみえようとも、それがつねに東洋専制政治の強固な基礎となってきたこと、またそれが人間精神をありうるかぎりのもっとも狭い範囲にとじこめて、人間精神を迷信の無抵抗な道具にし、伝統的な規則の奴隷とし、人間精神からすべての雄大さと歴史的精力を奪ったことを、忘れてはならない」（大月書店版『全集・第九巻』一二六ページ）

一切が人間精神の自由な飛翔という見地から見られていることに注意されねばならない。ヨーロッパでも、火と鞭で農民を都市のスラム街へと駆り立てた本源的蓄積の過程があった。その悲惨は何によって償われるのか。その悲惨を伴った近代が、人間精神の全面的に自由な展開を保証する条件を生みだしたことによって償われる。インドの悲惨も同様に償われる。インドでなされたイギリスの悪業の歴史的意味は、「古いアジア社会を滅ぼすことと、西欧的社会の物質的基礎をアジアにすえることである」。人類は「アジアの社会状態の根本的な革命なしに」、その「使命」を果たすことはできない。だとすればイギリスは、その悪業によって「歴史の道具の役割を果たしたのである」。

「歴史」とは何だろうか。まさか神ではあるまい。「人類の使命」とは何だろうか。まさか天意(デスティニー)ではあるまい。われわれはほとんど茫然とする。だがその「歴史」あるいは「使命」にいかにヘーゲル的絶対精神、個のうえにのしかかって有無をいわせぬ超越的観念の匂いをかぐとしても、マルクスは人類史のある先端に立って正直にものをいっていると感じないわけにはいかない。

それはなぜだろうか。彼が指弾するアジア人の精神的局限性と隷従性、受動性について、どのような弁護が可能だとしても、今日われわれのうち誰ひとり、ふたたびそのような状態に眠りこんでよいと考えるものはいないからである。暴力的に西欧文明と接触させられたとき、日本人や中国人がその暴力性を憎んだことはあっても、「西欧的社会の物質的基礎」を羨み憧れる念はそれにまして強烈だったことを知っているからである。

マルクスはむろん近代を超える途を求めた人である。だがこの場合問題は端的に、市民社会的西欧近代は人類史的普遍であるかという問いに落ち着く。マルクスにとって資本制的近代は、それを超える共同社会への省略できぬ階梯だったというにとどまらず、前近代に比して飛躍的な人間精神の跳躍であり、それ自体価値だったのである。

だからマルクスの見地は、プーチャーチン艦隊の随員として長崎に来航したときのゴンチャロフの視点とそれほどへだたらない。ゴンチャロフは日本人の眼が眠りこんでいると書いている。「潑剌たる眼光、大胆な表情、旺盛な好奇心、敏捷さ——というような、ヨーロッパ人があれほど意識的に持っているものが一つもない」。「私はあの土地を見て、またもや例の憂鬱を感ぜざるを得なかった。人間に創造力を発揮し奇蹟を現すべき機会を、この自然は十分に与えているのに、人間は何もしていないのだ」。そして彼は放言する、「日本人から長崎を取ったらどうだろう」。マルクスはこの放言を是認したにちがいない、文明と人類史の御名において。

問題はどこにあるのだろうか。西欧型文明が唯一の人類の文明ではなく、人類の文明にはさまざまなタイプがあり、価値的にはみな等価だということが問題なのだろうか。人類社会の発展は単系列ではなく、複数の系列の想定が可能だから、西欧的展開は強制的なモデルにはならないということだろうか。あるいはまた、西欧の生産力的優越を背景とする傲慢と偏見がもたらした差別的世界編成を、第三世界的民族主権によって解体することが課題なのだろうか。そのどれでもあるまい。

マルクスは市民社会的近代の止揚をめざしながら、実は、その強制力がいかに世界普遍的であるか、力をこめて説いた思想家である。そして今日の世界はその見かけのうえで、このマルクスの強調を日々立証しつつある。でなければ、どうして中国文化大革命が破産しただろう。どうしていわゆる発展途上国が高度産業化をいそぐだろう。労働力を商品化することによって全面的に展開された商品経済は、それが人間の昂進する欲望にこたえる最良のシステムかもしれぬということを、社会主義国・発展途上国の若者を新開発商品で幻惑することによって誇示しつつある。マルクスが死なないのは、われわれがこの最高度に展開した地獄のような商品化社会を、いまだに抜け出すことができずにいるからである。

私がマルクスの構図から抜けられぬのも、それと全くおなじ根拠にもとづいている。しかしアジアの子である私は、西欧近代の子マルクスの自らには絶対に見えない盲点を、彼のインド論に見ないわけにはいかない。マルクスはおそらく、人間をあまりに自然から切り離しすぎている。彼は大地の重力を脱しようとする、あのイカルス的西欧精神のもうし子であった。なるほど彼は、人間と自然は相互に身体的延長であるといい、その相互浸透を説いている。しかし西欧的精神のつねとして、彼の場合自然はつまるところ人間のためにあるのだった。彼にとって人間は「環境の支配者」であり、自然は「科学的」に「支配」せねばならぬものであった。キリスト教は神・人間・自然の間に序列を設けたが、その場合人間は神との親縁性にもとづいて自然から切断された。マルクスはこの構図から神を追放しただけである。

環境を完全に対象化したのが近代であり、その最大の成果が精神の自立であったことを、われわれはマルクスとともに認める。しかし、自然はそしてそのなかに生きる他の生物たちは、人間にとっての操作すべき対象ではない。それはともに在るべきひとつの循環系である。対象化はあくまで人為的仮説的な切断にもとづいている。しかしわれわれの実存のありかたは、そのような対象化と切断のみではわれわれの生は可能でないと教える。ヨーロッパ・アジアを問わず、前近代の民はそのような対象化を知らぬ環境との連続のなかに生きて、それは愚迷ではなくひとつの充実であった。現代にあっても、われわれの日常の言語化できぬ底部はそのような連続のなかに存在していないだろうか。

マルクスは、われわれアジア人が猿などを神としてあがめるような精神的堕落に陥ったと痛罵する。しかし、猿をおがむ世界はマルクスが考えるような野蛮ではない。ここにはマルクスの臆面もない西欧的偏見が露出している。むろんもはや私たちは猿をおがまない。だが、その種の自然崇拝はそれなりの人間的理法と効能をそなえていて、それはいうなれば、われわれの生活が言語化しえない部分、自然と通底する沈黙の存在性を抜きにしては成り立たぬということである。

マルクスはすべての存在と意識は言語化することができ、またそうすることが人間の解放だと考えた人である。彼のすごさはそこにあるのだろう。しかしわれわれは、言語化のすべての成果をひっさげて、言語化された世界の下部にひそむ世界を再建しなければならぬ課題を担っている。それがわれわれにとっての現代である。

社会主義は何に敗れたか

東欧共産圏の崩壊はその異常な急速さで私たちを驚かせたが、倒壊自体には何の驚くべき発見も含まれていなかった。東欧のみならず、共産圏諸国の経済的非効率と政治的専制については、すでに定説となるまで知見が積み重ねられていて、そのような人為的不自然が永続するはずがないのは、およそ少しでも眼のあいている人間にとっては自明というべきだった。ただ私は、事態が動くときは大河の決するがごとくあることに、いささか感銘を受けただけである。

社会主義の敗北、マルクス主義の終焉などとやかましいかぎりだけれど、いわゆるマルクス・レーニン主義とそれにもとづく政治社会体制との思想的な訣別ということなら、ことはすでに昭和三十年代に完了していた。でなければ、スターリン批判、ハンガリー動乱、安保闘争は一体何だったかということになろう。幻滅の対象となったのはソ連型社会主義だけではない。わが国の知識人に根強かった中共妄信も文化大革命の実態が明らかになるにつれ雲散霧消した。

マルクス派社会主義に対する決定的な葬送宣告というべきソルジェニーツィンの『収容所群島』が刊行されたのは七〇年代初頭である。このたびの東欧の崩壊には、その意味ではショッキングなものは何もなかったといっていい。

現代史を通観してみれば、専制的国家権力による経済の強行的な構築をめざしたマルクス主義型社会主義の存在意義は、工業化時代における後進国ナショナリズムの急進的形態という点にあったのかもしれない。工業化とナショナリズムが過去のものとなりつつある今日、社会主義専制権力が存在意義を失い、民衆の怨嗟の的となって崩壊するのに何の不思議があろう。ソ連がペレストロイカを、中国が開放政策をとらざるをえないのは、そうしないかぎり国際的経済環境で生き残れないからだ。この自由化・開放と共産党一党支配は両立すべからざるものであって、天安門の流血を何度繰り返そうとも、彼らの命運はもはやきわまっている。

だが、社会主義は何に敗れたのだろうか。資本主義、いいかえれば自由主義経済に敗れたのだろうか。経済システムとして、自由な市場経済が社会主義統制経済よりはるかに合理的効率的だというのは、六〇年代を通じてハイエクが力説してやまぬことだった。経済繁栄にうるおい自由な言論を保証された西側自由主義諸国の「開かれた社会」こそ、人類が経験する最良の社会なのだとは、七〇年代八〇年代にポパーの説いて飽きぬ一事だった。勝利したのはハイエクでありポパーなのだろうか。そうだ、資本主義が勝ったのだ、資本主義対社会主義の長い競争についに決着がついたのだという論調は、いまや一世を覆っているのかのようだ。

いや資本主義がいい気になるなどとんでもない、資本主義側にもさまざまな病弊や弱点がある、といった声もないではないが、現実にいちゃもんをつけて直視を避けるのは、わが国の良心主義的インテリが長年愛用してさんざん味噌をつけて来た習性であるので、今となってはその声も弱々しく響くのもやむをえまい。ひとつの経済システムとしてみたとき、社会主義計画経済に対する自由な市場経済の優位性が証明されたのは、もはや動かぬ事実なのだ。

だがこのことは、私たちを鋭い逆説へ導く。私がこの一文で言いたいのはそのひとことなのだ。自由主義経済システムは、豊富多様な商品を高収入の消費者に消費させるという一点で、社会主義経済システムより優位にある。証明されたのはただそのことにすぎない。東欧の新事態に驚くべき点は何もないと言ったけれど、実はむかしは存在しなかった新しい一面があって、その点で私が奇妙な感銘を受けたことを告白しておかねば、不正直のそしりは免れまい。私が深い印象を受けたのは、共産政権を崩壊させたのが、西側先進国の高度な消費生活をひたすらに求める大衆の声だったことである。一言でいうなら、東欧共産政権は西側諸国に溢れかえっているバイクやオーディオ機器や若者ファッションやロック音楽や美食やにつぶされたのである。

世界は決定的にテクノロジーに支えられた自由で高度な消費享楽生活を指向している。この指向をみたしえない政治体制は必然的に淘汰される。東欧の新事態はこの一事を私たちに確認させたのである。あくなき消費生活を可能にするため、経済システムはより合理的であらねばならない。社会主義を敗北させたのは、この効率的経済という化け物である。だとすれば、自由主義論客は何の勝利を謳歌しているのだろう。彼らは、自分たちが地球まるごとこの化け物に呑みこまれる日の前祝いをしているのだ。

今日の高度な消費生活は、快適、解放、知的変化、個人的自由度のマクシマムという点で、人類のかつて経験しなかったものであり、その「たのしみ」と「よろこび」の讃美は数多の文筆業者たちの尽きせぬ商売のネタとなっているほどだ。すべての抑圧を解除し、個人の遊動的自由に最大の価値を置く今日の文明は、なるほど利便と長所をそなえた「開かれた社会」であるだろう。だがそれは、存在の一切の意味を無化する虚無の遊動に対して開かれた文明でもある。自由な市場経済が保証する高度消費文明の行手に待っているのは、たんなる環境破壊でも資源涸渇でもなく、心の荒野なのである。

人間は美食して好きにふるまうために、この世に生まれて来たわけではない。言論の自由も生活の利便ももっとほかの何ものかの手段にすぎない。人は何のためにコスモスに生を享けて来たのかという古い問いの前に、自由社会の勝利は色褪せるであろう。表現の自由を求めて西側社会に脱出したソ連の文人たちが、西側の文明に精神と生命の涸渇をかぎつけているのは、その意味で示唆的である。私たちの課題は、資本主義か社会主義かなどというとんまな課題ではない。「経済」を超克する途こそ私たちの唯一絶対の課題であって、東欧圏の崩壊をめぐって空騒ぎをやっている連中には、このことすら自覚されてはいないのである。

ソルジェニーツィンの孤独

1

日本の論壇ないし読書界にとって、ソルジェニーツィンは急速に過去の人になりつつあるようだ。最近私は必要あって、彼の邦訳をほぼひとそろい買い求めたが、その多くは一九七五年以降、版を重ねてはいないようである。要するに彼の発言は移り気な日本の知識人から飽かれたというわけだ。

昨秋（一九八二年）の来日にしても、半ばおしのび旅行という条件があったにせよ、時代おくれの変人の奇行といった、なにかしらスキャンダルめいた受けとりかたが一般的で、論壇の主流はハナもひっかけなかったというのが実情だろう。日本テレビでの対談者のひとりが旧外務官僚の法眼晋作だったことも、いまやソルジェニーツィンが日本の進歩的ジャーナリズムから、一種の狂言者として敬遠されている傍証であるように思われる。

こういう彼の人気の分岐点は、七四年の国外追放であったようだ。このとき彼が発表した『クレムリンへの手紙』は、それまで彼の支持者であったわが国の左翼インテリをいっきょに興醒めの状態に追いこんだ。

彼がギリシャ正教の復位を主張する信仰の人であることはすでに知られていたが、それはまだしもわが左翼読書人たちの許容範囲にあったといっていい。しかしソルジェニーツィンはこの手紙で、なんとソビエトの指導者のナショナルな心情に訴え、アンティ・ナショナルな共産主義イデオロギーさえ放棄するならば、彼らの専制的政治体制は容認してよいと明言したのである。左翼同伴者たる長年の習性が抜け切れないわが知識人たちは驚愕のあまりわが耳を信じきれない始末であった。

ナショナリズムと専制主義は、いうまでもなく戦後日本のタブーである。ナショナリズムのほうは、共産主義者や民族ブルジョワジーによって指導される反帝ナショナリズムにかぎって「健全」だと条件づきで認められないでもなかったが、専制主義に至ってはどういう認めかたもあるものではない。それをこの男は、「放埒無力な」民主主義より道義にもとづいた専制のほうが「国民の肉体的・精神的健康」にはよろしい、などとぬかしおるのだ。何という阿呆、何という反動。ソルジェニーツィンとはこの程度の帝政復帰主義者だったかというわけで、わがインテリ諸君の百年の恋も、このとき一時に醒め果てたのである。

はたして、ソビエト反体制派のなかでも、ソルジェニーツィンは異端にすぎぬことがはっきりしてきた。民主的改革派のサハロフは『クレムリンへの手紙』に対し正々堂々の批判を展開してみせたし、ロイとジョレスのメドヴェージェフ双子兄弟も、ソルジェニーツィンの復古的志向に批判的のようである。人間の貌をしたマルクス主義と、社会主義社会における多元的民主主義を主張する彼らこそ、ユーロ・コミュニズムに連らなり、さらにはラスキ的西欧民主主義に連らなる人類思想史の正統ではないのか。ロシア人の皮をひっぺがすとタタール人が現れるというが、ソルジェニーツィンはタタールに先祖帰りしたのだ。といった次第で、正気の批判的知識人は今後まともにソルジェニーツィンをあいてにせぬことにあい成ったのである。

こういう彼の評判の失墜には、西欧ではひとつの歴史的事件にさえなった『収容所群島』さえひと役買っているようだ。内村剛介はソルジェニーツィンとのテレビ対談で「日本の文学者のうちのなんにんがあれをまともに読んだろうか」といっている。消息通の内村がそういう以上、文学者のみならず、わが国の知識人は「またぞろスターリンの旧悪暴露か」とばかり、ほとんどまともにこの本を読んでいないのにちがいない。それほどこの本は、わが国では正当に受けとられていない。しかしわが国の知的風土では、この本はたとえ読まれたとしても、ソルジェニーツィンばなれをいっそう促進する効果しか生まなかったとも考えられる。

わが国の反体制派の知識人は、歴史の進歩ということを信じている。もしそれを信じなければば科学的・学問的でないということになっているので、その信念は彼らの知識人としての社会的声望そのものに関わっている。だから彼らはソ連社会主義に欠陥や堕落を認めることはできても、進歩した体制である社会主義そのものを否定することはできない。ソ連はいかに欠点にみちていようと、社会主義国であることにおいて、いかなる資本主義諸国より擁護に値するのである。

そんなのはひと昔まえのことだ、などといわないでもらいたい。大韓航空機撃墜事件を見よ。あるジャーナルが進歩的ないし左派的であればあるほど、ソ連国家権力への非難に同調するのは反動的なのではないか、といったためらいと保留が目立ちはじめるのは、われわれがいまだどういう思想的水準にあるかを示す明白な指標である。

日本赤軍派が日航機をハイジャックして獄中の同志の釈放を要求したとき、わが国の全進歩派は要求をのめと主張した。その根拠は国家の威信と個の生命を秤りにかけたとき、重みは後者にあるという戦後反国家主義の根本理念にあった。この理念はなぜ大韓航空機事件には発動しないのか。要するに彼らの頭のなかでは、世界はいぜんとして資本主義と社会主義の体制的対立によって成り立っていて、後者に加担するのは彼らにとって自分が良心的人間であることの証しなのだろう。

また、彼らは病い膏肓に入った革命好きである。なぜなら彼らは御幼少のみぎりから、革命こそヒューマニズムの華だとならって来たからで、そのうえ窮屈な規律と一文の業績にもならぬ一兵卒的実行とを忌避して、デスクの上の革命ファンたるにとどまったから、戦争を経験しなかったものこそ無上の戦争好きという鉄則どおり、革命への夢、たとえ頭髪霜をいただいても醒めるひまとてなかったのである。

ところがソルジェニーツィンは『収容所群島』において、革命と社会主義の意味をことごとくくつがえした、それも信じられぬような事実の累積の上に立って。このとき彼は、今日の孤立を選んだといってよかった。

2

ソルジェニーツィン自らがいうところによると、アメリカ人は百ドルやるといわれても、あの長大な『収容所群島』を読み通す気にならないそうだ。だがこれは、アメリカ人だけの話ではあるまい。早いところわれわれ日本人だって、そうなのではあるまいか。何しろ訳本にして、文庫本六冊である。しかも著者自身がいうように、これは死者の無言の遺託を負ってなされた述作で、著者は、作品としての結構や効果を考慮するはるか手前で、およそあったほどの事実ならばすべて書きとどめねばならぬという、作者としてはおよそ自殺的な衝動にたえず促されながらこれを書いたのだ。ふつうに読んで、面白いものであるはずがない。

だからこの本の中にはいって行くには、特殊な共感、自分もいつかこの世ならぬ時間に、「群島」の暮しをともにしたことがあるという共犯の感情が必要だ。実際の経験の有無をいうのではない。この本を読み進むうち、著者とたしかにどこかで同囚であったという不思議な感情が生れるかどうか、といっているのだ。この非合理な同囚の感情（なぜなら、あなたも私もかつて収容所の囚人だったことはないのだから）を強いて来ることこそ、これが記録にとどまらぬ「作品」であることの何よりの証しなのだが、そういう運命の共有にとらえられぬ種類の人びとには、これはあくまで、スターリン罪悪史の一部をなす事実的証言以外のものには見えまい。

それもよろしい。まずそのようなものとして、この書物の位相をたしかめてみよう。ここに提出された「事実」の大部分が伝聞であり、それゆえに資料的利用にためらわれる性質のものであり、しかもその間には相互に矛盾すら存在する、という人がいる。そしてまた逆に、その大部分はおそらく事実としてよいが、事実としてももはや陳腐であり、すでに明らかにされたスターリンの犯罪に何ら新知見をつけ加えるものではない、という人がいる。

まず明らかにせねばならぬのは、このように言う人びとが、たかだか二十年前には、ソルジェニーツィンの提出した事実の百分の一、いや千分の一ほどにしか相当しないおだやかな証言すら、反ソ宣伝とかアメリカ諜報機関作成の偽書と称して葬って来た連中だということだ。たとえばクリヴィツキーの『スターリン時代』は一九六二年に訳本が出たが、訳者はあとがきの中で、偽書問題についてながながと弁明せねばならなかった。スターリン批判から六年が経過していたのに、当時の知的状況はそんなふうだったのだ。

クリヴィツキーは何を証言していたか。たとえば、自分が党幹部専用のサナトリウムの食堂ですばらしい夕食をとっているとき、窓からのぞきこんでいた「飢えた農民の子供たちの熱っぽい眼」について証言していた。いまや全体の真実を知るものにとって、これは何とナイーヴな挿話だろう。この黙劇が生じた一九三四年という年は、農業集団化がもたらした悽惨な飢饉の最後の年であり、アレク・ノーヴによれば餓死者は数百万のオーダーにのぼっていた（ノーヴ『スターリンからブレジネフへ』）。クリヴィツキーは、このすさまじい出来事のほんの氷山の一角にもあたらぬ、ささやかな情景を証言したにすぎない。そして、そういうささやかな証言者はCIAの手先と疑われねばならなかったのだ。コチコチのスターリニストによってではない。一九六二年の「良心的」左翼同伴知識人たちによって。

『収容所群島』の事実的信憑性について、私はこれ以上かかわる必要はない。農業集団化を「偉大な功業」と呼ぶ正統派のロイ・メドヴェージェフを引合いに出せばよいのだ。『「収容所群島」をどう評価するか』という論文の中で、彼は見当ちがいな批判を書きつらねて得々としているが、にもかかわらずこう言い切っている。「彼の本に述べられているすべての基本的事実は、まったく信じてよいものばかりである」。

しかし、メドヴェージェフの裏付けなど実はどうだっていい。もしソルジェニーツィンに誇張があると思えば、庶民の健全な本能に従って、それを値切ればよろしいのだ。『群島』の事実を半分に値切ってみよう。なおかつ、それは圧倒的ではないか。ではさらに十分の一、いや百分の一に値切ろう。そしたら君は昏倒せず、あの安堵にみちた「社会主義的信念」とやらの上に立ち続けられるというのか。

何万分の一に値切っても、消えぬ事実、それひとつで十分という事実、『収容所群島』はそれを語ったのである。たとえば、自分の作った農作物の穂首を飢えにかられて「盗んだ」とされて十年の刑を課される農民とその子ども。気にいらなければ、他の例と差しかえてもよい。要するに残るのは視点の問題であり、感受性の問題であるだろう。

メドヴェージェフは『歴史の判決に向けて』において、ソルジェニーツィンが『群島』で取り上げた事実をほとんど先取りして述べている。ただ視点が決定的にちがう。技術家たちへの数々のでっちあげ裁判、農業集団化に伴う農民絶滅政策、等々と胆のつぶれるような事実を叙述し来たったその先に、彼は一九三七～八年の党および国家機関の中・下級幹部への弾圧を一大特筆し、これこそスターリンの最大の犯罪と呼ぶ。

ソルジェニーツィンの視点は、まったくこれと異なる。一九三二年、六人の農民がレニングラードで銃殺された。彼らの罪状は、コルホーズの草刈りがすんだあと、自分たちの牛のための草を刈ったということにある。ソルジェニーツィンは書く。「かりにスターリンがこれ以上ただ一人も殺さなかったとしても、これら百姓たちのために四つ裂きの刑に値する」。

『収容所群島』の意義は、ソビエト国家権力の犯罪的事実の単なる証言に尽きるものではない。事実すら、ここではもはや問題ではないのだ。それは指導者としての未来を約束された青年が、指導するもの、歴史をつくるものの意識から、指導されるもの、歴史創造の捏ね粉とされるものたちへの意識へと降りて行った現代の『地獄篇』なのだ。それがロシア革命への死者たちの総括となり、最後の審判となりえたのは、知的傲慢のひとつの更正の物語だったからだ。

3

ソルジェニーツィンの発見は、革命と社会主義の名のもとに、それとはあい容れない不正や残虐が行われたということにあるのではない。社会主義国家権力が遂行する革命とは、人民に対する全面的かつ終りなき戦争にほかならぬというのが、『収容所群島』における彼の発見だったのである。

厳密にいえば、これは彼が初めてなし遂げた発見ではない。だがこの事実の発見において、彼ほど徹底的、非妥協的でありえたものはいなかったし、また圧倒的な事実の集積の上に立ちえたものもいなかった。社会主義体制は帝政ロシアの体制にくらべればやはり進歩だ、などという常套的弁護法は、彼によってあますところなく粉砕された。ナチスドイツにくらべれば、やはりそれは擁護されるべきではないか、といった類いの議論も、同様に事実に立って粉砕されたのである。

この場合、比較の基準は、ひとりの無知な農民の幸・不幸という単純明白な次元に据えられた。これはおよそ紛れようのない視点で、この統治される人民の視点に立つかぎり、一切のイデオロギー的護教論は、朝を迎えた亡霊のように消え失せたのである。

このようなナロードの視点のために、ソルジェニーツィンは現代におけるナロードニキ扱いをされることがしばしばである。こういう評価は、彼の立場をいささか時代錯誤的なものにみなす含意をともなっているのだが、およそ正当な評価といいがたいし、何よりも彼の思想におけるナロードの位相について、決定的な読み誤りを犯している。

彼におけるナロードと、十九世紀ロシア・ナロードニキにおけるナロードとの決定的なちがいは、それが贖罪の対象でもなければ、救済の対象でもないということである。ナロードニキは人民を解放しようとか、あるいは彼らに対して罪を償なおうとか、要するにせっかいを焼かずにはおれなかったので、彼らの脳中にある人民奉仕の崇高な観念は、そのまま人民を教化・工作の対象とみなす知識人の持病にほかならなかった。

それに対し、ソルジェニーツィンは『イワン・デニーソヴィチの一日』で、ナロードとは本質的に思想がおせっかいを焼く必要がなく、焼くこともできぬ存在だという命題を確立した。『マトリョーナの家』の書き出しで、ラーゲリから釈放された直後、中部ロシアの草深い僻村にまぎれこんでしまいたいと自分は思っていたと書いたとき、彼は自己を教化的思想によって把捉されぬことをこそ幸せとするナロードの一員とみなしていたのである。

ナロードとは教化的思想の届かぬところにいるものである。思想にもとづく権力がいかに把捉しようとも、日常を最後のとりでとして、権力を無化するものである。そしてそのようなとき、彼は個として在るものである。個のまえに思想的権力は無化されざるをえないのが、ナロードの自立ということの実質的な意味である。この命題は『イワン・デニーソヴィチの一日』で明示され、『収容所群島』で全面的に展開された。自分が個として在る日常に思想や歴史の名でせっかいを焼かないでほしい。『群島』に登場する厖大なナロードは、みなこのように叫んでいる。いやソルジェニーツィンが叫ばせている。

ソルジェニーツィンは民衆に帰一しようと欲するナロードニキなどではない。現代の聖者などという俗な見かたが間違いのもとなので、この人はおそろしく優秀なテクノクラートとしての閲歴のもちぬしでもあれば、『仔牛が樫の木に角突いた』が明らかにしているようにおそろしく自覚的な戦略家でもある。彼が発見したのはナロードの日常の自立性であって、その自立性の見地は、民衆へのセンチメンタルな同化とか、民衆の理想化などとはおよそ距たっている。

彼が『クレムリンへの手紙』で行った提案も、実はこの人のテクノクラート的実務感覚が多分に盛られた策略で、ソ連指導者の専制をひとまず許容して可とするのは、上級権力において専制的な政治システムがとられるか民主的政治システムがとられるかは、ナロードの自立にとって本義的ではないとする判断からである。民衆を訓練して民主的システムに習熟させさえすれば社会改革の実はあがる、などと考えている民主的改革論者とは、土台、民衆の概念も異なっているのだ。

政治はナロードの実存のごく一部分を覆う影にすぎない。そしてその影が吹き払われるとき、ナロードの実存は全き意味をあらわす。その意味とは神である。ソルジェニーツィンはそう考えている。

政治のなかで最悪のものは、イデオロギーにもとづく政治である。それはソルジェニーツィンにとって理屈ではなく、実際に験された事実である。イデオロギーにもとづく政治はどこから来たか。十九世紀の社会主義思想から来た。そして、それはどこから来たか。十八世紀の合理的批判主義から来た。理性による批判と設計の思想から来た。これはリロードを捏ねあげることができるとする思想である。いや、捏ねあげることがナロードの幸福のために必要だとする思想である。あらゆる社会主義権力が、いかに人間的意図にあふれようともラーゲリを必須とせざるをえないのは、教育には強制が必要だからである。すべての人間を批判的かつ合理的たらしめるには教育以外に手段はない。教育を拒否するものには強制をせねばならぬ。これがラーゲリの原理であって、民衆愛あふれる批判的知識人はかくして、すべて潜在的帰結的なラーゲリの獄吏なのである。

ソルジェニーツィンがマルクス主義イデオロギーを放棄せよとソ連国家にすすめるのは、ナロードをナロードの場処へ戻せ、つまりは彼らの自立を認めよと説いているのだ。専制のもとでナロードはなおかつ自立することができる。教化のもとではそれは認められないのだ。

4

最近のソルジェニーツィンについてわが国の知識人が、なにか危なっかしい感じをもつのは、アメリカ移住後の彼の政論的な発言が、世界政治的な文脈における反ソ反共イデオロギーに包摂されて行くような印象を与えるからだろう。ソ連に対する一切の経済協力を打切れといった彼の提言は、東西の融和を平和の保障として、希望もし推進もしてきたハト派知識人をたしかに鼻白ませるにちがいない。

だがこの点については、私はまず次のことを確認しておきたい。社会主義国家連合と資本主義国家連合の対立という世界把握が、白昼夢にひとしい虚構にすぎないことが明白となった今日では、反ソ反共イデオロギーなるものは存在しようがないのである。現存する社会主義国家とその国定イデオロギーたる「共産主義」に対する批判なり反対を、なにか国際的に組織された謀略であるかに読解せずにおれぬ人びとは、そうするためには、そのような資本家的謀略の対象としての「労働者の祖国」なり「弱小民族解放の塁」なりの実在を想定しなければならない。そんなものがどこに現存するのだろうか。

こないだの総選挙で日本共産党は反共シフトをうんぬんしていたが、公党が一定の批判にさらされるのは当り前な話で、そんなことをいえば新聞はいっせいに反自民シフトを敷いているわけだろうし、公明党は『週刊文春』あたりを中心に反学会シフトを敷かれていることになる。

被害妄想としかいいようがないけれど、問題はむしろ、そういう共産主義批判を、なにか反動的反人民的なものとしてタブー視する感覚が、左翼の知の世界ではいまだに抜けきっていないということだ。

彼らはスターリン批判やソルジェニーツィンなど、とっくの昔卒業したという顔をしているが、なかなかもってそうではない。このあいだ、バターフィールドの『中国人』（時事通信社）の書評がさる高級週刊誌に出ているのを読んで一驚した。評者の名は言う必要もないが、要するにその人物は、中国のアラばかりほじくると「反共もの」的な視点に転落する、中国十億の農民の生活を更正させた中共の大事業を正当に評価することが大切だといいたいのであった。私はいつも思うのだが、こういう人物は一度、当の中国社会のまっただなかにぶちこんでやればいいのである。そうすれば彼は、自らがたんなる社会主義国家官僚の一人にすぎないことを明らかにするか、あるいは自ら「社会主義的現実」の痛苦に圧殺されるかのいずれかであって、問題の所在はいささかの議論も要せずに明白となる。

そもそも、中国の農民の地位が根本的に改善されたかどうか、そのこと自体に問題がある。中国だけではない。こういう護教論はソ連に関してもしばしば見うけるところで、帝政ロシアにくらべるとまだマシじゃないか、といったふうな進歩主義者は、一皮はいでみれば、われわれのまわりに結構多いのである。

ソルジェニーツィンは、ソ連の農民の状態を帝政時代の農奴時代から向上したとは、けっして認めていない。中国の農民の状態については、当のバターフィールドの暗いレポートがある。これは事実の問題であると同時に評価基準の問題であるから、議論はいろいろにできる。しかしそのいろいろにできるという事実自体が、護教論者たちの議論の前提の意外な脆弱さを暗示しているのだ。

第一、腹一杯喰うことが基準なら、今日のアメリカ・日本にまさる国は世界のどこにもなかろう。中国とソ連について、革命の成果として何人も疑うことのできぬことが、ただひとつある。この二国は革命を通じて国力を増進し、文字通り世界政局を左右する大国となった。帝政ロシアは大国ではあったが、自分の脚で立てぬ虚弱なマンモスにすぎなかった。社会主義はロシアにとって近代化であり、工業的軍事的強国化にほかならず、これこそ革命の最も確かな果実だったのである。「眠れる獅子」中国についてはいうまでもない。彼のめざすところは疑いもなく工業的軍事的近代化である。

すなわち、社会主義革命とはふたつの後進国の工業的軍事的強国化であって、結局は近代ナショナリズムの文脈上に生起した事件であった。今日われわれが生きている世界は、社会主義と資本主義が対立していたり、先進大国が第三世界と対立したりしているのではない。そういう架空の対立にもとづいて提出されるイデオロギー的政治的用語は、今日の状況を隠蔽する死語・空語でしかないことに、われわれはいつ気づくのだろうか。われわれの政治世界はいまだにナショナリズムの構図を超えていない。地球上に対立があるとすれば、富強をめざす大小国家のせめぎあいがあるのみなのだ。反共も反ソもそういうせめぎあいの一部分としてしか意味をもちえない現代なのである。

政論家ソルジェニーツィンの錯誤は、彼の提案が新版ソ連封じ込めに陥いっているところにあるのではない。彼の提言が、世界政治上の現実的政策としての位相しかもちえないことについて、きびしい自覚が欠けているのである。自分の場所はそういうところにはないということが、これほどの人物に気づかれていないのだ。彼の社会主義体制と共産主義イデオロギーとのたたかいは、ただ個たるナロードの国家権力に対する思想的戦闘としてしか構築できないはずなのに、彼は本来自分がそこに場所をもたぬ国家間政治の位相にすべりこんでいる。

しかしこれは、前にも述べた彼のテクノクラート的能力のなせる勇み足なのであろう。彼の思想的仕事の本質はそんなところにはない。帝政ロシアの再評価、とくに第一次大戦前のロシアの知的発展の再評価、ソロヴィヨフ的な統一的生命観への回帰、大地と伝統の意味の評価、このような彼の思想の主要な展開線は、わが国の知の世界では時代錯誤的なものに受けとられているにもかかわらず、きわめて重要な知的展望を含んでいる。その意味では彼はけっして孤立してはいない。彼の思想はパステルナークに通じ、コンラッド・ローレンツに通じている。とくに彼とパステルナークの興味深い一致には、ロシアの二十一世紀的な思想展開の萌芽さえ認められる。

パステルナークの圏域

1

ソルジェニーツィンとパステルナークといえば、ノーベル文学賞一件でソ連当局から迫害されたという外面的なことを除くと、とくに両者を結びつける共通のきずなもなく、作風からいっても異質な作家とみなすのがふつうかもしれない。だが私は、この二人を読み直してみて、ひどくかけ離れて立つようにみえる彼らの指すところが、深い森のなかで二本の小径が出会うようにおなじ一点に収斂していることに感動をおぼえた。この二人はボリシェヴィキ革命という深い森に迷って、おなじ泉のほとりに出会ったのである。それは偶然でも奇蹟でもなかった。

ソルジェニーツィンは『マトリョーナの家』の冒頭で、「私はただなんとなく中部ロシアへ行きたかった。もしロシアのいちばん奥深いふところといった土地が、まだどこかに存在し、息づいているのなら、なんとかそこへもぐりこみ、そのなかへ紛れこんでしまいたいと希っていた」と書いている。もちろんこの「私」とはトルキスタンのラーゲリから釈放されてロシアに辿りついた当時の彼自身のうつし絵である。

彼はひたすら隠れることを希っていたのだといっていい。むろん、ボリシェヴィキの政治権力からである。いや、ボリシェヴィキとことさらいう必要すらない。人民のひとりひとりを政治的に管理しようとする権力、この二十世紀特有の国家の視線から、われとわが身を消してしまいたかったひとりの人間がいたというだけのことである。

パステルナーク畢生の大作『ドクトル・ジヴァゴ』に鳴り響いているモチーフも、おなじ隠れの衝動とみることができる。たとえば「生涯を通じて彼が夢見てきたのは、一見なだらかに抑制がきいていて、外から見分けもつかず、日常一般に使われている語句のかげに覆われていながら、それでいてその底に秘められている独創性であった。……彼は生涯、だれの注意を惹くこともない目立たぬ文体の創造を心がけ……」と書かれているところから読みとれるのは、たんなる文体論であるまい。それは、この小説の主人公である医師が恋人のラーラと再会した日々についての一見通俗な叙述、「心の通い合いにもまして、二人を固く一つに結び合わせていたのは、爾余の世界と二人を隔てる深淵であった」という一節が、たんに恋するものたちにふつうありがちな内閉をいいたいのではあるまいということと、同一といっていい。

ここには或る切実な、見られることへの拒否が語られている。この拒否はジヴァゴ詩篇中の『ハムレット』にうたわれた、舞台に曳きだされライトを当てられた役者の嘆きとひとしい。「どよめきが静まる。舞台にのぼったぼく／ドアの方立に体をもたせかけ／遠い残響のなかにぼくはとらえようとする／この時代に何が起ころうとするかを」とうたい起され、「ぼくを注視するもの、それは夜の闇／一つの軸につらなる千のオペラ・グラス」と続けられるとき、パステルナークの脳裏にあるのは、たしかにスターリン治下に詩人という公職をあてがわれた彼自身の痛苦であったろうけれど、喩はもっと深くとどいて、芸術家であるなしを問わず、国家的監視のもとにおかれるすべてのものたちの隠れの渇望が読むものに伝わって来る。

しかしこの二人は、隠れの衝動によって結ばれているというだけではない。隠れる先が古いロシアであったことにおいても、彼らは劇的な一致を示している。古いロシアとはナロードという形で現存するロシア人の生活であり、それとともにある伝統と自然、つまりは神を有する生のイメージである。いいかえれば、政治的支配が及ばなかったロシア的生の日常である。

パステルナークはナロードの讃美者ではない。むしろ彼は、ロシアの人民主義を思想的な錯誤と考えている。そのことは彼が「神の王国と呼ばれるところには、ナロードはなくて個としての人格があるだけだ」と、ジヴァゴに言わせていることからだけでも明らかだろう。だが私の考えでは、この言葉は「ロシアにおいてナロードは個としての人格として現われる」というふうにパラフレーズするのが、パステルナークの真意に近いと思う。なぜなら、個としての人格というとき、彼は西欧的な市民意識の文脈に立っているのではなく、「死すべき者たる人間同志のまじわりは不死である」というキリスト的見地に立脚しているからである。このキリスト観は、ドストエフスキーがロシア的な伝統としたキリスト観にたいへん近い。

ジヴァゴ詩篇のなかで『ハムレット』の次に『三月』と題する詩が置かれているのは、意味深重だと思う。ここでは、牛や黒土や堆肥の匂いにむせかえる雪どけ時期の農村の幸福感が、きわめて充足的にうたわれているが、パステルナークのいう〝意味ある象徴としての生〟とは、まさにこういう平凡で充足した日常のことなのである。こういう日常においてのみ、人は「個としての人格」でありうると彼はいいたいのだ。

生は社会や国家に対して露出されずに、このようにそれ自身完結してこそ、ひとつの個的人格的な圏域であるというこのパステルナークの思想は、ソルジェニーツィンの思索の到達点とほとんど一致している。パステルナークに比して、ずっとナロードという言葉に傾斜しているソルジェニーツィンも、ナロードをまさしくキリスト的な人格における個とみなしている点で、まったくパステルナークにひとしいのである。

だから、パステルナークに「闘い」という言葉がどんなに似合ぬとしても、この二人は、社会に露出され国家に把握されてこそ人間は共同に生きることができるとする思想と、おなじフロントで闘ったのである。そしてわれわれもおなじく、その闘いを時代から強いられているのではなかろうか。われわれを曳きだすのが露わなイデオロギー的強制でなく、もっとおためごかしの隠微な機制であろうとも、やはりそれはそうなのではあるまいか。

2

ユーゴスラヴィアの批評家ミハイロフは『ドクトル・ジヴァゴ』についておよそ殲滅的な批評を書いている（『ロシア文学と実存』紀伊國屋書店）。彼によればこの作品は、まず何よりも「小説の下書き」にすぎず、粗雑であいまいな「お説教」にみちていて、人物は「影が薄く、どれも同じような言葉で話」し、しかもその「出会いには必然性」がない。わずかに自然描写が傑出しているのみで、内戦の描写においてショーロホフやバーベリに比肩しえず、ロシアの小市民生活の「叙事詩」的描写においてはゴーリキーに劣る。

ミハイロフが基準としているのは、たいへん古いリアリズムの美学である。そういう基準で読めば、この小説が一種うわごとじみた「薄っぺらな」作品に見えるのはしかたのないことである。マーク・スローニムはさすがにそういう単純な見方はしていない（『ソビエト文学史』新潮社）。

「パステルナークの男女の主人公たちは、歴史というショーのなかの役者としてではなく、変化や符合の生ずる開かれた宇宙の中で、引力と斥力の法則にしたがう人間として描かれる。一部のうぶな批評家たちはこれらの符合の中に作者の芸術的な失敗の例証を認めたが、それは符合が論理的・直線的序列の中での例外としてではなく、非合理的・多面的な宇宙の現実の正常な特徴として扱われているのを理解しなかったためである。『ドクトル・ジヴァゴ』は慎重に心理の腑分けを避け、ある意味では現代の分析的傾向への反発を特色としている。この作品はまたよくできた『流暢な物語』の伝統からもはずれている。よい小説の書き方を知っていると自任する評論家たちは、この暗示的でリアリスチックな、象徴的で印象派風の、断片的でありながら非常に統一のとれた小説に出会って面食らい、取り乱してしまった」。

スローニムの弁護は、ミハイロフ風なリアリズム美学では死角にはいってしまうこの小説の、奇妙な新しさのみごとな解析になっている。柄谷行人は『日本近代文学の起源』（講談社）で、われわれが近代以前の文学の「深さ」が欠けていると感じるのは、近代文学が採用した「一種の遠近法的な配置」に馴れてしまったことによるものであり、そういう配置が文学にとってなんら「必然」でないことを巧みに説明しているが、パステルナークの方法の新しさはまさにこういう「遠近法」的マナリズムを拒否したところに求められよう。

これが奇妙な小説と感じられる理由は、全篇がスローニムのいうようにフラグメントの寄せ集めから成っていて、しかもその間にいわゆる劇的な結合がほどこされず、主人公の生のさなかに生起する印象的情景が、まるで車窓を過ぎ行く風景のように、因果的にではなく偶然的に点綴されているからである。それはひとつの長い夢に似ているが、われわれの生は考えてみれば、近代リアリズムによって物語化された因果的連鎖として存在しているよりも、むしろ散乱し交叉し反射し合う断片の集積としてあるのではなかろうか。少なくともわれわれが生きて行けるのは、自分の生をひとつの因果的構成をもつ劇ととらえているからではなくて、生という画面に日々生起する事象に、われわれを養いそして癒す象徴を見出すからではあるまいか。

何が自分の生を真にみたし、意味あらしめているのか。たとえば自分が朝夕出会う樹木や雲や街角、遠望する連嶺の雪、手にするナイフの重みや冷たさ、見知らぬ人の表情やたたずまい——すべてそういった何気ない事象が啓示のように生起し、そして心にとどまり反復してよみがえる。そういう生起と反復こそわれわれの生の実質だと承知すれば、『ドクトル・ジヴァゴ』のフラグメント的な手法、淡彩の映像を劇的・物語的関連からひき離し、それ自身として意味をはらませる技法が、なぜ読者に強烈な反応を呼び起すのかということが理解される。

パステルナークは、ラーラが原野の空気を吸いこむ一場面に次のように注釈をつける。「父や母よりもなつかしく、愛する人よりもすばらしく、書物よりも知的な空気——それを吸うと、一瞬、ラーラはふたたび存在の意味を啓示されるのだった。わたしがここにいるのは、この地上の生の狂おしいばかりの魅力を解きあかし、すべてのものにふさわしい名を与えるためなのだ」。

事象はすべて意味を含むものとして開示される。その開示はまさにマラルメ的なコレスポンダンスであって、ジヴァゴが冬の街を橇で行きずりに目にとめる「黒い穴」のような窓、その窓を通して「まるで意識あるもののようなまなざしを街路に注いでい」る一本の蠟燭は、数年をへだてて、赤軍から逃亡しようとして森の中で出会う「雪中のななかまど」と呼び交わすのである。

事物はこのようにわれわれを超えて照応しあうものであり、その呼応こそ人と人のまじわりと同型なのだという、繰り返し提示される思想は現代というこの解体の時代にあって、まさに悲歌のように確信的である。この悲歌はわれわれ現代人にとって救済のしらべなのか、それとも幻影に誘うサイレンの歌なのか。

パステルナークが調和を求める生命肯定的な詩人であることに疑いはない。彼はまったくリルケ的な意味で人間と事物のひめやかな照応を信じた。彼の言葉でいえば生は「永遠に同一のものの組み合せ」であって、それゆえに調和的である。その調和は、あまりに表層的な政治やそれに伴う饒舌と虚偽によって覆い隠されなければ、万人の生活にそなわるはずのものであり、また芸術によってこそ開示されるべきものだった。彼はこの点でまさしく十九世紀ロシア文学の伝統をつぐ人である。いうまでもなくロシア文学は伝統的に「芸術とは倫理の異名だ」と考えた。彼はそれを「倫理とは芸術の異名だ」というふうに逆転したのである。この逆転のなかに伝統はつがれた。この古典的確信において、彼は少なくともわれわれ現代人より幸せであるように見える。だが私はここで、彼の「古典的」に見える生命肯定の根拠にさらに踏み入らねばならない。

3

ジヴァゴはたしかに、革命から逃避しようとする一詩人である。医者という社会的義務も放棄してモスクワの陋巷で野垂れ死したのは、ただただ革命の嵐が自分を看過してほしかったからである。彼が秘かにまもり通そうとしたのは、個の内面性といってよいであろう。パステルナークはソビエト詩人として公的義務を免れることができなかったが、出来うべくんばジヴァゴのように、巷のうちにひっそりと隠れて一生を過したかったのに違いない。

今年（一九八四年）はいうまでもなくオーウェルの予言の年であって、われわれはジヴァゴの逃避衝動を革命という特定の文脈においてのみならず、管理社会というもっと広い文脈に立って理解できる位置にいる。前に紹介したミハイロフはジヴァゴのこうした革命逃避を、現実とのコミットメントを拒否する無責任な夢想家の態度として批判しているが、われわれは少なくとも、こういう批判をいわば博物館行きのしろものとして笑いとばせる地点に立っているのである。

ソルジェニーツィンやパステルナークの隠れの衝動が、今日のわれわれに身の慄うような共感を与えるとすれば、それはわれわれが逃れようのない操作と管理の社会に突入しつつあるからである。しかし、にもかかわらず、『ドクトル・ジヴァゴ』は革命という名の管理からのたんなる逃避の物語でもないし、ひめやかな魂の内面のたんなる愛惜の物語でもない。それは現代という解体の時代における生命肯定の途を暗示的に模索した物語であって、そこにこの小説のひとまわり大きい骨格があるといってよろしいのである。

ミハイロフはこの作品が、ただにボリシェヴィキ革命に反対するばかりでなく、あらゆる革命に反対しているのが怪しからぬというのだが、こういう短見に対してスローニムは次のように書いている。

「たとえ共産主義がロシア人の生活と心理と歴史の大きな、重要な部分を代表していることを認めるとしても、それはロシア人の全体、あるいはこの国のあらゆる伝統と願望を包含するものではない。共産主義体制に隣り合わせて、あるいはその基礎に情念と憧れと理想と創造性からなる一つの完全な世界が存在する。この世界を描いたのが巨匠パステルナークであり、『もうひとつのロシア』の声となるのが彼の運命だったのである」。

ミハイロフには、女のベッドのなかで夢想されたたあいない愛と詩と哲学のように思われたジヴァゴの思想は、このような「もうひとつのロシア」のための戦闘宣言であり、ありとあらゆる革命の根元をただす自覚の究明なのだった。このことが明らかになるためには、おそらく、今日のような人間解体の極限状況が到来する必要があった。

パステルナークが描いたという「一つの完全な世界」とは、だとすればどのようなものか。ジヴァゴとラーラについて書かれた次の一節を読もう。

「二人が愛し合ったのは、俗に言われるように〈情熱に灼かれる〉まま、避けようもなくそうなってしまったのではなかった。二人が愛し合ったのは、二人をとりまくすべてのものが、足もとの大地が頭上の空が、雲が、樹々がそれを望んだからであった。おそらく二人の愛は、彼ら自身よりも、むしろ周囲のものたちに喜ばれたと言えるだろう。路上で行き合う未知の人たちに、散歩の折に遠く見はるかされた風景に、二人が住まい、逢瀬を重ねた部屋たちに。

ああ、これこそ、ほかでもないこれこそ、二人をむつませ、二人を一つに結びつけたいちばん大事なものだったのだ。それは世界との一体感、調和感であり、自分たち自身が風景のなかに溶けこんでいて、美しい眺望の、全宇宙の一部になっているという感覚、実感であった。

二人はこの一体感のみを呼吸していた。だからこそ、爾余の自然を貶して人間の優越を認め、人間をあまやかし、人間に跪拝しようとする当節流行の風潮は、二人の気に染まなかったのだ。政治に転落したいつわりの社会性の原理は、二人にはみじめな手前味噌としか思えず、二人の理解の外にあった」。

パステルナークは別な箇所で、ジヴァゴに、人間の自己は外にしか見つからず、意識は外を照らす光なのだといわせている。ひとことで言ってシンボリズムの万物照応の観念がここで語られているわけだが、石や樹や雲や壁や窓を自我とかわらぬ位相でとらえようとするこの共生感は、シンボリズム風の意匠である以前に、ロシア人の始原的感覚ののっぴきならぬ表現とみなすべきなのであろう。このような感覚の裏づけがあってこそ、ドストエフスキーは西欧キリスト教とギリシャ正教のちがいを主張することができたのである。

人間とは風景であり、そして風景はたがいに愛しみあうものであるという思想は、とほうもない詩人の恣意のようにみえる。しかしこの思想には、少なくともロシア的な生活伝統という基礎がある。ロシアの民衆は風景のように生きて来たし、それは個が個たりうる生きかただったとパステルナークはいうのである。

私には、ソルジェニーツィンもこれとほとんどおなじことを言っているように思える。少なくとも彼が『イワン・デニーソヴィチの一日』で提示し、『収容所群島』で展開した、日常些事こそ民衆の思想的とりでであるという思想は、パステルナークの圏域とけっして異なる世界を指してはいないと思う。

しかし問題は、パステルナークやソルジェニーツィンが指示したような共生の世界を、ロシア革命が忘れ果てたということにあるのではない。パステルナークもソルジェニーツィンもそのように言いたがっているけれども、ロシア革命はただに高度産業化文明へのステップにすぎなかった。『もうひとつのロシア』は現代文明の海に没したのである。パステルナークの圏域は喪われたロシアへの挽歌ではなく、現代文明という必然の彼方に、痛ましくも掲げられた希求の虹といいえよう。

亡命者の荒野

1

ソルジェニーツィンの場合もそうだが、ソビエトを出国させられた文学者や思想家の表情には、なにか悲劇的なものが凍りついているようだ。

彼らは共産主義政治体制に同調できぬために祖国を追放されたのだが、西側の世界に追放されることは、彼らにとって表現と良心の自由を得ることであった。ウソを唱和することを免れ、何を書いてもいい自由を得たのだから、追放はひとつの特権だったとさえいえなくもない。ソビエトには、西側への脱出を夢見ながら叶えられない知識人がいくらでもいるということだ。

だが、脱出を果した彼らの表情は意外に冴えない。むろんそれには、彼らが母語という土壌からひきはなされたということもある。科学者や学者ならともかく、文学者の場合、母語の生活と読者をうしなうというのは大変なことである。しかし、今日の亡命ロシア人には、それとはまた別に特殊な困難が存在する。『毎日新聞』に八四年五月七日から連載された『在欧ソ連反体制知識人の対話』は、そのことをまざまざと実感させてくれた。

人が生きるということは、思想と表現の自由を得るということには終らない。どんなに自由に考え、ものを言うことができたとしても、それ自体は著述家の目的ではありえず、何を考え何を表現するかということにこそ、著述家の生きる意味がある。これはわかりやすい道理だが、圧制のもとでは、人はえてしてこの道理を忘れる。

彼らがソビエト国内にあって、抑圧的政治体制とたたかっているあいだは、西側の世界は惜しみない賞讃と声援を送った。しかし彼らが西側に脱出してしまえば、彼らがそのためにたたかった思想と表現の自由は、西側ではありふれた既成事実であって、彼らの存在価値はたちまちのうちに下落してしまう。君たちは自由をえたじゃないか、あとは自分なりの表現に精出したまえ、というのが西側の人間の偽わらざる心境なのだ。

亡命ロシア知識人は、そういう西側の冷淡に対して深い幻滅をおぼえる。前記鼎談のなかでジノヴィエフは言っている。「せめて何かを言うために、そしてそれに見合う反応が西側にあることを期待して、生涯かけて得たもの一切をソ連でなげうって出てくるのですが、それにふさわしい反応は起らない。大変悲しいことです。しかし、私たちには戻る道はない。状況は悲劇的です」。

ここにはふたつの問題がある。ひとつは、このような冷淡に接して、彼らがソビエト共産主義という抑圧体制の打倒を、より声高に、より政治的に高唱するようになることである。彼らは、それが人間としての道徳的責務であるばかりでなく、西側の人間が自由人として生き残るためにも必要だと力説する。

だが彼らが焦りをうかべて力説すればするほど、西側の人間はしらける。なぜなら、ソビエト政治体制を打倒するためには、内部からの転覆の可能性がない以上（そのことは彼ら自身が認めている）、戦争に訴えるしかない。この戦争は核戦争とならざるをえず、それは人間の滅亡を意味する。

ジノヴィエフは「西側が解放してやることは無意味です。遅すぎるのです。西側は自分自身について心配していればよい」といっている。だとすれば彼らは西側に、共産主義体制という悪に呑みこまれないように自衛せよと説いていることになる。

こういう訴えがわれわれの胸をうたないのは、ふたつの理由があるといっていいだろう。第一に、西側の資本主義文明はそんなに脆弱なものではない。この高度消費文明は、人間の欲望を充足する合理的システムとしての優越性をそなえているので、かえって共産主義体制へ浸透することはあっても、逆にそれから浸透され征服されることなど、けっしてありえないのである。そのことはかの中国文化大革命の帰結を見てもあきらかではないか。

さらに、かのソルジェニーツィンもおなじ陥穽に落ちたのだが、彼らの発言はともすれば、国際政治戦略的な見地に傾斜しようとする。共産主義体制を悪として封じこめようというのなら、それはダレスが主張したことである。ある体制を悪とする見地が十字軍の見地であるのはいうまでもない。われわれが生きて行く問題は、こういう十字軍的見地で解決できる問題ではない。国家群間の対立に何かの理念を仮託できるような見地こそ、われわれが流血のあがないによって清算したものである。そういう意味で反共十字軍の思想は、反ファシズム国家連合の思想と同一なのである。共産圏国家内の抑圧と西側諸国内の抑圧を統一的に把握する見地こそ、われわれのものでなければならない。

しかし、亡命ロシア知識人の悲劇性には、じつはもうひとつの問題があって、このほうがずっと根が深く重大であることを私はいいたい。それは、自由を渇望してそこへ逃れたはずである西側の世界が、彼らにはまた別な荒野でしかなかったという問題、そしてそれはなぜかという問題である。

ジノヴィエフは言う。「残念なことに民主主義社会は実利主義の方向をとっている。世界全体で、特に西側では生存の悲劇の感覚が失われ、生活は享楽と満足のためと受けとられている。……西側の人々の関心は何かつまらないものに向けられていて、重要なことをなおざりにしている」。クズネツォフは言う。「私はここ（西欧）では真実はだれにもなく、だれもまた真実を探していず、私たちに耳を傾けないだろうと知っていました。……宗教的倫理的な根を喪失した彼らにとって大切なのは、どんな代価を支払ってでも生き永らえたいという生理的な、あるいは動物的な生活観です」。

ここに響いているのは、現代にどうしても適合しえないロシアの声である。思想ないし文明としてのロシアの悲劇的な意味はここにある。

2

ロシアになにか西欧の価値観と合致しにくいものがあるというのは、いまに始まったことではない。そもそも十九世紀の西欧インテリゲンチャにとって、あのロシアの小説というのが驚異であった。彼らからすれば、ロシア人は小説に哲学や思想の代用をさせようとしているかに見えた。トルストイに至っては歴史の代用をさせているようであった。フロベールが『戦争と平和』を評して、「これは小説ではない。象だ」と叫んだのは有名な話である。

ロシア人には「たかが文学」という感覚はない。前記亡命ロシア人の『対話』でジノヴィエフが「ソ連では文学を市民の一大事とみる習慣がある。これは古いロシアからの伝統で、ソ連社会の第一位を作家が占める」と言っているのもむべなるかなである。ロシアでは、文学者は人生の導師であり、社会の良心であり、人類史の洞察者であり、要するに「人はいかに生くべきか」というテーマの体現者でなければならなかった。

ジノヴィエフが「西側では作家に対する関係が全く別です」と言っているとおり、西欧では文学はこういう過剰な倫理的任務をひきうける必要がなかった。むろんそれは、ごく単純化すれば近代的解体の進度の問題といえる。文学の倫理化とは、言ってみれば後進国の特徴で、日本でも戦前では、文学者は今日よりはるかに人生の師表的性格をもっていた。近代が人間を個人に解体したということは、倫理の存在基盤を根こそぎにしたということである。倫理とは本来、人間が他者との結合のうちにあるからこそ要請されるものであって、個にまで解体された人間に倫理の存在理由があるはずはなく、近代的解体の尖端に立つ文学は、とっくにそういう束縛から免れて当然だったのである。

しかしロシアでは、人は共同的な存在だという理念がしぶとく生き残った。むろん、ロシアは「遅れて」いたからである。だがその「遅れ」ということを一歩突っこんで考えてみるならば、それは単なる直線的進化上の時間的遅れというものではなく、西欧的意識との、所有する地域的コスモスの差から来る質的な差異を、その初原に想定しないわけにはいかない。コスモスの把握が異なれば、人間の間柄についての把握もそれに相関しつつ異なるのが当然であって、それは人間の最も初原的な世界把握である宗教意識の差異として現れる。だからドストエフスキーは、ローマ＝ラテンのカトリシズム、ゲルマンのプロテスタンティズムに対して、ロシア的心性の本質をギリシャ東方教会に求めたのである。

人間は共同的存在だというロシア的理念は、西欧的知性から見ればもっと下世話にかみくだくことができる。西欧の市民的感覚からすると、ロシア人は人のものと自分のものの区別がつかない連中で、要するに盗癖があるのである。契約の観念がないのもむろん目立つ特徴であった。一方ロシア人からすれば、たとえば自分が傭われる場合、暴力に訴えることもなく給金も契約どおり払ってくれるが、雇傭関係は冷たく崩そうとしないイギリス紳士よりも、時ところかまわず腕力を振い、給金もとどこおりがちであっても、時として自分に情をかけてくれるロシア地主のほうが、旦那としてははるかに好ましかったのはいうまでもない。

ロシア革命とは、こういうロシア的心性が生んだ世界史的事件であった。そこで崩壊したのは資本主義体制などではない。第一、そこには資本主義などろくに育ってはいなかった。ロシアマルクス主義は、たんなる経済学でもなければ政治学でもない。世界を変革するための現状分析ですらない。それは本質的に、人はいかに生きるのが正しいかという倫理的教義である。『何をなすべきか』というのは周知のようにチェルヌィシェフスキーの小説の表題で、レーニンはこれを愛読し称讃した。何をなすべきかとは、いかに生きるべきかということである。ロシア革命がうちたてた政治体制は、人を集団的に正しいありかたにあらしめようとする本質的に教育的道徳的な体制であった。

だからここには皮肉な逆説が浮かびあがる。亡命ロシア知識人はソビエト政治体制の教育的道徳的強制のもたらす精神的抑圧をきらって西側に亡命したのだが、その西側で見出したのが「倫理的な根」を失い、「関心は何かつまらないものに向けられていて、重要なことをなおざりにしている」精神的荒野だったということは、彼ら自身、嫌悪し反抗するソビエト体制と、その倫理的風土を共有していることの鮮やかな証拠にほかならなかった。

ロシアは倫理的であるゆえに革命を生んだ。その革命体制から脱走した亡命ロシア人は、おなじく倫理的であるゆえに亡命先の西欧で孤立せねばならない。これが絶望的な反語であり悲劇でなくて何だろうか。

私は彼らの陥ったこの反語的状況を、笑うべきだともあわれむべきだとも思わない。むしろ、彼らの悲劇への深い共感が私のうちにある。われわれには、倫理を求め人間の共同を求めて抑圧的な牢獄の体制に陥るか、倫理を解体しつくして個人の欲求充足の無間地獄を疾走するか、そのどちらかの選択しかないのだろうか。理性にもとづいた近代ヒューマニズムの幻想が破綻消失した以上、この選択はおよそ不可避にさえ見える。こういう選択の不毛さの上に、今日の思想のどうどうめぐりと一時的気晴しが成り立っているのだ。

亡命ロシア知識人の任務は、西側の人間に「共産主義諸国からの脅威に厳しく抗する意欲」をもつように説教することではない。それは『収容所群島』が書かれた以上、もう終った課題だ。『群島』が秘めていたほんとうの主題、現代において倫理の根はどこから生れるかという主題こそ、特異な悲劇を担った彼らの今後の課題であるべきだろう。

非行としての政治——ピョートル一世の場合

アンリ・トロワイヤの『大帝ピョートル』は、この有名な啓蒙専制君主、というより人類史上の桁はずれな巨人について、いくつかの興味ある視点を提供してくれる。それはトロワイヤが意識して提供している視点ではない。或る関心をもってこの種の専制者と人類史の関連を観察したことのあるものに、おのずと浮んで来るような視点であった。

ピョートルについては、ゲルツェンの古典的な規定がある。彼は『ロシアにおける革命思想の発達について』のなかで、ピョートルを「帝冠をかぶれる革命家」、「社会救済委員会的な専制君主」と規定し、「ピョートル一世は、不屈の意志とテロリストの苛酷さとに支えられたその偉大な思想をもって、自分自身を保持するために、日ごとツァーリズムのふるい殻をとりのけて行った」と書いた。

トロワイヤはピョートルのこうした側面を無視しているわけではないが、重点はそこに置いていない。いかにもやや通俗味のある作家たるにふさわしく、ピョートルの桁はずれな人間性、天の高みから地底の深淵まで振幅をもつ情熱の劇に、彼の興味は集まっている。しかしこのように、ピョートルの公人としての理想よりも私人としての放恣に叙述の力点を置いているために、彼の評伝はこの「帝王革命家」の事業の秘密について、私たちに心そそる暗示を与える結果を生んでいるのだ。

トロワイヤの叙述に従ってピョートルの生涯の事蹟を見て行くと、否応なくひとつの奇妙な特徴に突きあたる。ピョートルには明らかに、ツァーリたることから逃亡したい衝動があった。ふつうこれは、ピョートルの「やつし」の趣味として知られている。彼は若き日に、大使節団を率いて西欧先進文明修得の旅にのぼったが、全旅程をピョートル・ミハイロフの変名で通し、オランダでは身分をかくして船大工の徒弟修業をした。つまりこの大使節団には三十六名の志願者の従者がいて、ピョートルはそのひとりとして自分を登録していたのである。これは有名な話で、ふつう祖国の開化のために一技術者にまで身をおとしたピョートルの熱誠、といったふうに説かれる。しかし、そんな殊勝な解釈は、その実態を知ればたちまち吹っとんでしまう。

従者の身なりをしたこの大男がほかならぬ北方の大国の帝王であるとは、全行程中、行く先々の王侯貴族・廷臣はむろんのこと、名もない町人・売女にいたるまで承知するところだった。彼らは眼ひき袖ひきして、この異国の帝王の奇癖を忍び笑っていたのである。修業の便宜のためもへちまもありはしなかった。従者に身をやつしていながら、自分に王侯相当の敬意が払われないと、ピョートルは怒り猛った。お忍びには、何ら現実上の意味合いはなかった。ただ、ピョートルの幻想的固執があらわれているだけであった。

しかもこの匿身願望は、彼の全生涯にわたって隠しようもなくあらわれていた。彼は軍隊における履歴を鼓手から始めた。これは、彼が母后とともにプレオブラジェンスコエ村に流謫されていた少年時代に、つき従う悪童どもと作り上げたおもちゃの軍隊における彼の地位である。帝位を回復した後も、彼はいっこうに国政をかえりみず、今や現実に戦闘能力をもつに至ったこの連隊、しかし本質的には少年時代の遊び道具の延長である連隊を用いて、大規模な戦争ごっこにうつつを抜かしていたが、このときの彼の地位は軍曹であった。彼が現実の戦争に従事したのはアゾフ攻略戦が最初である。この国運を賭けた対トルコ戦においては、彼はピョートル・アレクセイと名乗る砲兵大尉に仮装していた。むろん彼は全軍の指揮をとったのである。そしてその一方、自身を砲兵大尉として軍隊の中にまぎれこませずにはいられないのだった。彼は周知のとおりの海好きで、ロシア海軍の創設者である。この海軍においても彼の地位は大佐だった。彼は寵臣を司令官に任じて、自らはそのもとに服務することを好んだのである。

この仮装願望は、お遊びの模擬戦のためにつくりあげた城砦プレスブルグの国王に任じた寵臣ロモダーノフスキーに、現実の戦場から次のような書信を発するに至るまで昂進した。「わが国王よ、プレスブルグの首都より送られた陛下のお手紙、拝読いたしました。そのありがたき御心に感謝し、陛下のおん為には、わが血の最後の一滴も惜しまぬ所存……」云々。彼はこの書信に「砲兵ピョートル」と署名する。凱旋式においても、彼は一海軍将校として歩行することを好んだ。

このような行為は、一種の精力過剰のはけ口としての悪ふざけとも理解される。一切の正統的なものへのシニックな挑戦といってもいい。ピョートルが組織したかの名高い「道化宗教会議」はまさに、そのような悪ふざけと挑戦の真髄といってよい。しかし、そういうまともな解釈を施してみても、なおお釣りがくることは誰も否認できまい。この「道化宗教会議」においても、彼は実に「助祭長」をつとめていたのだ。

実質も名目も権力の頂点に立ち、何ぴとにもそれを譲り渡すつもりはないくせに、つねに自己を列伍のなかに紛らわさねばおれぬこの傾向は、もっと深部の衝動を仮定しないでは読み解くことができぬもののように思われる。一言でいえば、ピョートルはツァーリの座に居心地が悪かったのだ。むろん彼はこの独裁者の座を降りるつもりもなかったし、その果実を、自己の放恣の全面的充足も含めて貪欲に摘みとった。しかし彼は、ツァーリの座にすわりとおすには、一方でつねにそれから仮装的に逃亡してみせる代償行為を必要とした。

彼は生涯二度にわたってヨーロッパ旅行をしたが、そのたびに宿舎の問題で悶着を起した。あてがわれた豪奢な部屋に落着こうとせぬのである。部屋の片隅に熊の毛皮を敷いて寝入っている召使いを蹴起し、その場所を召上げたとか、部屋が立派で大きすぎると称して、衣裳箪笥のなかに折畳みベッドを入れて寝たなどという逸話が伝わっている。彼は日常起居する場所としても、穴蔵のような家を好んだ。ペテルブルグを建設中彼の起居したのは、入口の鴨居が背につかえるようなせまい二部屋の小屋で、部屋には大工道具が所かまわず並べ立ててあった。新しい国づくりにいそしむ帝王の質素というのではない。専制君主としての恣意的な濫費において、彼は歴代のツァーリにひけをとらなかった。ピョートルは実に、穴蔵に隠れたい衝動をわれながら如何ともしがたい人だったのである。

私は、ピョートルの深層には、簒奪者、にせツァーリの意識があったものと推定する。再々強調したように、彼は帝王の自覚において欠くるところのない人であった。臣下に対する全面的忠誠の要求、わが身分の伝統的な神聖さに対する十分な自覚、第一人者の地位をおびやかすものへの過剰な猜疑心、どの点をとっても彼はアジア的デスポットの典型といえた。ところが、そのような典型的なツァーリであり抜くためには、一方でその正統的ツァーリ性を打ち消すようなサインを、生涯にわたって出し続ける必要が彼にはあった。彼は、自分が正統的なツァーリ像からいちじるしく逸脱した人間であることを鋭く自覚していたのである。

ロシアの民衆はこのことを知っていた。アンチクリストのささやきはそこから生じた。真実のピョートルは欧州回覧旅行中に死んで、いま在位しているツァーリはにせものだという噂は、そこから胎まれた。このような疑念が、ピョートルの強行した西欧化の諸施策と関連をもつのはむろんのことである。だが、それは一種の相乗作用とみるべきで、おのれたちのツァーリにまぎれもない無法者の相貌を認めたからこそ、ロシア正教の民は西欧化政策をアンチクリストの文脈で読み解いたのだった。

ピョートルとその取り巻きの一群は、その行動様式において掛値なしの無法者であった。英国滞在中、彼らは宿舎にあてられた個人宅をめちゃめちゃにした。「扉や窓ははずされ、燃やされてしまった。壁掛はひきはがされ、あるいは吐いたものや唾などで汚れきっている。高価な床板はでこぼこで、巨匠の作品は、描かれた人物が標的になったため、銃弾の穴だらけ。庭で一連隊が野営したかのように、花壇も踏み荒らされていた」(引用はトロワイヤ『大帝ピョートル』より、以下おなじ)。

このような乱行がなぜ必要であるのか。なぜ窓枠や扉を煖爐になげこまねばならず、肖像画に銃弾を打ちこまねばならぬのか。すべては或る激情の発作というほかはない。そしてその激情の源をたずねれば、われわれはピョートルの少年時代に形成された非行の共同性につきあたる。

彼のおもちゃの連隊については先に触れた。この連隊は異母姉ソフィヤからの奪権闘争の武力的基礎となったが、はじめからその目的で作られたものともいいがたい。要するに流謫のわびしさが生み出した非行であった。彼はその非行に酔った。なぜならそれには、戦士の共同性という強い酒が盛られていたからである。日常性からひきはがされたこの死と殺人の遊戯のなかで、ピョートルは自分が帰属すべき世界を発見した。「やっと思春期から抜けだしたばかりの青年たちは、荒々しい同胞愛で結ばれていた。訓練がおわると、皆がテーブルの下にひっくり返るほどの大酒を飲んだ。日々の行動においても、酒盛りの席でも、ツァーリとその仲間を区別するものは何もなかった」。

いうまでもなくこれは、日常から遊離した戦闘集団のなかにしばしば見出される情念の共同性である。日常の利害的拘束から解き放たれたところに成り立つこの情念的共同性は、日常の利益の体系である社会から見れば、それが単なる無頼な野盗集団の形をとろうとも、あるいは何らかの思想によって結ばれた政治結社の形をとろうとも、結局は青年期にのみ許される非行にすぎない。摂政たる姉ソフィヤは、この異母弟の振舞いを見て心安んじたと伝えられる。なぜなら、「ツァーリとは、世間から遠く離れて宮殿に住み、公式行事があるときにほとんど宗教的壮麗さをもって人民のまえに姿を現わすべき存在、ビザンツの伝統に立つ神聖な人格なのだ。やくざな兵士どもとつき合えば、ピョートルは平凡な市井の人に身を落とすことになる。それはツァーリの歴史的役割を裏切ることだ」。

ふつう人は、家庭をもち職業につくことによってこの種の情念的共同性から抜け出す。それは非行の終り、日常の義務の始まりである。ところがピョートルは、俗にいうこの男どうしの世界の快楽から一生抜け出すことがなかった。彼は十七歳のときに、姉を摂政の地位から追放してツァーリの実権を回復したが、それは回復というより一種の簒奪とみなされる。なぜなら、プレオブラジェンスコエ村での流謫の歳月をとおして、彼は正統的なツァーリとはまるきり異質な無法者に変貌していたからである。要するに彼は、戦争ごっこの仲間同志でやりたいほうだいをやるために、権力を奪取したといってよかった。

にせツァーリの噂は無根ではなかった。彼はまぎれもない正統の血を享けたツァーリである。母后ナターリヤには何人かの情人があったといわれ、彼が真実父帝アレクセイの子であるかどうかには疑いが挿まれているが、それは問題ではない。王朝的正統性は、かならずしも生物学的な血の正統性ではないからである。たとえ母后の浮気の所産だったとしても、彼は正統な王位継承者であった。彼は本質的ににせツァーリであるというのは、一個の無法者として、すなわち正統性の対極にある非行者として帝位に就いたからである。

心許す男どうしの仲間は遊びを許される青年期を終えれば、それぞれの社会のなかでの役割へ散ってゆかねばならない。どうしても結合の快楽を放棄したくなければ、それが永続的に許される条件をつくりだす必要がある。その条件とは天下をとることである。これは未来永劫変らぬ徒党の力学ということができる。天下をとれば、非行は天下的規模で継続拡大することができるではないか。

ピョートルの復権がその種の天下とりだったことには、数々の証拠がある。第一に、彼は帝位に復帰したあと、遊び仲間と大仕掛に戦争ごっこを再開した。先に触れたプレスブルグは、この戦争ごっこのためにつくられた城砦都市である。彼はふたりの遊び仲間を、それぞれプレスブルグ国王とポーランド国王に任命し、二万という大軍をもよおして攻防模擬戦を行なった。このときの死者二十四名、負傷者八十名。戦争ごっこもここまで昂じたのである。気の合う仲間との共生感をみたすために、こういう金と生命のかかるドラマを仕組むことができるのは、何のおかげか。権力の甘い果実は、まさにこういう大がかりな非行の実現のために収穫された。この種の模擬戦のなかで、ピョートルは負傷し、少年時代からの遊び仲間イワン・ドルゴルーキー公爵が死んだ。オートバイを暴走させるたぐいの非行が、帝王権力によって大規模化されたのだった。

その間、国政は誰が見ていたのか。母后ナターリヤと大貴族たちである。無頼の遊び仲間と奪権に成功したピョートルは、気の会う仲間との快楽を思うさまに充足することにだけ、奪権の成果を限ったのである。無礼講もまた権力規模に拡大された。この長夜の宴は撲りあいがつきもので、若きツァーリ自身その発頭人だった。ここでも、やはり死人が出た。英国滞在中のあの乱行はかりそめではなかったのだ。野盗仲間のような乱痴気騒ぎは、ピョートルとその取り巻きの生涯にわたる行動様式だった。

そもそもピョートルはなぜ模擬戦を好んだのか。戦闘こそ、日常と乖離した共生感を純粋にみたすものだからだ。戦士の友情こそ無償の友情である。だから一切を宰領しつつ、彼は軍曹の地位を選んだ。支配者でありながら、あくまで僚友にとどまりたいのだ。模擬戦や酒宴での乱闘によって保持更新される友愛感は、ついに女の共有にいたる。彼らは情婦を共有した。ピョートルの情婦はみな彼の臣下である「戦友」のおさがりである。最初の愛人アンナ・モンスはルフォールの情婦だったし、のちに正式の皇后になったエカチェリーナはメーンシコフの女であった。ふたりとも或る日ピョートルが召し上げたのである。

戦士たちの「同朋愛」につきものの男色も欠けてはいない。菓子屋の小僧から成り上ったメーンシコフはピョートルの「愛妾」だったと伝えられる。身の丈二メートル、声は低音で宮廷随一の酒豪という「御愛妾」だった。

つまり帝国権力は、ピョートルを首領とする一団の若き無法者によって乗っとられたのである。ピョートルがこうした若き「戦友」たちの首領にとどまる存在でなかったことは、私も承知している。彼はやがて脱皮して、国政を掌握し国家を経営した。そのためには非行仲間と異なる大貴族や官僚を使いこなさねばならなかった。だが、彼がそれまでのどのツァーリもなしえなかったような方法で国家を掌握し変革できたのは、彼が一団の仲間とともに帝位を簒奪した非行者だったからである。

ヨアヒム・フェストは著書『ヒトラー』のなかで書いている。「アレクサンドロスからナポレオンを経てスターリンに至る、歴史上の多くの革命家や征服者と同じように、彼は同類のなかでの異国人であった。このアウトサイダー意識と、国民を破滅に至るまで、乱暴で大規模な企図の材料として投入する覚悟との間にある心理的関係は、たしかに彼の場合にもあてはまる」。

これはあたかもピョートルのためになされた指摘のようだ。彼は少年の日にツァーリの座につきながら、異母姉から追放されていたあいだに、ツァーリ的な統治の正統性とはまったく切れた人間に育ってしまっていた。だから、彼の奪権は実質において簒奪であり革命でさえあった。ロシアの伝統的な支配は、彼によって敵意をそそる無縁な存在にすぎなかった。彼は身分に拘泥せず下層民からすら側近を登用したが、これはつまり塹壕的友愛のラジカリズムにほかならなかった。彼は戦場で「洗濯女」を拾いあげ、あとでは皇后にした。彼女エカチェリーナはまぎれもない下女面であったと伝えられる。フランスに遊んだとき、彼は浮気でおしゃれな貴婦人をまったく相手にせず、巷で売春婦をあさった。彼にいわせると、浮気な貴婦人などはみんな「あばずれ」で、おなじあばずれなら本物のほうが喰い足りたのである。

下層の女に安息し、狭い穴ぐらのような部屋でやすらぐ。上品ぶったもの、体裁をかざったもの、いわくありげなものに侮蔑を示さずにはおれぬ。伝統的な統治の属性とことごとに対立するこの感性は、山賊野盗風な共同性の快楽に深く浸されたものの感性である。この戦士共同体のラジカリズムから、彼の一切の変革が導びき出された。その変革は伝統的な支配層によって無法かつ瀆神的と感じられたばかりではない。正統的支配の鏡としてのロシア正教の民にとっても、無法かつ瀆神的と感じられたのである。

ピョートルは、わが国史上の人物でいえば、織田信長と奇妙な酷似を示している。信長の若年の非行は様ざまに伝えられているが、それはいずれも彼のなかで、伝統的な権威としての領主のありかたになじまない過激な感情が育っていたことを語っている。彼はさながら非行少年の首領であり、そういうものとして領主権力の座についたようである。彼の側近はいわば彼を首領とする若衆組であり、そのアウトロー的共同感情が伝統的な重臣層と明確な対立をつくり出し、近世を切り拓く過激な支配の形態を生み出したと考えられる。

無法な若衆組における首領と戦士の関係は、伝統的な支配における主従の関係とは異なっている。前者は、天下どりの契約にもとづいた有能なカリスマと事業参加者との関係であって、一切の正統性から自由なのである。ピョートルと信長の相似は、宗教的権威への侮蔑的態度から、機械や技術に対する実践的好奇心にいたるまで、細かい点にわたるが、肝心なのは彼らの心底に共通に保持されていた無法者の感情であろう。

だが、信長がそういう無法者でありながら一方では伝統的主従の形式で臣下を統合せねばならなかったように、ピョートルもツァーリ中のツァーリとして、ロシアの正統的専制統治の枠組を存分に使いこなさねばならなかった。きわどいいいかたをすれば、無法者の首領のまま権力を乗っ取りとおすためには、彼は正統的なツァーリとして自己を偽装せねばならなかったのである。

この偽善がピョートルをひき裂いた。やりたいほうだいをやるには専制権力が必要だ。そのためにはツァーリらしいツァーリであるに限る。しかも自分では、おのれが正統なツァーリとは全く異質な情念のもちぬしであることを知っている。だから彼は帝座にあるあいだ、その代償として、実は俺はツァーリなんぞではないのだぞという信号を出し続けねばならなかった。それは彼のおびえの表現でもあり、意地悪なよろこびでもあったろう。つねに自分を列伍のなかに置き、軍曹とか砲兵とか海軍中佐とか助祭長とか徒弟とかに扮装しなければおさまらぬ彼の衝動の源は、すべてそこにあった。この扮装のかくれた意味は、彼とともに成り上ったかつての無法者仲間には、案外よく了解されていたのかもしれない。

ピョートルの事蹟は、心情的な徒党というものがかならずたどる軌跡を法則的に示している。この世には、正統的な統治というものがあり、それを映す日常という鏡がある。その統治からも日常からもはみ出たものは徒党をつくる。徒党だけが、はみ出た場所で生きられる世界だからである。だから、徒党は心情の共同性である。この結合においてのみ、たがいに心がかようという閉鎖された共同性である。この共同性は、社会の正統性からいえば非行とみなされる。徒党はかならず権力を指向する。かならずしも国家権力というのではないが、法則的窮まりにおいてはそれを指向する。ともに楽しむためには、心情的結合を可能にする場を確保するためには、金と権勢とがいるからである。金と権勢は権力のみがもたらす。早い話が、気の合う仲間がいて、その仲間であることの快楽が昂じれば、かならずいっしょに天下がとりたくなるものだ。どんな規模の天下かは問わない。いったん天下がとりたくなれば、その天下が国家権力レベルまでふくれあがるのをとどめる歯どめはないだけのことだ。

その結合はあくまで無償のものであるはずだった。心が通じあうというだけでいいのだった。だがいったん天下をとれば、その範囲でやれないことはない。やれるということとやるということは違う。しかし、その間に確実な障壁はない。ピョートルとともに天下をとった非行仲間は、たちまち取りこみを始める。それをしないでは天下をとった甲斐がないではないか。取りこみの筆頭はかの菓子屋の小僧メーンシコフである。ピョートルは激怒するが、この汚職の巨魁を処罰できない。彼を殺したあと、誰を信ずればいいのか。苦難をともにした妻は、夫に女をとりもつと同時に自分も男を喰わえこむ。しかし彼女を殺せば、心を許すものはもういないのだ。ためらいを抱いたまま、ピョートルは死の床につく。こんどはエカチェリーナがやりたいほうだいをやる番だ。メーンシコフ一党に推戴されて女帝の座についた彼女は、連夜近衛将校と酒宴を開き、毎晩ちがう相手を寝室へ連れこむ。

思想がないからか。倫理を欠くからか。どちらでもあるまい。そんなものがあったって、程度の差だ。徒党が権力をとったとき、情念の恣意に対する確実な防柵は存在せぬというだけのことである。生きかたの価値的一致を求めるあらゆる集団は、みな徒党である。利害で一致するから徒党で、思想で統合するから徒党ではないということはない。何で結合しようと、好ましい仲間で集まる集団はすべて徒党だ。こいつとなら死んでも、あいつとならいやだというのが、徒党の始まりであるとするならば、人間のもっとも美しく純粋であるような心情の結合が、なぜ歯どめのない恣意に行きつくのか。金がほしいのも、異性がほしいのも、美食をしたいのも、すべて「堕落」ではなく人間の真情だからだ。

東洋の政治は、みな基本的に、徒党が成り上って権力をとることの繰返しのように思える。あるうららかな日、桃の木の下で三人の男が兄弟の誓いを立てる。いうまでもなく、『三国志』の発端である。この劉備・関羽・張飛の三人ははじめは、たがいに好き合った同志というだけのことだろう。しかし、好き合った同志で天下が取れればいうことはない。東洋での王朝交替は、すべてこういう力学に左右されて来たといっていいようだ。つまり東洋では、世の中からはみ出た非行者がおのれの非行を天下規模に拡大してやり遂げるのが、政治であり革命であったようだ。成功すれば帝王だし、失敗すれば叛徒だ。太平天国を典型とする農民暴動も、帝権をとりそこなった徒党ではないか。

汪精衛政権の一員だった金雄白という人に『同生共死の実体』という著書があって、その中に、汪政権の実力者である周仏海が親近者十人を選んで義兄弟の誓いを立て、汪政権内で集団的栄達を計るありさまが描かれている。これは先行き真暗な偽政権内部の頽廃というだけではない。かの文化大革命の内幕からすると、中共政権の派閥的実態だって大同小異であろう。「三人の中国人が一緒にいると、きっと二つの派に分れる」。『同生共死の実体』に登場する一人物のこの言葉は、たんに中国人の派閥的習性について語るのみではあるまい。中国人はただ率直なだけだ。アジアでは、政治とはつねに徒党の情念的充足、すなわち非行として現われるのである。

アジアにおいて、帝王権力がつねに神聖化され、その統治が伝統的性格を帯びて来たのは、周知のことである。しかしその帝王権力は、出自をたどれば山賊野盗の類いなのがつねであって、要するに郷村の伝統的生活秩序におさまらぬ連中が、徒党をなして上方へ疎外されたのである。東洋の専制権力はこういう奇妙な逆説を刻印されている。神聖君主のメダルの裏は粗野な非行者なのだ。いかに帝徳を身に装おうとも、出自は間歇的に露頭せずにはいない。東洋的専制の一面である恣意的暴虐は、そういう歴史的由来をもっている。そして、権力についた非行者が神聖権力としての正統性の仮面を定着させたとき、次の非行者の群れが権力に襲いかかる。これが易姓革命の本質である。すなわちアジアでは、政治とは郷村共同体から上方へ向けて排出される非行なのだった。

むろん、非行は政治として表現されるとは限らない。日常の構造からはじきだされる夢は、権力へ向わなければ、反権力・反日常的な小天地へと向う。隠遁と名づけてもいいし、超俗と呼んでもいい。東洋的な世界の構造はだから、帝王権力、隠士的小天地、日常的郷村の三極から成る。基底としての日常から疎外された非行的情念はポジとしての帝王権力とネガとしての隠士的小天地に分化して対峙するのである。

だから東洋にあっては、郷村の日常を社会と呼ぶならば、政治と宗教はいずれも社会からの離脱、すなわち出世間の形態であった。政治とは徒党のかたちで保持される夢であり情念であるという東洋的特性は、政治がこのように社会から異物として排出されることによって、恒常的自己同一性を保った。社会はそういうものを排出することによって成り立っている。

ヨーロッパ的理解では、政治はそれとまったく異質のものである。そこでは、政治は社会から排泄されるものではなく、社会のなかにあってそれを運営し管理するものである。すなわちそれは、社会が社会として成り立つためのコストであり必要悪であって、その実体は個別利害の計算にもとづく調整なのである。政治が夢や情念ではなくて、合理的な計数であるというのは、画期的な近代の発明といっていい。

ヨーロッパ的政治においても、徒党の力学がまったく働かないという訳ではないらしい。カーター大統領にまつわるジョージア・マフィアの取沙汰を見れば、そのことはあきらかだ。だが議会政治というものは本質的に利害の計測と調整の政治である。

トレヴェリアンがその著書『イングランド革命』で書いている。「ある程度の幻滅は人間を賢明にする助けになる。一六八八年までに人々は、まずクロムウェル治下の『聖者たち』の支配によって、続いてジェイムズ二世治下の『神権王』の支配によって、二度も幻滅を味わって来た。火傷した子どもは火を恐れる。名誉革命の長所は、叫びや騒動にではなく、すべての喧噪にまさる静かな小さな分別と叡智の響きにある」。

さらに書いている。「名誉革命体制は単なる勝った党派の自由ではなく——大概の革命が自由として生みだすことのできるすべてはこれであるが——、真の『臣下の自由』を意味したのである。これは中庸の精神の勝利であった。すなわち、ホイッグ党なり、トーリー党なりの情熱の勝利ではなく日和見主義者ハリファックスの精神と知性の勝利であった」。

政治とは妥協の技術だという発見が、ここには述べられている。しかし肝心なのは、この発見の基礎にあったものがほかならぬ貴族的民主主義の伝統だということである。議会デモクラシーが民衆自体の発意として出現したことは、史上一度もない。それはかならず貴族的デモクラシーとして現れた。護るべき個人の財産、個人の地位があればこそ、帝王権力は制限されねばならぬ。郷村の民には護るべき財産と権利はあっても、それは郷村共同のもので個人のものではなかった。デモクラシーの素姓は貴族的である。帝王権力と対抗しうるだけの貴族集団が存在した場合にのみ、集団の運営技術としてのデモクラシーが理念的に確立することができた。その理念の中核はむろんのこと、利害だった。

古いルーシでも、貴族はこのようなデモクラシーの原理を知っていた。デカブリストたちは古代ロシア貴族の「共和主義的伝統」を、一九世紀におけるツァーリズムとの闘争の思想的支柱とすることができた。「プーシキンの意見では、デカブリストの運動はロシアの専制と大貴族(ボヤール)の間の昔からの争いの最後の局面であった」(ヴァリツキ『ロシア社会思想とスラヴ主義』)。

大貴族(ボヤール)の「共和主義的伝統」を剿滅したのは、イワン雷帝である。彼の大貴族(ボヤール)との闘争は、恐怖政治のエピソードとともに名高い。だがこの場合注目すべきことは、イワンがとった闘争手段である。彼は大貴族(ボヤール)との闘争において、まず庶民に訴えたのである。彼は大貴族(ボヤール)の横暴にたえかねて退位すると称して、アレクサンドロフ集落に移り、そこからモスクワ市民へ書状を送った。「全ては息絶え、首都は瞬時自分の平常のなりわいを中断した。店舗は閉され、官署に人影なく、歌声はとだえた。狼狽と恐怖にとらえられたこの都市は号泣し始め、君主が国家を見捨てぬよう集落に赴いて嘆願することを府主教、主教および貴族に訴えた。このとき民衆は、君主が帝位に復帰して狼や強欲者から彼らを守ってほしいのだ、彼等は君主の裏切り者や悪人には与しない、自らその者達を撲滅するつもりだと叫んだ」と、クリュチェフスキーは『ロシア史講話』のなかに書いている。

しかしこれは、ひとりイワンのみがとった闘争手段ではなかった。アジア的な専制者たちは、自立的な貴族層を隷従者に変えるさいに、かならずこの手を使ったのである。彼らは民衆と連合して貴族と闘った。専制者が同時に解放者でもありうる秘密がここにある。大貴族、いい換えれば領主層は、郷村の民からすれば直接の支配者収奪者、すなわち「狼」であり「強欲者」である。これら「悪人」どもの横暴を糾弾するとき、専制者は郷村の民のまえに解放者・守護神として現れる。専制者は何に対して専制を施こすのか。それは何よりもまず貴族に対する専制であることを銘記せねばならない。

西欧的理解における政治が、貴族の民主主義的伝統にもとづく、利害の調整の体系だとするならば、東洋的理解における政治は、郷村の共同体的伝統にもとづく、夢と欲望の体系と規定できる。それゆえに、東洋では、政治は徒党の非行という性格を帯びるのだともいえる。

拡がりすぎた主題を収束せねばならない。ピョートルの事蹟から、われわれは最低何を学ぶことができるのか。

郷村的日常において、人びとは義務と慣行に縛られ、家主となり子を生み、老いて死んで行く。徒党の情念的共同とか夢とかは、若衆組の時期に仮に許される道楽にすぎない。その道楽に固執するものは、政治あるいは宗教として、日常に縁のない上層へ疎外される。しかし、郷村的日常で生を終える人びとに、情念的共同の夢がないのではない。道楽としての夢想的共同への指向を生み落したのは、ほかならぬ郷村の生活原理としての日常的共同なのだから。彼らは日常を破壊する夢想を、政治として日常の圏内から逐いやる。だが、逐いやられたものは、彼の魂の亡霊である。専制政治の織りなす諸事件を、一篇の劇のごとくに娯しみ喝采するのは彼らである。だからこそ、郷村は専制権力の鏡なのだ。

西欧的近代は、郷村の共同を分断してマスとしての個の世界をつくりだした。情念的共同を求める衝迫の根拠をとりはらった。政治は徒党の非行ではなく、個別利害の集合を管理する技術となった。だが、その世界でも、人びとは日常の理法に縛られ、親となり、老いて死んで行く。そのなかで感情の飢えは、ことに人と人とをつなぐ感情の飢えは、声もあげずにどこへ消え去るのか。

或る生きかたの夢、人間の或るありかたの夢を全社会的に拡張しようとする集団は、いかなる思想や倫理を掲げようとも徒党である。私は彼らの行動を非行としての政治と要約した。ひとが言葉と感情の通じる相手を見いだしたとき、それが徒党の始まりであるのはかなしいことだ。徒党から非行としての政治への回路はどこで絶たるべきなのか。ピョートルの事蹟はそう、われわれに問うているように見える。

大衆の起源

かなり歪めて記憶しているかも知れないが、小熊秀雄の詩にたしか、世の中の奴はみんなぐうぐう寝ているのに、自分ひとり夜っぴて眠らないでいるというフレーズがあった。はたち頃、この詩句が気にいっていた。自分のことを悲劇的に考えたい年齢だったのである。そういう自分の幼稚なナルシシズムは措くとして、しかしこの文句は、相当世の中の真相をいい当てているのではあるまいか。

人間の生態を考えてみると、人の世話を焼かずにおれぬ奴と、周りのことは一向気にならぬ奴とに、二分されるように思われる。どんな小社会をとっても、そこに人の交わりの世界が開けていれば、その交わりの秩序がたえず気になり、それを整序せねば気のすまぬ人間と、そういう全体の秩序は人まかせにして、むしろ交わりから遁れたがっている人間とがいる。小学校のクラスからしてそうだ。また、十人かそこいらの少人数が、一泊程度の行楽をしてさえそうだ。

のりものの時刻表を調べ、スケジュールをきめ、たがいの相性を考えて部屋を割り振りし、会費を集め、ともすれば散らばって時間におくれそうになるみんなを呼び集める。そういうことは、なぜか、メンバー一同が共同かつ平等に責任を分担するというふうにはけっしてならずに、それをやる奴とやらぬ奴とにわかれる。そのわかれかたは、およそ先天的といっていい。ここにＡＢＣＤＥと五人の人間がいて、たがいにどういう人間か知りあってさえいれば、ＢとＤはそういう世話を焼く人間、ほかは焼くにまかせる人間と、自然に相場がきまるのである。

つまり人間には、ものごとのイニシャティヴをとる奴ととらぬ奴とがいる。ことに任ずる少数の人間と、人まかせのほうが気楽という大多数とがいる。これは人間の気質にそういう二種類があって、その結果そういう分岐が生じるのではなくて、もともと集団というものに、そういう役割のちがいを生み出す構造が内包されている、と考えたほうがいい。人が交わって存在せねばならぬ領域すなわち社会は、ひとつの文化的制度である。国家は人為的制度だが社会はそうでないと説く学説は、観察の一貫性を欠いている。国家はただ抽象のレヴェルの高い制度というにすぎない。人の交わりが処理せねばならぬ業務を生むかぎり、その交わりは制度としてあらわれる。なぜなら、共同ということからあらわれる業務すなわち運営責任は、ひとつの安定的な様式をとらねばならぬからである。つまり、役割の分化のない集団はない。制度とはその役割の分化のことである。何らかの集団があれば、かならず運営の責任を担うものとそれを人まかせにするものとが生れるのは、人にそもそも集団から免れたい衝動があるからである。人が集団に属するのは、かならずしも好んでのことではない。それでいて集団の運営にイニシャティヴをとるとすれば、それなりの理由がなければならぬ。それが利得であるか支配欲であるか責任感であるか、それはこの場合問題ではない。いずれにせよ、それにうながされて責任を引受けるものがあれば、他の成員は心労を免れてよい。集団にはそもそもそういう構造があって、一同を抜かりなく見渡しているものと、何となく窓の外を見ているものとの区別が生じるのであろう。

役割にはむろん気質が対応するが、この対応は流動的である。ある集団で全然人まかせの野郎がべつな交わり(ソサエティ)では俄然積極性を発揮して、眼をみはらせることがある。また、役割自体が流動的である。私はこのことを悟るために、頭に瘤をこしらえた痛烈な経験がある。ある人と旅をしたのであるが、時刻表を調べるのも、駅でホームに案内するのもすべて私の責任であった。そういうことは一切苦手な人と、相手のことを考えていたのだ。ところが、目的地で用をすませて帰るばかりになったとき、街で俄か雨を避けようとして建物の蔭へ走りこみ、みごとに滑って後頭部を打った。これからが万事調子が狂った。駅に着くと、何だかぼおっとしている私にはかまわず、彼女はさっさと切符を買うではないか。おまけにホームへあがろうとすると、「そっちじゃありません。こっちです」と来る。何のことはない。これまで、出来ることをさぼって楽していただけなのだ。ある交わり(ソサエティ)における能動と受動とは、気質の結果ではなく、役割という構造なのだと、これほど痛烈に知らされたことはない。

私が論ずべく課せられているのは、戦後の大衆である。私は戦後大衆なんぞ論じたくもない。それなら執筆を断ればよさそうなものを、ただ、今どき珍らしい咄々たる編集者の人柄に感じて、断われなかったまでの話だ。大衆論に私の食指が動かないのは、人びとを組織したり工作したり教化したりする欲求が、自分のなかからきれいさっぱり消え去ったからだ。私は大衆なんぞどうでもいい。ただ、ひとりになりたいだけだ。しかもひとりにはなれないという事実の上に立って、人との交わりについて考え、その考えを実行したいだけだ。この人との交わりという平面では、他者はけっして大衆という規定ではあらわれない。他者が大衆という像であらわれるのは、それをどうにか工作しようと考えているものにとってだけだ。

大衆という範疇は様ざまな範疇、つまり支配者・知識人・専門家・管理者・知名人などに対応するだろう。それに従って様ざまな含意をもつだろう。だが、ものごとの起源にまで溯れば、ある集団で、必死で全体をまとめようとしているものと、そっぽを向いている大多数とが、構造的に存在するという事実に突き当る。これが大衆の起源であり原義であると考える。集団の管理・運営は出来れば避けたい種類の労役であるがゆえに、権勢や自尊や利得を代償に野心と精力あるものにゆだねて、自分はといえば、集団の規制ないし牽引力からもっとも遠いところにいようとするのが大衆であると考える。

ゆえに大衆とは、権力ないし指導を疎外するものである。力を労するものは心を労するものから使役せらる、とは孟子だかのいったことである。封建的支配原理を表現したものとして、評判が悪い。だが、力を労するものは、心を労するなどという種類の労役から免れたいゆえに、それを好むものに譲渡し、その楽をしているぶんだけ「使役」に甘んじているにすぎない。この場合、力といい心といい、そのかぎりの比喩である。心を労するというときの心とは、治者の心、すなわち管理・運営の心労にすぎず、いっぽう、力を労するものにも、管理・運営という以外の心の働らき、心本来の様ざまなゆたかな働らきは許されているのだ。管理・運営などというしんどい阿呆なことを引受けさせるには、それなりに栄燿栄華や心理的満足を与えてやらねばなるまい。これが「力を労するもの」が「心を労するもの」を疎外する構造である。

治めるものと治められるものの関係について、これを不正や欺瞞や脅迫の結果ととるのは、人類史に関するあまりにも一面的な理解だろう。それはつまり、治める権利が治められるものから竊取ないし強奪されたとする見解であるが、統治するものとされるものの関係は、むしろ「されるもの」が「するもの」を祭り上げたのだと理解するほうがいい。ほうがいいということの意味は、これから追い追い明らかにする。

統治するものとされるものが分れるのは、経済的政治的その他もろもろの特権を死守したい支配階級がいて、その他大勢を被支配の地位にとどめておきたいからだと理解すれば、もちろん、そこから導き出される結論は支配の奪回である。大衆の手に支配を奪回すれば、いいかえると、支配を社会全成員の参加する民主的管理ととりかえれば、統治するものとされるものの構造、およびそれにともなうもろもろの不正や不合理は消滅すると考えられている。見本をひとつあげるとすれば、最近大評判の小説『吉里吉里人』で、井上ひさしはそう考えている。

この小説は私には、一面ですごく面白く、また一面で全然面白くなかった。同様に、ある面でひどく感心し、ある面で一向感心しなかった。要するに私は大いに批評欲をそそられた次第だが、いまは場処ちがいだから、小説としてのことはこれ以上いわない。井上はこの小説で、エリートや専門家の支配は、その外見のものものしさにかかわらず、その辺で田の草を取っている田吾作でも、その気になれば立派に代行できるといっている。このことは、ある前提を充たせば八、九分どおり正しい。だがその場合、彼が見ていない、あるいは見ようと欲していないことがひとつある。むろん彼は、そのことを内心承知もしていると思う。

それは、田吾作が、どんなに小であれクニと名のつくものの管理・運営にたずさわるとき、田吾作であり続けることはできないということである。私たちは、田吾作が町会議員になればどうなるか、いや、たかが町内の世話役になったくらいでさえどう物言いが変るか、経験で熟知している。むろん井上は、私以上にそれを知っている。知っていて無視するのだから、彼はひとつのユートピアを描いたのだ。ところが彼は、無何有郷を虚構したのだということをはっきりさせず、それがひとつの思想的主張であるごときスタイルをとっている。

吉里吉里国の国政機関は、国内を巡回する木炭バスで、たまたまそれに乗り合わせたものが機関のメンバーとなる。しかし、任意の田吾作がこの国政会議を構成するとき、その会議の実質は、作中に描かれたようなナイーヴで飾りけのない庶民的知恵の横溢したものではありえない。それはかならず現行の国会のミニアチュアになる。田吾作が自分たちの国政機関を「愚人会議」と名づけることもありえない。彼らはかならず、それを「賢人会議」と名づける。「愚人会議」などという名称は、井上ひさしのようなソフィスティケートされたスーパー知識人の発想ではあっても、悲しいかな、わが田吾作の発想ではありえないのだ。

それはわが田吾作が、支配者やエリートの教えこんだことに惑わされているからだ、価値の転換がだから必要なのだ、田吾作が田吾作の価値に目覚めることが一切なのだ、などというなかれ。誰が目覚めさせるのか。その目覚めさせるものは、吉里吉里国内でどういう位置に立つのか。それは大衆ならざる指導者を再生産することである。かくして、問題は円環する。

井上ひさしには今様ディオゲネスの風がある。それを私は嫌いではない。だが、彼が求めているのが一種の倒置された哲人政治だということは、彼が自分にはっきりさせたほうがいい。庶民哲学こそ最高の統治哲学だというのは、一見識たるを失なわぬ。ただ、それにとどまる。庶民は哲人ではありえない。ある思想の眼に、そう見えるだけである。彼らはもっとなまなましい欲望にとりつかれた複雑な存在である、私がそうであり、井上がそうであるように。

大衆が統治者やエリートより、無垢で正直で人間的であるように見えるのは、彼らがそのありようから権力や統治を疎外しているからである。あたかも人ごとのようにそっぽを向いて、社会の管理・運営に参画しないからである。そういう逃亡もしくは拒否の位相においてのみ、もし美しいとすれば彼らは美しくありえているのである。

吉里吉里国のように、大衆による、大衆のための、大衆の政治が実現されたとしても、その政治すらからも逃亡したいもの、逃亡しないまでももっとも遠い位相にとどまっていたいものは絶対に存在する。吉里吉里国では、ほかのことは許されても（そこは人間の他愛もない欲望に最大限、寛容な国であるらしい）、国の運営・管理に参画しないということだけは絶対許されないはずだ。なぜなら、それはこの国の存立原理で、その点を譲れば、治者対被治者、為政者対大衆の構図が再生産されてしまうからだ。つまりこの国は、つねに挙国体制でなければならない。はみ出しは許されない。吉里吉里国の少年少女が、文化大革命時の紅衛兵、あるいは軍国日本の少国民をほうふつさせるものに描かれたのは意味あることである。作者はこの暗合に気づいているのだろうか。気づいていれば、これはアイロニーでなければならなかった。

吉里吉里人はいくら「眼静か（まなこすんず）」かも知れないが、「眼静か」の国歌を歌って鉄砲もって、子どもが往来を行進するのは非常事態である。オーウェルが、バルセロナに着いたらそこは祭だったという、その祭の日々である。いわば集団的に気が立っている社会であって、挙国一致、大衆的政治参加はこういう気が立った状況を人為的に維持するなかでしか、恒常的には実現できないのである。だが、集団的狂気を恒常的に維持しなければ持続できない体制は、ひとつの地獄である。社会規模に拡大された牢獄である。そのことを快作『吉里吉里人』は暗示していないだろうか。

吉里吉里国は、その独立を容認しない日本国の謀略と武力行使で潰えたと、物語は語っている。そうだろうか。それは、国民がふたたび治者と被治者に分裂することによって、そして治者がその大衆政治のたてまえから、被治者の政治からの逃亡を許さぬことによって、潰えるべきだったのではなかろうか。もしそう物語れていたら、『吉里吉里人』ははるかに黙示的な作品になりえていたのではあるまいか。

人民は統治に参加し、参加しないまでも監視し論評し、もって自らの欲求を統治に実現すべきだというのは、ヨーロッパ産の政治思想である。アジアはこういう政治思想を生まなかった。アジアでは、民と民を牧するものとを分け、民を牧するものは天をおそれつつしみ、民が牧民者の存在を忘れて鼓腹撃壌できる状態を実現すべきだ、という政治思想しか生まれなかった。西欧は、民が全員政治を意識し、それに責任を負うというシステム、少なくともそれがたてまえであるシステムを生み出した。それに反してアジアが生みえたのは、民が政治の責任を免れ、政治が存在することすら忘れるようなシステム、少なくともそれを理想とするシステムであった。

ヨーロッパの民主的参加のイデーは美しい。しかしそれには何かやりきれぬものがある。なぜか。それは、人を社会という制度につなぎとめようとする思想だからである。アジアでは、人の交わりは社会という制度から離れれば離れるほど純粋で好ましい、いや、社会という制度的交わりから離脱せねば真の交わりはひらけないとする観念が、いまでも根を張っている。仏弟子たちの僧伽（さんが）という観念も、そこに成り立っていると思う。ヨーロッパの交わり（ソサエティ）の観念が人に制度的義務を限りなく追加するのに対して、僧伽的交わりは制度的義務を抛棄してはじめて成り立つ。それはある種の逃亡と切り離せぬ概念である。

社会の運営・管理への万人の参加というヨーロッパ的政治理想は、私たち、いや少なくとも私には異様に見えることがある。イヴァン・イリイチという思想家がいる。この人はたんなる社会改良家ではない。いや社会改良家には違いないが、そういう人種のなかでは、もっとも衝撃的な洞察力に富む人である。彼の主張は具体的な社会改良の提案において優れているのではない。提案自体は見るべきものがあっても、発想が社会工学的、すなわちユートピックであって、あたかも社会は、ある提案がすぐれていれば随時かつ任意にそれを採用できるかに考えられている。彼のメリットは、提案自体ではなく、そういう提案を必然ならしめる現代文明への批判的洞察の深さにある。だが私はまたしても、イリイチ自体を論じたいのではない。彼は人も知る脱学校論者であるが、学校に代る自己教育のありかたについての彼のイメージが、何とも私にはやりきれなかったことをいいたいのである。

「私が言おうとしていることの例として、ニューヨーク市でならば、知的探究をしようとしている人々同志を出会わせる方策として、どのようなことが考えられるかを少し述べてみよう。各人はいつでも、しかも最小限の費用で、相手を求めて議論をしたいと思う本、論文、映画あるいは記録物などを決め、自分の住所、電話番号をコンピュータに入れることができる。彼はいく日も経たないうちに、最近、彼と同じイニシアティヴをとった他の人々のリストを、郵便で受けとることができる。彼はこのリストを手がかりにして、まずは同じタイトルのものに関する対話を求め合ったというだけのことで互いに知るようになる人々との会合を、電話でとり決めることができるであろう」。イリイチはこう書いている。

私はこの提案自体をどうのこうのいいたいのではない。コンピュータを介して同好の士に連絡をつけ、集まって議論を楽しむ公衆というものが、何か不可解なものに見えるだけである。そういう公衆は、今日のわが国にも存在する。もちろんコンピュータに登録はしないだろうが、新聞のお知らせの欄か何か使って互いに連絡をとりあい、文芸とか歴史とかへの好みをみたし、相互に啓発し合うグループは、今日すでに繁栄しており、今後ますます繁栄が予想される。もっともイリイチは、テーマではなくタイトルで集まることの意味を力説している。しかしこれは、私の論点を左右することではない。テーマで集まるにしろタイトルで集まるにしろ、私は大衆がサークルを結んで文化的に向上しようとすることに、何の希望も見出さぬのである。むろん私は、そのこと自体がいいことだとか悪いことだとかいっているのではない。私がひとりの大衆として、その種の会合には出かけたくないと感じるだろうといいたいのだ。

とにかく私には、社会のふつうの成員がことごとく、自分の興味のある書物なり映画なりを登録し、その登録にもとづいて会合をセットしていそいそと出かけるという図は、何か不気味なものに見える。これは一種の逆ユートピアではなかろうか。おそらくこういう感じかたのなかに、私などがイメージする大衆像と、西欧の市民的公衆というものとのどうしようもないギャップがひそんでいるのだ。

イリイチは公教育こそ廃止したいかも知れないが、社会は教化したい人だ。牧師の前歴もさこそというべき良質の説教師だ。彼は人びとを教化すべき立場からしか見ない。いや、そのいいかたが多少不正確なら、人びとは自発的にであれたえず自己を教化すべきものだというふうにしか見ない。この場合、人はむろんよき社会の成員として自己を教化するのである。

私などの大衆のイメージは、根本的に離群という点にある。運営・管理には異議を唱えないから、社会からそっぽを向きたがる俺の性癖は放っといてくれ、というのが大衆であると考える。こういう離群的指向は、悪名高き東洋的専制支配の温床として、社会改良家や説教師から非難の礫を浴びて来たし、これからも浴びて行かねばならぬだろう。しかし、社会からそっぽを向きたがる指向が、そういう社会改良家や説教師の非難をもってしてもいかんともしがたいのは、人が生きているということの全円周は社会の全円周より大きくて、その逆ではないからである。

人が生きているということの全実質は、確実に社会をはみ出すような何かである。むしろ、はみ出す部分こそ、その人の生のゆたかな実質である。これは、大衆とは原義的に個だということにほかならない。私の大衆ということ、個ということの理解は、およそ一般とは異っている。ふつう大衆は、知識的に上昇し自覚した公民となることによって、同時に個となるのだと考えられている。これは私の理解ではない。

大衆について何ごとか考え、論評するものは、幼にしてはクラスや学校の団結や向上に責任を負い、長じては経営や政治的ないし文化的集団の運営の当事者であったものである。集団のなかでそっぽを向く奴は、彼の心労の種、工作の対象であったのだ。つまり彼は、この意味において、一貫して孟子いうところの「心を労するもの」であったのだ。しかし、クラスならクラスに帰属して、しょうことなしに団結やら向上やらについて行かねばならぬものにとって、彼が個でありうる場はどこにあるのか。クラスのホームルームの時間に、窓の外を見ていることのなかにしかなかったのである。いや、クラスを領導しその現状について責任を感じるものにとってすらも、そのような役割を離れたときにしか、個でありうる場はなかったのである。

私がいま述べたのは、社会改良家あるいは説教師の起源である。なにがしかの程度において、かくいう私自身社会改良家であり説教師の指向をもつことを、私は否定しない。しかしそれ以前に、私は生きる個でありたいし、そのことについて考えるものでありたい。そしてそういうものとして、自分の社会改良家的説教師的指向をたえず批判のふるいにかけて行く方向を選びたい。

参加しない原理、そっぽを向く原理は、それだけとしては何ものでもありえない。だがそれは、生活大衆にとって、国家であれ社会であれ、あらゆる集団の原理から個をまもりとおす最後の原理であった。そのことをソルジェニーツィンの『イワン・デニソーヴィチの一日』ほど、鮮やかに示したものはない。

ソルジェニーツィンは、個人の内面性すら剝奪する強大な支配のもとにあって、その支配が意のままにできぬ最後の場が、ひとりの無知な頑民の握りしめたささやかな日常であることを示した。煉瓦積みの労働に駆り出されて、仲間との息が合いまずまずの仕事ができた充足、カーシャを人から譲られて規定の二倍たべることのできた満足、この日常の最後の砦を、権力は無知な一農民からどうしても奪取することができない。この頑民は強制収容所に叩きこまれてもなお、ソヴィエト的秩序からそっぽを向き続けているのだ。この頑民こそソヴィエト権力の支配の対極に不敗の砦のようにうずくまるものが、思想でも知識でもなく、ただの田吾作の「国家のことも社会のことも知っちゃいねえよ」というそっぽを向く個であることをかくも明晰に示したために、ソルジェニーツィンはソビエト権力のけっして許すことのできぬ仇敵となった。

戦後のわが国の「大衆」についていえば、私は、彼らが民主的参加なり知的自己啓発なりの方向で、社会の運営・管理にあずかることに希望を見出したことは一度もない。私はただ戦後の過程を、「大衆」が個となる方向でのみ理解している。だが、この過程について考えるとき、私の眼の前に現れるのは「大衆」ではなく、私をふくめての日本人である。そして、現代の日本人を考えるとき私の関心は、彼らの特徴とされる個人主義やら、あるいは個人主義の浸透にもかかわらず根強いとされる共同体指向、いいかえれば他者への「あまえ」やらの表層的な社会心理ではなく、自分のなかの個の深まりへのみ向う。この個の深化こそ、私にとっての「大衆」問題なのである。私はひとりになりたいからこそ共同的なものを求める。日本の「大衆」もまったく同様だと私は信じる。

国際政治からの解放

ルーズヴェルトが真珠湾奇襲を事前に察知していた、従って彼と彼の閣僚にとって、それは「奇襲」ではなかった、という説があることは承知していた。だが、アメリカン・デモクラシーの正統的な論客であるチャールズ・A・ビーアドが、一九四八年という早い時期にその説を唱えていたとは、このたび翻訳された『ルーズベルトの責任』によって初めて知った。藤原書店の本書刊行の意義は極めて大きい。

ビーアドの論考は緻密かつ周到であるが、大筋は次のように要約できると思う。ルーズヴェルトは独ソ不可侵条約が結ばれた一九三九年以降、ナチスドイツとの戦争を覚悟しており、とくにダンケルク撤退以降は、開戦も辞さぬ決意で英国を支援した。しかし彼は、厭戦気分が濃厚で議会にも孤立主義勢力を抱える国内事情に縛られて、戦争に巻き込まれることは絶対ないと再三国民に誓約していた。この見せかけ（アピアランス）は現実（リアリティ）と隔絶していた。

あくまで戦争を回避するというアピアランスのもとで、現実には、いつ開戦になっても不思議ではない方策がとられた。

英国への援助物資を送る船団に護衛をつけることはないと、ルーズヴェルトは明言した。つければドイツUボートとの軍事衝突を招くのは必然だからだ。だが現実には、船団にはアメリカ駆逐艦の護衛がつけられ、彼らはUボートを追い廻し爆雷を投じていた。ルーズヴェルトは事実上、ナチスドイツに対する軍事行動に踏み切っていたのだ。開戦に至らなかったのは、ヒトラーが計算ずくで隠忍したからである。ルーズヴェルトの議会と国民に対する不戦の誓約には、「敵から攻撃されぬ限り」という留保がついていた。Uボートがアメリカ駆逐艦を攻撃してくれれば、参戦の立派な口実ができる。だがヒトラーの隠忍のために、ルーズヴェルトは参戦のチャンスをつかむことができないでいた。

一方アジアにおいても、ルーズヴェルトは日本の南進を戦争に訴えても阻むつもりだった。ハル・ノートを手交したとき、彼と彼の閣僚はそれが戦争を意味することをよく知っていた。しかし国民への誓約の手前、こちらから戦端を開くわけにはいかない。何としても、日本に先に発砲させねばならない。日米交渉とは、太平洋における平和を希求するアピアランスのもとに、現実には先に発砲させるべく日本を追い込むプロセスにほかならなかった。

ルーズヴェルトとその閣僚はハル・ノートを交付以後、いつ日本が軍事行動に出ても不思議ではないと承知し、その対策も立てていた。日本が「奇襲」の常習者であり、真珠湾が標的のひとつであることも熟知していた。事実、真珠湾攻撃の知らせを受けたとき、ルーズヴェルトと彼の閣僚をとらえたのは驚愕ではなく、これで誓約に反することなく参戦できるという晴ればれとした安堵だったのである。しかも、それにつれてヒトラーが自分の方から宣戦してくれたのは願ってもないことだった。

ビーアドによれば、要するにルーズヴェルトは国民をあざむいたことになる。アメリカの若者を絶対に戦場に送らないという約束も嘘であれば、日米交渉で誠実に平和を求めていたのに、日本が卑怯にも突然攻撃したというのも真実ではなかった。彼はナチスドイツのヨーロッパ支配と日本のアジア支配を、戦争に訴えても阻止することを決断したのであり、そのために参戦を正当化する術策をこらしたというのがビーアドの所論である。

ルーズヴェルトが現実に決断し遂行したところと、それを隠蔽するために作り出した見せかけの喰い違いを指摘する点で、ビーアドは鋭く明快である。いかによき目的のためであれ、宣戦の権利は議会にしかないというアメリカン・デモクラシーの根本義を無視して、アメリカを戦争へ導いた彼の手法に、疑義と不信をつきつけるのもまことにビーアドなればこそである。

しかし、第二次世界大戦後の世界の世論は、ナチスドイツと日本帝国を打倒したアメリカ以下の「連合国」の戦争行為を人類の理性と人道に合致する大義と認めてきた。この「大義」に反する見解は今日なおかつ、国際政治においてはむろんのこと、ジャーナリズムにおいてもアカデミズムにおいても、ひんしゅくに値する奇矯な言説として忌避されている。だとすれば、国民をあざむいたにせよ、アメリカン・デモクラシーのために危険な先例を残したにせよ、ルーズヴェルト、ハル、スチムソンは免罪されねばならない。

ナチズムと日本軍国主義が世界をおそるべき姿に造り変えようとしていること、従って彼らの行為を阻止するためには命を賭けねばならぬことをアメリカの議会と国民が悟ろうとしない以上、人類の未来のためにルーズヴェルトは、大統領の職責において決断し術策を弄さねばならなかった。

だとすればビーアドは、アピアランスとリアリティにおいて矛盾するルーズヴェルトの行為を鋭く暴露することに成功はしていても、何が人類のためにはよかったのかという点においては、ルーズヴェルトを真に裁けてはいないことになる。つまり、ニュールンベルク裁判と東京裁判を大筋において容認する限り、ビーアドのこの著書は一種の努力賞にしか値せず、アメリカの参戦の意義を揺らがすものではないとみなされても仕方あるまい。ルーズヴェルトの「陰謀」については、ビーアドの一年前にモーゲンスタインが本を書いているし、最近ではスティネットの『真珠湾の真実』が話題を呼んだ。だが、日米戦争がアメリカの方から仕掛けた戦争であることが立証されたとしても、枢軸国＝悪、連合国＝善という今日なお世界を支配する公論が健在である限り、それがどうしたと居直られるのは必定ではあるまいか。

しかし、実はビーアドは、戦争を通じて実現すべきアメリカの大義という考え自体に批判を持っていた。この本で最も重要なのはそのことである。彼はアメリカの参戦がナチスの非人間的支配からの解放という大義を掲げながら、ソ連というもうひとつの非人間的支配を強化した矛盾を鋭く衝いた。しかしこの点では、ルーズヴェルトのスターリンへの甘さは、その後の大統領たちによって修正され、自由で人道的な社会体制が戦後のアメリカ外交政策によって擁護されたと言えばすむことである。ビーアドの論点で真に熟考に値するのは、「世界改造計画を実現するために『世界の道義的リーダーシップ』を担い、これを保つのは合衆国の責務だと誇らしげに宣伝する」ドクトリンを、「諸国間の親交より不和を助長するもの」と批判する点である。

第二次大戦自体をどう解釈し評価するかという点で、ビーアドは必ずしも透徹していない。だが、前記の彼の批判は戦後の全世界史的過程を射程に入れたものになっている。これはいわば戦後世界史の予言なのである。「合衆国大統領には世界全体の政治、経済、平和に対する崇高なる思いを宣言し、そうした思いを実現するために自ら進んで演説をし、文書に署名して、合衆国が責任を持つと約束する、憲法上および道義上の権利があるという趣旨のドクトリン」を「合衆国の平和と安全保障を脅かす」危険として糾弾したとき、ビーアドは戦後の国際政治の最大問題がどこにあるか、文字通り予見したのだった。

しかしまた私は、ビーアドの批判を複雑な思いで受けとめぬわけにはいかない。ソルジェニーツィンはアメリカが、ソ連の拡大政策を阻止すべく努めることを求めた。彼はそのことで日本の左派知識人の不評を買ったが、長い目で見れば彼の要請が誤っていなかったことは明らかである。また今日、ナチスがそうしたような特定の人間群に対する迫害や絶滅策をとる国家があって、アメリカが経済制裁から武力介入に及ぶ干渉をもってそれを阻止する場合、私はそれを支持すべき当然の義務をもつ。にもかかわらず、アメリカの文明的バイアスのかかる正邪観を普遍化しうると私は考えないし、アメリカに世界の公安警察の資格を誰が与えたかという問は避けられない。

アメリカの正義と公正についての信念が、法曹家的な形式論理性（本書に紹介されている議員たちのみごとな議論癖を見よ）を特徴とし、伝統と断絶した特異なデモクラシーを基準として、歴史の深みから形成された世界各地の他文化を裁断しようとする単純と独善を免れぬことについては、すでに数々の指摘がなされているだろう。だが厄介なのは、そういう単純で独善的なアメリカン・デモクラシーのおしつけによって、第二次大戦後の世界が非人間的な体制の支配を免れえた事例があまた存在することである。

国際政治は理念や原則の世界ではなく、現実の制約のもとで比較的な次善を選択するしかない世界である。ビーアドが根本的に反対であったアメリカ大統領の使命（ミッション）という観念が、戦後の世界において、数々の歪みや逸脱を含みつつもプラスに作用した事実を否定することはできない。にもかかわらず、それはあくまで次善を選択するしかない哀れな現実のレヴェルの話であることに変りはないのだ。

そのレヴェルにおいては、ルーズヴェルトが戦争へ向けて日本を挑発したという事実が、結果において免罪されようと一向に構わないのである。あくまで正邪を問いたいのなら、日米戦争においてアメリカの方に「正義」の秤は傾くと、これまで通り言っておけばよろしい。国民国家の形態の下で生きている私たちは、国際社会との妥協のうちにいわゆる国益をまもるしか途はない。だが根本的問題は、私という一人の人間は国際政治の世界に生きてはいないということだ。現実には生きているのだよと言われても、確かにそうだと肯きはしても、人間の存在意義は国際政治や外交から解放されることに在るという思いは抜きがたい。そして個の実存と歴史の深みから観るならば、かの日米戦争も正邪をもってしては裁きがたいという事実の厳存に突き当るしかない。この私見にはビーアドもあの世できっと同意してくれるものと信じる。

Ⅲ　イヴァン・イリイチ

イリイチ翻訳の弁

この三月（一九八九年）、イヴァン・イリイチの翻訳を本にした。タイトルは『コンヴィヴィアリティのための道具』。コンヴィヴィアリティというのは、こちたくいえば自立共生というほどの意味だが、出版社の希望で、表題にかぎり原語のままにした。

英語屋でも翻訳家でもない私が、なぜイリイチの英文著作の翻訳を手がけたかということは、「あとがき」でも断わっておいたし、繰り返したくはない。要するにこの本にはすでに邦訳があったのだが、それが通読不可能な迷訳であったので、素人の私がしゃしゃり出て訳し直したのである。私は翻訳のレベルがどうのこうのという立場にはない。何とか読んで意味がわかれば文句はないので、それがわからないものだから自分で訳したにすぎない。というのは、この本はイリイチの著作でもとくに重要な地位を占めるものであって、一人でも多くの人に日本語で読んでもらいたいと思ったからである。

イリイチは『脱学校の社会』『エネルギーと公正』『脱病院化社会』の三著で、わが国の読書界にひろく知られるようになった。彼の主張は、学校をなくせ、高速移動手段を廃止せよ、病院はいらないといったふうに単純化されて、人びとに一種の衝撃ととまどいを与えた。イリイチの主張を具体的な提案として短絡的に受けとれば、そのあまりなラジカルさに、ある人は文明呪詛者の面影を見とって反発し、ある人は逆に救世主の面影を見とって讃嘆することになる。

だが、思想家はつねにその根本視角にそって読まれねばならない。イリイチの根本視角は、三点に要約することができると思う。まず彼は、人間は自然と交渉して、自らの生活空間を自力でつくりだす能力があると信じる。モノを消費することではなくつくりだすことが、人間の本来の面目なのである。自分のために、自分がその主人でありうるような範囲内にある道具を用いて、自分で必要なモノをつくりだしてこそ、人間は世界をわがものとして理解し把握し、自然や生きものと共存することができる。人間の幸福は、このような世界の主体的な理解と把握にかかっているのである。

そういう人間の自立は、他者とともにある地域的・風土的な生活として展開する。それがイリイチの視角の第二点である。人間の福祉は、行政機関や専門職集団や企業組織の活動の結果としてもたらされるのではない。それは逆に、そのような近代的な上部構造がもたらすさまざまのケアから自立して、伝統ある地域的・風土的な生活を他者とともに底辺に築くことによってこそ、実現されるのである。

イリイチの根本視角として第三にあげられるのは、商品の織りなす世界として現象する現代社会の独自な分析である。現代の商品世界はたとえば、資本家階級が労働を収奪して利潤を実現するといった古典的な場として展開しているのではない。そこで収奪されるのは、すべての人間の自立能力である。イリイチ独自の用語である産業化とは、人間が風土と地域的な結合にもとづいて自立的にみたしていける様々な必要が、企業や専門職集団の提供する商品やケアに依存せずにはみたせないようになってゆく過程をさしている。

人間は自らの能力で移動することができ、病を治癒することができる。交通や医療はそういう能力を援助すべきものであるのに、逆に、人間がそういう能力を放棄して、それが提供する利便に依存することを強制する拘束的な制度と化している。かつては人間は、たとえば病気を治癒する手段として、様々な選択肢をもっていた。現代では、医学校を卒業し国家によって免許を与えられた医師というひとつの選択肢しかもたない。これをイリイチは根元的独占と呼ぶ。学校は、このような根元的独占に適応し依存する消費者の再生産機構であって、それゆえに否定されねばならないのである。

以上のようなイリイチの根本視角は、むろん先にあげた三著においても、はっきり読みとることはできた。だが、展開の不十分さとあいまって、移動手段の速度を十五マイルに制限せよとか、エネルギー消費量に閾値(いきち)を設けよといった、あまりに衝撃的な提言のかげにかくれてしまううらみがあった。私が今回訳した『コンヴィヴィアリティのための道具』には、前三著の展開をふまえて、イリイチの産業化社会への根本的な批判が全面的に展開されている。いわばこの本は前期イリイチの到達点を総括するものであり、イリイチに関心をもつものの第一の必読文献といっていい。

もちろんイリイチは一九七三年に書かれたこの本で思想家としての歩みを止めたわけではなく、『シャドウ・ワーク』『ジェンダー』『H_2Oと水』と続く近著で、後期イリイチともいうべき未踏の視野をひらきつつある。そこでは、神話的なものを圧殺した近代への根本的視角が、まさに悲劇的な深みにおいて提示されている。しかし、この後期の展開を正当に受けとめるためにも、イリイチがこの本で構築した産業化社会批判の咀嚼は必須といっていい。

今日、大きな文明の転換点が訪れていることは誰の目にも明らかだが、私が訳したこの本はそういう転換のためのひとつの「道具」たりうるだろう。だとすれば、私はささやかながら、世のなかに役立つ仕事が初めてできたことになる。

イリイチを悼む

イリイチの訃報に接して、ああやはりという気がしたのは、もう十年も前に、彼がガンと闘っているという噂を聞いていたからだろう。近代産業文明の起源を十二世紀にまでさかのぼって究めるという晩年の力業は、ぎりぎり窮極のところまで果たされたのか。心に浮かんだのはまずそのことだった。

学校も病院もいらない、自転車以上の高速移動手段はいらない、というふうに単純化された形で紹介された七〇年代、イリイチはラジカルな現代文明批判者として、市民運動家やエコロジストの十分な共感をかちえる思想家でありえた。八〇年に来日した際、案内されたのが水俣や沖縄だったことからしても、辺境の民の視座から権力を撃つという左翼市民運動の発想に、よくなじむ存在として彼が受けとられていたのは明らかである。

だが、八二年に邦訳された『ジェンダー』が、そういう共感を一切吹き飛ばした。

彼はこの著書で、男の役割と女の役割を区別しない人類文化は近代以前には存在しなかったと書いている。そして、そのような男女の区別ある社会こそジェンダーの庇護の下におかれた社会であり、資本主義はジェンダーの庇護を破壊し一掃することなしには成立しなかったと論じていた。つまり彼によれば、男女差を解消しようとする近代の潮流は、人間をトータルな商品消費者に転化する一貫したプロセスだったことになる。

こんな理屈を聞かされていきり立たないようなら、進歩的知識人とはいえない。再来日したイリイチは上野千鶴子氏を先頭とするフェミニストたちによって、文字通り吊しあげられた。イリイチのジェンダー論は家父長制支配の臆面もない肯定だというのである。そのあとに生じたのは、知識層全般の急速なイリイチ離れだった。

教育・医療・エネルギーの分野における大量消費的様相を批判しているあいだは、その過激さに首をかしげることはあっても、イリイチはこの国の論壇の寵児でありえた。しかし実のところ、この男は近代文明以前の古き伝統の讃美者だったのではあるまいか。愛想がつきたというのが、わが論壇の本音であったろう。

イリイチは保守的な近代否定者なのか。これは実に、イリイチの謎にかかわる問いである。この国の知識人にとって、もともと彼の思考の根底的発想は謎でなければならなかった。彼らはおそまきながらそれに気づいたのだ。

しかしイリイチは、八〇年に来日した際すでに、「私に会いに見えた原田さんという方、そして彼についてきた若い柳田さんという方は、三千人もの患者を作り出すことに成功し、喜んでるのでしょうか」と語っている。つまり彼は原田正純氏や柳田耕一氏が推進した未認定水俣病患者の発掘に、こう疑念を呈していたのである。

これは当時、何とも真意のわからぬ発言だったに違いない。患者を作り出すとは何ごとだろう。作ったのはチッソであり厚生省ではないのか。今日われわれが彼の発言の含意を了解することができるとすれば、それは患者認定申請をとりさげて、近代産業文明の核心に対峙しようとする緒方正人氏の、未踏の境地を目撃しているからにほかならない。

私は八〇年代、集中的にイリイチを読んだし、彼の著書を訳しもした。しかし、彼の思考がほんとうに私の心の奥底に届くようになったのは『ジェンダー』以降、邦訳でいえば『H_2Oと水』『ＡＢＣ』の段階になってからだ。

彼はいまや、かつては神話的実在だった水が、H_2Oとして工学的に管理されるものになったと論じていた。また、文字の出現と制度化が、ゆたかな言葉の世界をほろぼしたと語っていた。概念化され制度化される以前の、土地に根ざした感性のありかたを、それこそ人間の自由を根底から保証するものとして、彼はまざまざと目に浮かべていた。つまり彼は石牟礼道子氏と非常に近い、根源的な近代批判者として立ち現れたのである。

グローバリゼーションが時代の焦点として浮上した今日、イリイチはふたたび甦らずにはいない。彼の謎めいた問いかけは、まだ誰によっても解かれていないのである。

思想は難物である

イリイチの考えかたの根本に、本来ヴァナキュラーであるべき人間が、近代的システムによって商品消費者に転化させられたという発想があったのは、誰も否みえない事実だと思う。しかし、その商品消費者というコンセプトが難物であった。

八〇年に来日した時のことだが、彼は今日の主婦が井戸から水を汲むのではなくて、水道の蛇口をひねるだけの消費者になっていると、むろん否定的な意味合いで語っている。こうなると話にとめどがなくなって、商品という概念も、消費という概念も、最初から考え直さねばならぬ算段になる。

ヴァナキュラーというのは魅力的なコンセプトである。これを土着などと訳すと輝きが死んでしまう。イリイチの言うのは、制度化された文化的構築の介在なしに、実在と直接、主体的かつ多様に関わる生命活動のありかたであるからだ。しかしこの場合も、二次的な構築物によって全面的に制度化された生活を、どこまで還元すればヴァナキュラーということになるのか、という根本的な疑問が残る。

イリイチは近代が産んだテクノロジーを全面的に否定するものではない。また商品を全面的に廃棄せよなどと、夢のようなことを主張しているのでもない。要はバランスにあるのだ。そう解説してくれる人にはこと欠かないし、私自身、そう説いたおぼえもある。

しかし、イリイチは徹底的に過激な人であった。「なに、プラグを抜きさえすればいいので、難しいことではないよ」と言われても、どこまでプラグを抜くのか。私は少なくともテレビのプラグは抜けない。昔の映画を観たいからで、こないだも阪妻の『王将』を観て、涙を流したばかりだ。

彼に従えば、身の廻りから便利なものは何もなくなりそうで、それもまたよろしいかなという気がしないこともないが、所詮は実行不可能であろう。つまりこの人の思想の根底には、文明化を拒否する過激な原風景があって、批判の対象である近代も、晩年の著作では十二世紀まで遡ることになってしまった。

しかし、思想家とは所詮、実行不可能なことを説くものではないのか。イエスだって、そうではなかったか。実行可能かどうかなんて、思想の値打ちには関係ない。実行不可能と思わせるほどの過激さが彼になければ、制度的ケアにからめとられた現代の生の奇怪さを、あのように鮮烈に描破し分析することは不可能だったろう。これがイリイチに捧げる私の言葉だ。

深沈たる白鳥の歌——イリイチ『生きる意味』について

イリイチが死んで三年がたつ。彼が亡くなる十年以上前のインタビューだから、本書を彼の遺言と呼ぶことはできない。しかし、ほとんど遺言を聴くような思いで私はこの本を読んだ。切なくも深沈たる白鳥の歌。

彼は高度産業化社会へのラジカルな批判者として、一九七〇年代後半わが国でももてはやされたことがある。だが、この異色の思想家が全貌を現したのは、八〇年代の『ジェンダー』以降の著作においてだった。フェミニストを先頭とする左翼は、このラジカリストの正体は伝統主義者らしいと気づいた。以降、彼の名は論壇から急速に消えた。

インタビューで彼ははっきりと、自分は「過去のなごり、別の時代からの生き残り」だと認めている。その姿勢自体を論議するのはやさしい。だが重要なのは、「より伝統に即した主張」をすることで、彼が現代文明に対して「異邦人」になれたという事実だ。だからこそ、おそらく彼だけにこの世界の異様さが見えた。

彼はもはや学校化・病院化・高速化といった過去の主題について語ろうとしない。八〇年代半ば世界は大きく変わったという。人間はついに、管理され統御されるシステムの一部として自己をイメージするようになった。しかもこの管理は、世界を救うとかよりよいものにするという専門家の責任倫理の形をとる。生命というイメージも一種の暴力に変換される。彼は生命とか責任という言葉をもう自分は使わないという。宇宙空間から撮った地球や母胎内の子どもの写真を暴力と感じるイリイチの感性。私はいつのまにか自分がうなだれているのを感じた。

われわれに未来はないし、徹底的に無力なのだと知るべきだと彼はいう。残されているのは「いまこの瞬間こうしていきいきと存在していることを深く楽しみ、互いにそうすることをすすめあうこと」だ。これが諦めでも説教でもない偉大な言葉であるのを知るためにも、ぜひこの一冊を読みあげてほしい。

最後のイリイチ

『生きる希望・イバン・イリイチの遺言』（藤原書店・二〇〇七年刊・原題 The Rivers North of the Future : The Testament of Ivan Illich）は文字通りイリイチの最後の言葉だ。いろんな意味で世間を騒がせ続けた矯激ともいうべき思想家が最後に到達した洞察と境地に、いま私は畏敬の念を抱きつつ立ち合うほかはない。

この人はざらにいる「思想家」ではなかった。世間、というより知識人社会に受けいれられやすい産業化社会批判の底には、つねに常人離れのした直覚があって、それが一種不気味なわかりにくさをかもし出していた。『遺言』と題されたこの最後のインタビューもけっしてわかりやすいものではない。論壇の寵児たる地位から失墜するきっかけとなったかの『ジェンダー』以降、この人の言述は思想界一般の概念構成とかけ離れた独特なスタイルを深めたためか、真意のつかみにくい難解さをも纏うことになった。『遺言』にもその種の読者を突き放すような孤絶した発言が見られないことはない。

だが、このイリイチ最後の言葉に接することによって、彼の見たものが霧の晴れたように私にも見えて来た。これまでの彼の言説が結局何を意味したのか、学校制度や交通手段や医療に対してなにゆえあれほど過激な言説を繰りひろげねばならなかったか、ことごとく腑に落ちる思いがする。ここに最後のイリイチがいる。それは現代文明が行きついた地点について、ほかの誰も見なかったような様相を見抜き、そのよって来たるところをほかの誰も考えつかなかったようなやりかたで突きとめたひとりの偉大な見者である。

『ジェンダー』以前のイリイチは学校制度・交通手段・医療という現代社会の神格化された価値を逆倒し、それらを人びとの自主的で共生的な生存のありかたに対して仕掛けられた戦争として描写したことで、七〇年代のラジカリズムから歓迎された。イリイチ自身、世界各地のラジカルな市民運動に期待を抱き、ときには連繋の姿勢をとったことは記録の語る通りである。私はこの人の言説に共感しながら、結局は説教師であり社会改革者ではないのかという疑いを棄てることができなかった。またその言説からして、彼は連繋すべからざるものと連繋しているのではないかという思いも抱いた。後者の疑念は憚りながら的中した。フェミニストたちは『ジェンダー』の出現を見て、イリイチを中世の家父長制の臆面もない肯定者として指弾し始めたのである。彼女らはいうならば気づくのが遅すぎたのだ。イリイチは最初から彼女らが大好きな今日の福祉社会・平等社会を地獄と宣言していたのであったから。

『ジェンダー』以降、この人はおのれの真面目をようやく明らかにしたと思う。『H_2Oと水』はかつては象徴的神話的な想像力の担い手であった水が、都市計画の項目として資源化される様相を描写し、『ＡＢＣ』はゆたかな音声の世界が記号として管理されていく経過を叙述し、『テクストのぶどう畑』は音読されるテクストという生きものが、章別され表題をつけられ索引を付されることによって、情報化する過程を追求した。これは説教師でないのはもちろん、社会改革者ですらないひとりの見者・思索者の孤独な業績である。

かつての市民運動へのコミットも影をひそめた。『遺言』のインタビュアー、デイヴィド・ケイリーが『遺言』以前に行なったもうひとつのインタビュー『生きる意味』（原題 Ivan Illich in Conversation）の中で、イリイチは地球温暖化反対、環境汚染反対を叫ぶデモを「雨乞いダンス」と呼び、「『われわれは世界に対して責任を負っている』と主張するとき、われわれはそれによって同時に、自分たちには世界を支配する力があると言っていることになります」と述べており、さらに、転換を遂げる唯一の方法は「いまこの瞬間こうしていきいきと存在していることを深く楽しむことであり、お互いにそうすることをすすめあうこと」だとも語っている。

『遺言』はこのようなイリイチの晩年の真の意味で反時代的な思索の終点に立ち現われた言説であり、今日の文明の反人間的なおそるべき様相の起源をキリスト教の変質・堕落に求めるという瞠目すべき見解を包括的に提示したという点で、キリスト者イリイチの最後にたどりついた信仰告白、すなわち一個の愚者としての自己告白であった。

イリイチはイエスが語るよきサマリア人の寓話から話を始める。この話は『ルカ伝』第十章にある。「ある人がエルサレムからエリコに下って行く途中、強盗どもが彼を襲い、その着物をはぎ取り傷を負わせ、半殺しにしたまま逃げ去った。たまたま一人の祭司がその道を下ってきたが、この人を見ると向う側を通って行った。同様に、レビ人もこの場所にさしかかってきたが、彼を見ると向う側を通って行った。ところが、あるサマリア人が旅をしてこの人のところを通りかかり、彼を見て気の毒に思い、近寄ってきてその傷にオリブ油とぶどう酒を注いで包帯をしてやり、自分の家畜に乗せ、宿に連れて行って介抱した」。イエスはこの三人のうち誰が被害者の隣人となったのかと問うのである。

この慈悲心を説く変哲もない挿話から、イリイチはおどろくべき考察を引き出す。祭司もレビ人も神殿と共同体の儀式に属している人間である。彼らが傷ついた男を看過したのは彼が倫理の伝統的基盤たる同族ではなかったからだ。見過すことこそ彼らの倫理だったのである。ところがサマリア人はイスラエルの北に住むよそ者である。その彼が傷ついた男を介抱したのは、傷ついたユダヤ人をパレスチナ人が介抱するようなものだ。「彼は、自分の同族を優先する自文化中心主義を越え出ているばかりでなく、自分の敵を介護することで一種の国家反逆罪を犯している人間」だとイリイチはいう。

つまり、人間の存在の新たな地平がこのとき開けたのである。イリイチは言う。わたしの隣人とはわたしが選ぶ人のことであり、隣人という新たな人間関係は二人の間でなされる自由な創造であり、わたしたちの決断のみに依存する関係なのだ。これこそが他者のうちにキリストを見る愛の受肉である。そして近代の創造物たる教育・福祉・公正の諸制度は、すべてキリスト教が開いた隣人への愛という新しい地平のその後の展開にほかならない。

話がこれで終るなら、イリイチはやはりカトリックの神父なのだと溜息をつくだけでいい。ところが彼はおそるべき逆説に話をもって行く。この新しい地平は制度化という危険を伴っていた。「この新たな愛を管理したい、場合によっては、法で定めたい、それを保証する制度を創設したい、そしてそれに反対する者を犯罪者とすることでそれ（制度）を保護したいといった誘惑」である。当然これは新しい権力を要求する。「最初にまず教会、のちにはその鋳型に刻印された世俗の諸制度」が権力となる。近代のルーツのどこを探しても、見出されるのはキリスト信仰の召命を制度化し法制化し管理しようとする教会の試みなのだ。

つまりイリイチは、教育・福祉・公正のために設けられた諸制度が生み出す現代の地獄は、初原におけるキリスト的隣人愛の変質・堕落の結果だと言っているのだ。最善の堕落は最悪なのである。「一番甘美なものがその行いによって一番饐（す）えたものとなる」（シェイクスピア）。これはおどろくべき洞察である。

近頃は猫も杓子もヨーロッパ中心主義を批判するのが学界言論界のモードなので、近代は何もヨーロッパから移植されたのではなく、世界の各地域の自主的な要求として近代化が生じたのだというのが、何やら新しくかつ良心的な言説ということになっている。そういう言説からすれば近代の起源をキリスト的隣人愛の制度化に見出すイリイチの考えは相も変わらぬヨーロッパ中心主義ということになりかねない。しかし、このような近代の多元的発生説は現代文明の惨憺たる実状を隠蔽する一種の欺瞞なのだ。なるほど一八世紀から一九世紀初頭にかけて、世界の各地でそれぞれの「近代」が生れる胎動があった。だが、その様ざまな「近代」の芽を圧殺し、世界を今あるがごとき近代に画一化したのはまぎれもなくヨーロッパ生れの近代だったのである。

イリイチは論壇に登場して以来一貫して、行政官僚や各種専門家によるケアの提供が、人びとから自立的かつ共同的な生存の基礎を奪い、人びとを際限のない、かつまたけっして満たされることのないニーズに憑依された存在に変えてしまうと主張してきた。彼によれば現代文明の悲惨の根元はここにあったのである。もちろん、こんな途方もないことを主張したのはこの人以外にはいない。彼の言うところに従えば、人類の人権と福祉のために奮闘してきた良心的な人びと、今なおそのために自負と使命観をもって日々働いている人びとこそ、今日の文明の非人間的様相を生み出した張本人ということになる。

再び言うが、これは途方もない主張のように聞える。だが、今日の福祉社会の泥沼化した情況、さらには人権社会の強迫的な情況を前にしたとき、イリイチのこういった主張が奇妙のリアリティを帯びることは否定しようがない。私が反射的に思い出すのは、ディケンズの『われらが共通の友』に登場する無知な一老婆である。彼女は何よりも「福祉」につかまることを怖れている。そしてそれを怖れるばかりに放浪の旅に出る。旅先の小さな町で彼女はいろんな雑用を務めて暮すことができるし、人びとのささやかな情けを当てにすることもできる。その旅先で彼女は野垂れ死をするが、彼女は一箇の自由な人格として死んだのである。

イリイチの言う専門家のケアはマルクス主義その他の社会学や精神分析をも含んでいる。『遺言』のなかで彼は言う。「今日の社会学的想定は、精神分析であれ、マルクス主義であれ、ある人のその人自身に関する感覚を、イデオロギー、社会的条件、氏素性、そして教育によって形作られた幻影であるとしています」。すなわち学者とか思想家とか呼ばれる専門家は、われわれが何者であるかということまで教えこむ。こういったケアは、イリイチによれば人びとから他者と直面することによって生ずる驚きを奪い、ひいては人間の自由と愛の根拠を突き崩すのである。

キリスト者でない私は、いわゆるヒューマニズムに基づく善意の制度化・管理化・権力化が、キリスト教が開いた隣人愛という新しい地平の歪曲・変質に源を発するというイリイチの「遺言」を、そのまま鵜呑みにすることはできない。しかし私は私なりの遍歴を踏まえて、彼の洞察の到達点が妙に近代というものの勘どころを抑えていることに、スリリングな感動を覚える。というのは、知識人の出現とそのいとなみの歴史を私なりに理解することで、それ自体はよき意図以外の何者でもなかったものが最悪のものを産みだすに至るという、イリイチとおなじ逆説に私もたどりつくからである。知識人という概念を私は、共同社会を超出してそれを工作の対象とする近代特有の人間類型と規定する。その工作はときには救済、ときには啓蒙、ときには解放と呼ばれる。要するに、人間とその社会を改良し変革すべき必要のあるものとみなすのが知識人という人間類型のしるしなのだ。

彼らは自らを人類のありかたに対して責任を有するものとみなす。もし社会が悪しきものであるならば、また人間が圧制と汚辱に苦しんでいるならば、知識人たるものはそれと無関係ではいられない。彼は救済に献身すべきであり、社会改革の召命に応じなければならぬのだ。アイザイア・バーリンによれば、このような知識人の概念は一九世紀のロシアで誕生したもので、西欧における知識人とはそういう責務を負うものではなかったという。しかし、なるほど、ロシアのインテリゲンツィアには民衆に対する負債という独特な強迫観念があって、それは西欧の知識人のあずかり知らぬものだったかも知れぬが、ロシアの革命的な知識人は当初はみな、フーリエやサン・シモンから霊感を得たのである。

啓蒙主義哲学者と百科全書家こそ、人間と社会を改良する召命にあずかった最初の近代知識人だったことは疑いがない。ロシアのインテリゲンツィアだけが特異な類型だったわけではあるまい。サルトルは世界に飢えた者が存在する限り、文学に内閉することは許されぬと言った。人間と社会に対するこのような責任観念は傲慢と思い上りに紙一重である。しかもイリイチが教会という制度について述べたように、良心という名の責任意識は操作と組織と権力を必須たらしめる。サルトルが良心の名のもとにソビエト国家権力を擁護したのは周知の事実に属する。

しかし、近代知識人の先達は遠く中世の宗教家に求められるかも知れない。仏教でいえば大乗への展開の経路であり、衆生が救われぬ以上おのれもまた救われぬと発意する偉大な誓願は法華宗と真宗の教団を結実させ、法華一揆・一向一揆という剣による宣教を現出させた。偉大なる回心は衆生への偉大なる干渉・管理・おせっかいに帰結したのだ。

イリイチによれば、パウロを初めとする初期の宣教者たちは、他者のうちにキリストを見る隣人愛という新しい地平がはらむ危険を予感していたという。キリストを宣布することがアンチ・クリストを生むという黙示録的なイメージがここに生じる。だが、このような新しい悪の誕生に対するおそれは、そののち教会から完全に失われたとイリイチはいう。

初期近代において、社会と人間の歪みをただして、善と真と美にみたされた社会と人間の姿を実現したいという知識人のよき企図が誕生した際にも、初期のキリスト教徒によって抱かれた懸念や予感に似たものが生れたのだろうか。あるいは何人かロマン主義詩人のうちにそれを発見できるかも知れない。それは調べるに値するテーマではある。だが、そのような懸念や危惧が抱かれたとしても、それが退嬰的な懐古主義として、瞬く間に圧殺されたことは歴史の語る通りである。

ソビエトを初めとする社会主義国家の崩壊とマルクス主義の失墜は、社会改良・人間改造という知識人の召命を根本から疑わせる機縁となったのだろうか。そうではないことは、フェミニズム・ポストモダニズム・ポストコロニアリズム・エコロジズム、あるいはポリティカル・

コレクトネスといった当世の流行思想が社会と人間の改良と正義の実現をめざして、ザミャーチンの『われら』やオーウェルの『一九八四年』を想わせる強迫的な雰囲気を作り出している一事を見ても明らかだろう。

イリイチの『遺言』はほかにもうひとつ、世界がヴァーチャルなシステムに化したという重大な指摘が含まれている。コンピュータ・システムはもはや道具ではない。道具はそれを用いる人間とは別物である。ところがシステムを利用する人間は彼自身システムの一部となるのだとイリイチは言う。これは矯激で不可解な言述かも知れない。だがイリイチはつねに私たちが見にくいものを見抜いてきたのだ。世界は一九八〇年代に入って非人間的様相を明確にしたという彼の判断は私の実感と一致する。産業主義批判の実効性を失わせるような変化が社会に生じたのだ。

こういう状況で生命という言葉を用いるのは虚偽だと彼は言う。宇宙空間から撮った地球の写真と、母胎内の胎児の写真を壁に貼って、生命を讃美しているつもりの学生の話を、彼はすでに前著『生きる意味』で、おそるべき倒錯の例として紹介していた。そんなものはもともと人間が人間として存在して来た現実のうちにはありうべくもない操作された超現実だからである。科学的な装いをした生命賛美は本質的に反生命的だと彼は言うのだ。前記のふたつの写真を即座に暴力的と直覚する点において、この人はやはり天才的な透視力に恵まれていると感じないわけにはいかない。

だが、このような世界の新たな変貌については、これ以上述べる能力は私にはない。八〇年代に生じた世界のおそるべき変貌について私はイリイチに同意する。それは私もまた実感してきたところだからだ。しかし、私はイリイチの助けを借りても、まだそれを描写する言葉を持たない。

イリイチ最後の発言のなかで、私の心に最も深く刻印されたのは、信仰する者は一箇の愚者だという一行である。初期のキリスト教徒は、十字架にかけられたロバの頭をもつ男を礼拝する姿に描かれていたという。それは「キリスト教を愚かさの一形態として理解する一例」だとイリイチは言う。彼によれば、キリストという模範は「自由とは愚かさであるという感覚」の例証なのである。そういえばかの親鸞も自らを愚禿と称していた。イリイチは古代ローマの壁に描かれた前述の絵の写真を机の上に常置していたそうだ。イリイチに誘われて私は言いたい、知識人であるというのは本来一箇の愚者たらんとすることであると。

一時期イリイチは高度消費社会からプラグを抜くということを主張した。商品集中社会への批判、具体的には学校・高速道路・医療への批判は、つまり一連の実践を要請していたのである。だが、イリイチの言説をこのように当為化し、実践の指針ととらえると、どこまでプラグを抜くのかがただちに問題となる。水道水を使うな、高速移動手段を忌避せよ、自転車に乗れ等々、問題は収拾不可能な範囲にまで拡がり、ついにはまるで修道院の規範をどう定めるかといった滑稽な次元に転落せざるをえない。

プラグを抜くということをこのように実践的な規範の集合とみなすかぎり、どの行為が許されどの行為が許されぬか、それこそ煩瑣な神学論争の種になりかねない。しかも、それがエコロジズムと結びつくと、産業主義文明から離脱して自然のなかで暮そうといった、当人の好みとしか言いようのないまったく普遍性を欠いた主張にさえ帰結してしまう。

イエスの場合にもおなじことが生じた。イエスの言説はそれを規範と受けとる限り、実行不可能なのである。イリイチもおなじことだ。彼の言説を規範化しようとする者はただちにその実行不可能性に突き当たる。しかしイリイチは、人びとが彼の教えを規範として墨守する修道僧たることを望んだのだろうか。そんなはずはあるまい。なぜならそのような規範化は、最善の堕落は最悪だというイリイチ自身の戒めを裏切るものだろうから。

私はイリイチの言説を一度たりと当為として読んだことはない。彼の言説は奇妙な方角から射しこむ啓発の光であり刺激だった。私は彼の思索によって世界への理解を深めたのだ。そしてこの『遺言』とその前の『イリイチ語録』のふたつのインタビューは、それまでのイリイチとはまた違うゆたかなよろこびと、新鮮なおどろきの泉だった。私は長い間イリイチと対座してきた。これからもそうし続けることだろう。イリイチは私の師でもなく、かと言って同志などでもない。私は一人のかけがえのない友人を得たのだ。彼の著作を読むときに聞える声は、まさにその刻を祝福するものなのだから。

イリイチの眼で江戸を視る

幕末から明治初期にかけての外国人の日本観察記には、徳川期さらにはその余映が濃厚だった明治初期の社会生活について、意外なことに、自由や自主性を指摘する記述が多く含まれている。彼らの眼に映った自由や自主性が、今日の意味での自由や自主性と様相を異にするのはいうまでもないが、だとしても、いったい彼らは何を見、何を聞いてそう感じたのだろうか。近代に対する根底的な批判を遂行しつつ、つい先頃逝ったイヴァン・イリイチの、ヴァナキュラーとコモンズというふたつの概念の助けを借りて、徳川期の人びとの自由と自立について考えてみたい。

外国人たちがまず深く印象づけられたのは生活の簡素さであった。日本の家には家具がないと彼らは感じた。モース（米人・明治十年来日・東大動物学教授）はある家の座敷に招じ入れられた時、家具らしきものがないので、この家は貸しに出されているのかと思った。アリス・ベーコン（米人・明治二十一年来日・華族女学校教師）は門番の小さな家についてこう述べている。「居間には花に飾られた神棚と、勤労者階級の家族の人たちが食卓に使う、安っぽいけれども美しい絵のついた食器が入った食器棚がありました。ほかに、やかんの載った火鉢と壁に飾られた竹籠にさした秋の花が家具の全部でした」。

オールコック（初代英国駐日公使・安政六年来日）はもっと概括的に述べている。「畳を敷いただけの、大きすぎることもない、概して清潔な部屋、床の間にいれられている若干の棚ないし漆塗りの低い板切れ、若干の漆塗りか磁器製の茶わんと皿、および脚付きの盆。これはもっとも富裕な人びとの持ち物のすべてであり、もっとも貧しい人びともこれ以上を必要としない。台所には若干のバケツ、二、三の銅ないし鉄製の平鍋、日用の米と湯につかうための大鍋と、それをかける移動可能な一、二のストーブなどがあり、これらが料理のための道具のすべてである。羽毛と竹のほうきと多量の水と空気が、清潔を保つ手段となっている。室内には、羽目板の滑り戸のうしろに、綿入りの包みがある。それらはベッドと毛布であって、漆塗りないし木の枕をそえると寝床が完成する」。

しかし彼らは、こうした簡素さを軽蔑したのではない。モースは何も家具を置かない座敷のしつらえが独特の美学の表現であるのをすぐ理解したし、ベーコンは「日本の家に家具がほとんどなく、手入れをする必要がないのをとてもうらやましく」思い、オールコックは「かれらの全生活におよんでいるように思えるこのスパルタ的な習慣の簡素さのなかには、称賛すべきなにものかがある」と感じたのである。

注目すべきなのは、こういう生活全般にゆきわたる簡素さを、「各人に行動の自主性を保障」するものとオールコックが感じたことである。これは具体的にいうと、彼の母国において人びとの生活の足枷となっている自己顕示的競争が存在しないということであり、さらには、畳を敷いた家と、たがいに持ちよる蒲団や衣装箱と、それに鍋と半ダースの椀やお皿と、大きなたらいがあれば、みごとな世帯ができあがる日本では、年収四百ポンドで結婚生活が営めるかどうかなどという、彼の母国での論争など存在しようがないということだ。

贅沢の誇示競争に縛られず、結婚したいときにはいつでも結婚できる。なるほどこれは「行動の自主性」であろう。しかし、この「行動の自主性」とはもっと広汎な可能性を含意するもののようである。つまりそれは、当時の日本人が自分の生活の主人公であったこと、自分の生活を自分たちで作っていたことを意味する。

モースは日本上陸直後、いわゆる地突きの光景を見て、なぜ連続的に労働せずに一突きごとに手を休めて唄をうたうのか、疑問に思った。その後日光でも、労働者たちが一動作ごとに仕事を中断して唄をうたうのを見て、おなじ疑問に捉われた。「労働のつらさを気持のよい音や拍子で軽くするとは面白い国民性」だとは考えたものの、「ちょっとでも動いたり努力したりするまで、一分間あるいはそれ以上のあいだ歌を唄う」のは、「非常な時の浪費」ではないかという疑問はついに解けなかったようだ。

労働に唄が伴う慣習は、モースの言うように作業のリズムを作り出し、その労苦を軽減する意味があるだろう。しかしそれは本質的には、何のよろこびもなく単なる労苦になりかねぬものを、集団的な嬉戯を含みうる労働、すなわち精神的肉体的な生命活動として、おのれの側に確保するための慣行だったのである。

ブスケ（仏人・明治五年来日・政府法律顧問）は日本の労働者を、聡明で器用、活動的で我慢づよいけれども、「必要なものはもつが、余計なものを得ようとは思わない。大きい利益のために疲れ果てるまで苦労しようとしないし、一つの仕事を早く終えて、もう一つの仕事にとりかかろうとも決してしない」という点で、つまり自分の生活に必要なだけ稼げばそれ以上働こうとしない点で、生産性の向上を要求する近代産業にはまったく不適と評価した。「どこかの仕事場に入って見給え。ひとは煙草をふかし、笑い、しゃべっている。時々槌をふるい、石をもちあげ、次いでどういう風に仕事にとりかかるかを論じ、それから再び始める。日が落ち、ついに時間がくる。さあこれで一日の終りだ。仕事を休むために常に口実が用意されている。暑さ、寒さ、雨、それから時に祭である」。つまり人びとは自分の自主的な必要とリズムに従って働き、商品生産過程が要求する効率に支配されてはいなかったのである。

そして生活は簡素だったから、ブスケの言うように「一家を支えるにはほんの僅かしかいらな」かった。簡素な生活が保障する自主性とは、このように自らが労働の主人公でありうる自由をも含んでいた。

オールコックが「まったく日本人は一般に生活とか労働をたいへんのんきに考えているらしく、なにか珍らしいものを見るためには、たちどころに大群衆が集まってくる」と言うのは、人びとがおのれの時間の主人であったことを意味するのだろう。旅の場合でも、おなじことが言えた。

ブラック（英人・慶応年間来日・横浜で新聞発行）が昔の東海道の旅人について書いている。「平民たちは歩きやすいように、着物を端折り、大部分の者はかなり容易に旅していた。そして道ばたに数えきれないほど沢山の茶店でたびたび立ち止り、一杯のうすい茶を飲み、一休みに立ち寄った者と誰かれ構わずに陽気にしゃべって、元気を取り戻していた。彼にとっては、道のりなど考えになかったようだ。好きなように時間をかけ、自分なりの速さで行けさえすれば、来る日も来る日も、一日中歩いた。時間の価値など全く念頭になかった」。

自分が自分の時間の主人ならば、ひとは二本の足で歩いてどこへでも移動できるのだ。イリイチの言うように、人間は生れつき足という移動手段の持ち主なのである。そして旅の費用は廉かった。オールコックは奈良の田舎で昼食をとったことがあるが、筍、塩魚、ご飯、それに酒一本ついて天保銭三枚という「ばかみたいな値段」だった。

しかし、このような簡素な生活が保障する自主性とは、結局貧しさの代名詞なのではないか。現代人たるわれわれはこう問わずにはいられないだろう。外国人観察者たちはこの点でも意外な答を用意してくれている。

日本には「貧乏人は存在するが、貧困なるものは存在しない」。これは日本に四〇年近く住み、ジャパノロジストの開祖たる栄を担ったチェンバレン（英人・明治六年来日・東大言語学教授）の断言である。おなじ趣旨の発言はモースやブスケも行なっていて、それは日本では貧は悲惨な非人間的形態をとらない、貧は人間らしい満ちたりた生活と両立するという意味なのだ。

イライザ・シッドモア（米人・明治十七年頃よりしばしば来日・旅行記作家）は言う。「日本で貧者というと、ずい分貧しい方なのだが、どの文明人を見回しても、これほどわずかな収入で、かなりの生活的安楽を手にする国民はない」。木綿着数枚で春夏秋冬間に合ってしまうし、それで四季の素晴らしさを堪能するのに差し障りはない。住・居・寝の三条件は草ぶき屋根、畳、木綿ぶとんがみたしてくれ、穀類、魚、海草中心の食事は貧しいものにも欠けはしない。「人や環境が清潔この上もないといった状態は、何も金持だけに付いて回るのではなく、貧者のお供もする」。

チェンバレンは貧乏人は金持に対して卑下せず、平等精神がゆきわたっているという。彼は日本に「貧困」が存在しないことの説明として、そう述べているのだが、当時の日本に彼の母国におけるような、道徳的頽廃を伴う悲惨な窮乏が見られなかった根本の理由は、個々人あるいは個々の家族が、イリイチのいうコンヴィヴィアルな、つまり宴のようなよろこびを伴う環境と仲間との自立した交流を可能ならしめる社会的共有空間、イリイチ風にいえばコモンズへの接近を妨げられなかったからだ。

コモンズとはイリイチによれば「人の敷居外にあり、またその所有外に属するけれども、その人が認められた権利として使用を主張できる——ただし、親族の生活維持にそなえる以外に商品の生産などに使用することはない——ような環境の一部である」。この定義がわかりにくいなら、もっと具体的な例をあげよう。

イリイチによればそれは一本の樫の木である。「その緑陰は夏には羊飼いとその羊の群のためのものだったし、どんぐりは近隣の農民の豚のためのものだった。その乾いた枝は村の寡婦のためのたきぎになり、春に芽生える若枝は切り取られて教会の飾りになった。日が落ちると、そこは村の寄合いのための場所になったかも知れない」。

通りもまたコモンズである。メキシコシティの旧市街では「通りはまさしくコモンズだった。道端にすわって野菜や炭を売っている人びとがいるかと思えば、路上に椅子を並べてコーヒーやテキーラを飲ませている人びとがいた。かと思うと、路上で寄り集まって、町内の新しい代表を選んだり、ロバの値段を決めている人びとがいた。また、人ごみのなかをロバを駆る人びともいた。子どもたちも道端のみぞで遊んでいたが、それでも歩行者はひとところから他のところへ移動するためにその道路を利用することができた」。

日本でも街路はある時期までコモンズだった。フォールズ（英人・明治七年来日・医師）は言う。「日本人の生活の大部分は街頭で過され、従ってそこで一番よく観察される」。当然そこは子どもの遊び場だった。

ネットー（独人・明治六年来日・東大理学部教授）は、その有様を次のように描写する。「子供たちの主たる運動場は街上である。子供は交通のことなどすこしも構わずに、その遊びに没頭する。かれらは歩行者や、車を引いた人力車夫や、重い荷物を担いだ運搬夫が、独楽を踏んだり、羽根つき遊びで羽根の飛ぶのを邪魔したり、紙鳶の糸をみだしたりしないために、すこしの迂り路はいとわないことを知っているのである。馬が疾駆して来ても子供たちは、騎馬者や馭者を絶望させせうるような落着きをもって眺めていて、その遊びに没頭する」。

メアリ・フレイザー（英人・明治二十二年来日・英国駐日公使夫人）が馬車で市中を行くと、先き駆けをする別当は「道路の中央に安心しきって坐っている太った赤ちゃんを抱きあげながらわきに移したり、耳の遠い老婆を道のかたわらへ丁重に導いたり、じっさい一〇ヤードごとに人命をひとつずつ救いながらすすむ」のだった。

しかし、日本庶民の保有していたコモンズを何よりも鮮明に示すのは、おなじく彼女による鎌倉の海浜の情景である。「美しい眺めです。青色の綿布をよじって腰に巻きつけた褐色の男たちが海中に立ち、銀色の魚がいっぱい踊る網をのばしている。その後ろに夕日の海が、前には暮れなずむビロードの浜があるのです。さてこれからが子供たちの収穫の時です。そして子供ばかりでなく、漁に出る男のいないあわれな後家も、息子をなくした老人たちも、漁師たちのまわりに集まり、彼らがくれるものを入れる小さな鉢や籠をさし出すのです。そして食用にふさわしくとも市場に出すほど良くない魚はすべて、この人たちの手に渡るのです」。

むろん一定の海浜に対する特定の共同体の占有権は、すでに徳川期において、あるいはそれを遥かに遡る時代に成立していただろう。この鎌倉の海浜も特定の村の縄張りであったことは疑いない。にもかかわらずこの浜辺は、子ども、老人、寡婦の立ち入りと収穫を認める点で人びとのコモンズだったのである。

親和と相互扶助の気風は社会の隅々まで行きわたっていた。勝海舟の父小吉は少年の頃家出して東海道を放浪したが、病んで乞食同然になった少年を、路を行く人びとは看過ごすことがなかった。人びとは声をかけ、食物や金を与えた。ある侍などは彼を家へ連れて帰って養おうとしたほどである。

今でいう知的障害者も町内の一員として生きることができた。『耳袋』の著者根岸鎮衛は、「生来愚昧にて」四谷の寺の小僧となった男が、至って正直者で使いを頼んでも間違いがないので、武家町家を問わず重宝して「源坊、源坊」と可愛がり、死んだ時には町内から盛大な葬式が出た話を記録している。

しかし、このような親和も相互扶助も、つまるところ人びとの生活のありかたの賜物だった。外国人観察者が仰天したのは、人びとが街路から奥まで見通せるような開放的な家屋で暮していることだった。スウェンソン（デンマーク人・慶応二年来日・フランス海軍将校）によれば「日本人の家庭生活はほとんどいつでも戸を開け広げたままで展開される」ので、「どこかの家の前に朝から晩まで立ちつくしていれば、その中に住んでいる家族の暮しぶりを正確につかむことができるし、夫婦喧嘩をはじめ、ほかのありとあらゆる葛藤の場面が見てとれる」のである。人びとは近隣の仲間とともに暮していたのである。従って、匿すことは何もなかった。イリイチはヴァナキュラーな、つまりその土地に根ざした生活のありかたは、共同体によって千差万別だと言う。家屋の開放性が生活の共同を産みだすのは、古き日本の生活のヴァナキュラーな特性だったのだろう。

人びとが自らの力によって自分の生きる場を創り出してゆく生活のありかたを、イリイチはヴァナキュラーと呼ぶ。住むというのは「自分の残した痕跡のなかに住む」こと、つまりは「日常生活が営まれて、生活のさまざまな糸目が風景のなかに書き込まれる」ことであって、それがヴァナキュラーな生活だと彼は言う。ヴァナキュラーな生活とは自らがかたちづくる空間に住むことなのだ。

このようなイリイチのイメージが、労働力の提供者かつまた商品の消費者である居住者に、専門家と行政官僚が都市計画の名のもとに、消費すべき商品としての住宅ユニットを提供し、それを進歩とか社会福祉とか称している現状に対する、徹底的な拒否感にもとづいているのは言うまでもあるまい。生活空間のこのような変容によって、道路はコモンズたることをやめて単なる輸送手段となり、住いは消費者を収容するガレージとなった。人びとが自らの力と仲間との交わりによって生活をデザインする力は喪われ、無力感と満たされぬ空虚という現代の貧困の新たな様相が出現するとイリイチは主張する。

われわれは江戸末期から明治中期にかけての、古い日本の社会生活を顧みるとき、現代的な自由と自主性のコンセプトから自分を解き放つ必要があるだろう。露店や人だかりや子どもの遊びが一切排除された道路を車で疾駆するのが自由なら、古き日本にそういう自由はなかった。マンションであれ、一戸建てであれ、公団アパートであれ、様々な住宅商品を任意に選択できるのが自主性であるのなら、そういう自主性は古き日本にはなかった。

古き日本の自由と自主性とは、人びとが共同の交わりにおいて、自ら生活のかたちを創り出してゆく自由であり自主性だった。メーチニコフ（露人・明治七年来日・東京外国語学校教師）は芝居の観客が、幕間に舞台に上って装置のすえつけを手伝うのを見て、日本人の気風はデモクラティックだと感じた。観客は役者とともに舞台を創っていたのであって、これが人びとの自由であり自主性であった。それは人びとの共同のうちに生れるものであるから、当然制度や拘束を含むものであった。

イリイチの商品集中社会批判の視角を導入すれば、古き日本のこうした自由と自主性、現代の基準からすると、いや当時においても西洋文明社会の基準からすると貧しさと見なされる生活の諸相が、ゆたかで活力に満ちたものとして浮上してくる。今日のわれわれの課題が自己を呪縛している産業主義的な価値観から解放されることだとするならば、貧しさがゆたかさであるような古き日本の生活のありかたから、なにがしかの示唆を受けとってもよいのではあるまいか。

Ⅳ 日本早期近代

逝きし世と現代

私は最近、数年前本誌（『週刊エコノミスト』）に連載した『われら失いし世界』を増補・改訂して葦書房から上梓することができた。表題は事情あって『逝きし世の面影』と改めてある。文学者には自作自解ということをする人がいる。作品はもともと享受イコール解釈であるから、作者自身が自作の作意を解説するのも、ひとつの可能な解釈の提示として、あって不思議ではない行為なのだろう。だが私の著書は歴史叙述と議論からなり、作意はおのずと行文のうちに示されている（あるいはいるべきである）。そのような著述について解説したり言い訳したりするのは愚の骨頂、未練の極みというほかはあるまい。

しかし、一冊の本を書きあげてみて、言い足りなかった、意を尽せなかったという思いが生じるのは避けがたいことである。また著書のメッセージが当然内包する含意とか、その延長上に浮上せざるをえない問題群については、意識して言及を慎んだということもある。なるだけ未練がましくならぬよう心掛けながら、自分が何を言いたかったのか、自分自身に対して、明らかにしてみたい。

あんたの本を読んだ新聞記者が「何だ、昔の日本はよかったというだけじゃないか」と言ってたよ。知人がそう教えてくれた。このまことにごもっともな感想をひとつの手掛りにしてみよう。

チェンバレンは『日本事物誌』の序論にこう書いていた。「新しい教育を受けた日本人のいるところで、諸君に心から感嘆の念を起させるような、古い奇妙な、美しい日本の事物について、詳しく説いてはいけない」。私はチェンバレンの忠告に背いたのだろう。彼らの「感嘆の念」を、戦後の教育を受けた日本人に、「詳しく」紹介する愚を犯したという点で。

前記の記者氏が「昔の日本はよかったというだけ」とおっしゃるとき、彼はふたつのことが不快だったのだろう。第一に日本の美質が賞揚されている点、第二にはその日本が過去のものであるという点。つまりこの人は、日本の過去の社会ないし文化には批判・反省を要する面が多々ありこそすれ、賞讃に値するものは乏しい、それを強いて賞讃するのはエスノセントリックな反動であるという、広く流布している思いこみの持主なのだろう。さらにまた、過去を懐しむのはロマン主義的感傷であり不毛であるという、これまた現代的な常套句の愛用者なのだろう。

だが、この人は肝心なことを忘れている。「昔の日本はよかった」と言っているのは私ではない。幕末・明治初期の外国人観察者がそう言っているのである。

彼らの訪問記は、日本に対する賞讃の言葉に終始しているわけではない。批判もあれば反発も嫌悪もある。彼らの言辞を紹介するに当って、私はそういう面をけっして隠蔽していない。チェンバレンは自著『日本事物誌』を古き日本の墓碑銘と呼んだ上で、「故人の多くの非凡な美徳のみならず、また彼の弱点をも記録するもの」だと言っている。またグリフィスは多年の日本紹介の労を日本政府から顕彰されたとき、自分は身びいきで日本を擁護したことはなく、「あらゆる日本の事物を自由かつ忌憚なく批評してきた」と述べている。

しかし彼らの日本体験記が、圧倒的に感嘆の方へ傾いているのはまぎれもない事実である。反発や批判さえ、その裏には感嘆や賞讃の念を同時に含んでいて、そのもっともよい例はオールコックである。だとするとわれわれは、ひとつの重大な疑問に突き当ることになる。いったい彼らはなにゆえに、こうまで当時の日本に感嘆したのだろう、彼らをかくまで感嘆させたのはいかなる事実だったのか、という疑問に。

われわれは徳川期の農民は限度まで搾取されていて悲惨だったと教えられている。ところが彼らは口をそろえて、この国の農民の暮しはゆたかだと証言しているのだ。またわれわれは、徳川期には専制的な幕藩体制と封建的教学のもとで、民衆は束縛と隷従を強いられて来たと教わっている。ところが彼らは、日本ほど民衆が自由な国はない、東洋的専制なるものはこの国には存在しないと、これまた口をそろえて証言しているのだ。

そして彼らの中心的メッセージは、この国の住民は幸福で満足しているという一事にあった。このメッセージを前にして考えこむことなしに、「何だ、昔の日本はよかったというだけじゃないか」などと片づけてすますことが出来るのは、いったいどういう種類の知性であろうか。むろんこのメッセージを誤認であるとか、美化された幻影であるとか、皮相な印象であるといったふうに斥けることはできる。いや、できるのではなく、この国の知識人が厖大な外国人の観察記の存在を知りながら、吟味らしい吟味も加えずに黙殺して来たのは、まさにそのような予測にもとづいていた。

ダーク・サイドのない社会はない。欧米人たちはこの国の民の客あしらいのよさに幻惑されて、ダーク・サイドを見逃したのだろうか。そうでないことは、彼らが売春・乞食・疾病・飲酒等々の問題をとりあげていることから明らかである。熊本洋学校の教師ジェーンズによれば、この国民はまず食生活から改善せねばならなかった。

彼らはそのようなダーク・サイドを知りながら、なおかつこの国の住民の表情に幸福と満足が照り映えていることに感動せざるを得なかったのである。彼らはひとしく、住民たちとくに下層の人びとが著しく機嫌がよいことに気づいた。礼節と善良さは住民の特徴であったが、彼らはつねに上機嫌であればこそ、そのように礼儀正しく善良でありうるのだった。この国の文明に様々な欠点があるのは明白だった。にもかかわらず、それは人びとにこのような幸福感を与えることのできる文明だったのである。

異国に旅する者は、いや異国に住みつく者でさえ、おのれが接する異文化に対して様々な誤解や軽信を犯しがちである。だが人は、おのれが接する他者が幸福であるか否かについてはめったに誤認しない。われわれは欧米人観察者の所見について、どれだけでも懐疑的になることができるが、彼らが口を揃えて当時の日本人を幸福で満足した民と表現するとき、その印象を幻影として斥けることはできない。なぜなら、その印象は彼ら自身にとって意想外でありおどろきだったからである。

彼らは逆に、この国において専制的支配の下にうちひしがれた民を見出すものと予想していた。だから彼らの発見は不本意な発見だったのである。彼らはおのれの属する近代西洋文明の優越については揺がぬ自信の持ち主だった。彼らの文明が達成した諸価値はことごとく、人間に史上最高の幸福をもたらすはずのものであり、その意味でそれはヒューマニティのための文明だった。ところがそのような近代的ヒューマニティを保証する要件を根本的に欠く社会において、住民の顔は幸福感に輝いているのである。較べて見れば明白であった。彼らが故国の都会でしばしば見出したような、憔悴と絶望と苦悩の表情は、江戸でも長崎でも目にすることはできなかったのだ。

彼らの近代西洋文明への自信が揺らいだというのではない。だが彼らは、それとはまったく枠組を異にする文明が、住民に幸福を保証しうるという事実を承認せざるをえなかった。したがって彼らは、しばし立ち停まって沈思したのである。自分たちの到来がこの国にもたらそうとしている変革は、もともと無用なのではないか、この国は今のままで十分幸せなのではないかと。つまり彼らは、おのれが西洋近代文明の一員であることに改めて優越をおぼえながらも、この国の住民にとって《近代》は必要ないのではあるまいかと、しんそこから感じたのである。

私が今度の著書で言いたかったのは、まずこのことである。私はこの本を『日本近代素描』と題する長い連作の第一巻として書いた。日本近代の発端を叙するに当って、幕末期文明が近代化によって滅ぼされざるをえなかったのは、それが劣悪で下等な文明だったからではないということを、まず私は言いたかったのである。それは様ざまの点で、近代文明の持たぬ長所を備えた愛すべき文明だった。にもかかわらず、それは滅びなければならなかった。

私は今度の本の末尾に、「しかし、人類史の必然というものはある」と書きしるした。「人類史の必然」というのは手垢のつきすぎた言葉だ。だが今は深入りは避ける。村上泰亮によれば「反省的意識の所産は本質的に累積的」であり、「人間の特性がこのような反省的意識にあるかぎり、人間の営為は必然的に不可逆的であり、人間にとっては時間軸の意味は絶対である」。私のいう必然とは、この村上の規定に近い概念である。だが、そのような必然にもかかわらず、果して近代は必要だったのかと問うてみるのは、今日のわれわれにとってよいことである。たとえ答えはわかりきっているにしても。

このような私の問題意識に、日本的なものを讃美しようとする志向を見出す人がいるらしいのは、甚だ意外というほかはない。私は自分が日本人論とか日本文化論に全く関心がないことを、再三断わっておいた。

私は過去の日本が賞讃されるべきかどうかといった問題の立てかたはしていない。なるほど私は、十九世紀の日本に存在した古き文明への欧米人の感嘆を共感をこめて紹介はした。しかしそれは日本という国家あるいは民族を讃美することではない。徳川末期の文明への欧米人の賞讃に腹の立つ人は、それが嬉しい人に劣らず、日本という視圏に夫子自身が閉鎖されているのだ。

私の文章に哀惜の念が伴っているのがよろしくないというのだろうか。過ぎ去ったものへの哀惜はあらゆる歴史叙述の隠された動機である。人は時には、しみじみとした懐しみをもって、過ぎ去ったものを顧みるのがよいのだ。なぜならそのとき、われわれは束の間、おのれを拘束している近代的思考枠を脱ぎ棄てることができるからだ。

欧米人観察者は爛熟期の徳川文明を目前にして、一種の既視感にとらわれた。ブラックが言っている。「二十一年前のこの国の生活は……ヨーロッパの過去の時代（つまりヨーロッパの物語時代、《古き良き時代》とわれわれが特徴づけている時代）のものとして、知られているものをたくさん持っていたから、これを学ぶことは珍しくもあり、また本当に楽しかった」。またアンベールは、この国の「質素であると同時に安易な生活の魅力」を前にして、自分の幼年の頃、スイスの「人々が生活のできる範囲で働き、生活を楽しむためにのみ生きていた」ことを想起せずにはおれなかった。

だが、このような懐旧の思いにとらわれるとき、人は往々にして批難される。昔を懐しんで何になるのだ、そういう追憶は過ぎ去ったものを感傷によって美化しているにすぎないし、現代の諸問題から逃避するものだといったふうに。それは、人が近・現代について何らかの疑念を抱き、前近代にまなざしを向けようとするとき、つねに繰り返されて来た常套句であった。

近代は人類にとってまことにめざましい経験だったが、同時に異常きわまる経験でもあった。従って十九世紀の初頭以来、この異常な経験に対する違和・疑念・危惧は、文人・思想家によってしばしば表明されて来た。しかし同時代の風潮は、このような疑義を無益なロマン主義的感傷として葬り去るのをつねとしたのである。それは反時代的な批判に対するパタン化した思考抑圧装置であった。

それはあらゆる同時代批判を抑圧したのではない。進歩・発展の視座に立つ批判は、どんなに過激であろうとも歓迎された。しかし過去への哀惜にもとづく批判は嘲笑され葬り去られたのである。過去を哀惜するのは進歩と発展という時代精神にとってタブーだった。この強迫観念は、進歩と発展が時代精神の座から一見滑り落ちたかにみえる今日でさえ、しぶとく知識人の頭脳を支配している。

歴史の歯車は逆に戻せない——誰でもが口にする凡庸な真理だ。だが、古き日本の事物を目撃して感嘆したとき、欧米人観察者はおのれの近代文明を棄てて、このような前近代の文明へ回帰したいと希ったろうか。いや、彼らの誰ひとり、そのように希いはしなかった。ハーンやモラエスは、あるいはアーノルドも、いくらかはそのように希ったかもしれない。だがそれはあくまで《いくらかは》であって、しかも彼らは観察者の中では例外的な西欧からの脱出者である。観察者の大多数は広い意味での実務家であって、実務家としての古き日本への批判と優越感を片時も忘れはしなかった。

ただ、予想もせぬ異質な文明を目にして、おのれの属する近代文明を少なくとも相対化する視点を彼らが感知したことだけは確かだ。なぜならこの文明は、彼らのそれがとっくに失った数々の美質によって照り映えていたからである。むろん彼らはおのれの属する文明が、この文明に勝る数々の長所・美質を達成していることに何の疑いももたなかった。だがその代償として失った美質への自覚は、やはり彼らの心に一抹の哀愁をもたらさずにはいなかったのである。

再び言う。彼らはおのれの近代文明を、この古きよき文明ととり換えたいとは思わなかった。しかしおのれが何を失ったのかを鮮やかに覚知したとき、彼らはおのれの属する近代文明を批判的に内省する視座へおのずと到達した。私が言いたかったのはこのことである。つまり私は、彼らが感銘を受けた古き日本の文明を彼らの記述に従って再現してみることを通して、私たちが失ったものを明らかにしたかったのである。さらには、失ったものとの対照において、私たちの属する近代あるいはウルトラ近代を相対化する糸口を探りたかったのである。

近代を相対比するとは、何を意味するだろうか。私は自著の中で再々、外国人を感嘆させた古い文明はすでに死んだのであると述べた。それはわれわれの引き継ぐべき「伝統」などではなく、一個の異文化なのである。

江戸文学研究家の中野三敏は言っている「江戸は近代とちがうからこそおもしろいのであり、近代にはすでに失われてしまった豊穣さをもつがゆえにおもしろいのである。あえていえば、それは二度と引き返せない、どうしても取り返しのつかない世界であるだけにおもしろいのである」。私は中野の言うことに全面的に賛意を表した上でつけ加えたい。それゆえにこそ、おもしろいだけでなく、われわれが日頃疑うことのない近代的な思考枠組に揺さぶりをかけてくれるのだと。

人は近代と前近代を比較するとき、その長所と短所を衡にかけて、どちらに有利な評価が出るか計量しようとする。たとえば、中世がどんなにいい時代のように思えようとも、人間の平均寿命は二十歳だったのだぞ、といったふうに。このような比較から導き出される答はきまりきっている。なぜなら、比較に当って用いられる基準は近代的価値観なのだから。人間の寿命は長ければ長いほどよい、というのは、まぎれもなく近代人の価値観である。

文明とはその中に生きる人びとの世界観・価値観そのものである。外国人によって記述された幕末・明治初期の文明の様態について考えるとき、それがわれわれ現代人の世界理解と価値設定とはまったく異質な枠組にもとづく文明であったことを忘れてはならない。そしてそれ故にこそ、それはわれわれ現代を生きるものに一種の衝撃として作用しうるのである。

私は日本の前近代の美質を賞揚して、おのれのちっぽけな《愛国心》を満足させようとしたのではない。またやみくもに前近代を肯定し、近代をあしざまに罵ろうとしたのでもない。私は近代の子である。たぶん大方の人びとより、近代を愛する念において深いとさえ信じる。しかし、この国の前近代の人びとが多くの場合、おのれの文明に疑いを持たずに自足することができたのとは反対に、近代の子はおのれを疑わねばならぬ宿命にある。

なぜであろうか。かつてこの国の人びとに輝いていた幸福感を思い出してもらいたい。この国には美しきよきものだけが溢れていたのではない。現実の運用によって骨抜きにされてはいたものの、この国の人びとは十両の金を盗んだものの首を即刻はねるような苛酷な法の下に置かれていた。親は娘を遊郭に売り、娘はおのれの運命を疑うこともなく身を沈めた。にもかかわらず、人びとの生活は笑顔でいろどられていたのである。その笑顔は一種の阿呆面と言えないことはないし、事実ゴンチャロフはそう書いている。しかし同時にその表情は、カッテンディーケによればこの世でもっとも無垢なものの表情であった。

つまり徳川後期文明は、いかに数々のおそるべき暗黒面を秘めていたにせよ、基本的に人びとを幸わせにしうる文明であった。そして対照的にわが近代文明は、いかに前近代の暗黒面を克服し、様ざまな局面で高度な達成を成就したにせよ、人びとに幸わせを保証することにおいて失敗した文明であった。すなわち近代文明ほど、人間に対して敵対的な文明は歴史上存在したことがない。それはスリリングな文明であり、人を憩わせることがない。これが史上初めてヒューマニズムを標榜する文明であったことは、それ自体スリリングな逆説である。

それは人間性に挑戦する文明であった。この挑戦・敵対自体、新鮮でめざましい経験だったと言えぬことはない。江戸の街頭で、不幸や貧困にうちひしがれたような表情をまったく見出すことができなかった欧米人観察者は反射的に、自国の大都市で日常見うける絶望と不満にさいなまれた表情のことを思った。しかし、そのように絶望し、そのように不満を覚えるというのは、新たに獲得された達成、あえていえば人間の可能性の表示なのかもしれなかった。人間がそれまで知らぬ不幸を知るようになったのは、「進歩」だったのである。

徳川後期文明のもとで、人びとの表情が幸福と満足にいろどられていた理由を考えてみよう。第一に、社会には強い親和力が働いていた。人びとの心は開放的で、しかも洗練された礼節が交わりにおける潤滑油の働きをしていた。のびやかな心とこまやかな人情によって、社会はすごしやすい交わりの場となった。

第二に、人びとの生には意味が与えられていた。身分的職業的な分限とは、生を意味づける世界理解システムの一側面にほかならない。人間がその中に生きる自然環境もまた意味づけられていた。いわゆる迷信とはそのような意味づけの一形態である。人は訳のわからぬ世界に棲んでいるのではなかった。幸わせであれ不幸であれ、人はおのれの生の意味を了解して死ぬことができたのである。

第三に、それは人びとに自主的に生きることを可能にする文明だった。欲望や機構や集団的規律という人を画一的な行為にかりたてる要因から自由であったので、彼らは彼ら自身の主人であることができた。このことは現代人たるわれわれが考える自由とは、まったく位相の異なる概念であることに注意せねばならない。

観察者が日本には貧乏人はいるが、貧困は存在しないと考えたのは、当時の文明が人びとにこのような自主性を保証するものだったからだ。そしてその自主性は、彼らがどんなに貧しくても社会的共有地（コモンズ）から隔離されていないことから来ていた。ジェフソン＝エルマーストが注目したように、茶店で酒を飲む金を持たぬ者は、茶を一杯もらって、他人が飲んでいる様をにこにこ眺めて満足することができた。茶店はそういう客を追い立てはしなかったのである。

そのような徳川後期文明との対比で言うならば、近代文明はいかなる輝しい達成を誇ろうとも、社会から親和感を一掃した文明であった。むろんそれは人間による人間のための文明であったから、そのような親和力の喪失は予期せざる副産物とみなすべきだろう。いかなる要因とメカニズムによって、そういう結果がもたらされたのか、今は問わない。その種の解説はむしろあり余っている。また私は声高に連帯を叫ぶ輩を好まぬ者である。私はただ、われわれが生きる空間には、人びとをなごませ親和させるそよ風は吹かないと言うだけである。ただそれだけのことを、私は現代という近代の到達点における最も重大な事実とみなすのである。

さらにまたわが近代文明は、人間の生存と環境世界の意味を剝奪する文明である。その剝奪をもって人間の解放とみなす文明である。近代が出現するまで人びとは、おのれの実在を社会と環境世界の中に定位する解釈のうちに安住していた。コスモスは意味を持ち、従って了解しうる存在だった。近代文明はこの意味づけを解体し剥奪したのである。

解体は大まかにいってふたつの段階を踏んだ。十八、九世紀のヒューマニズム思想は伝統的な意味づけを解体することによって、より合理的でよりヒューマンな意味づけを構築しうると考えていた。だが、解体とはいったん開始すれば、終点に至るまで停止しない運動である。周知のように二十世紀に至って、解体は新しい局面へ入った。その極相が八〇年代に喧伝された脱構築（ディコンストラクション）である。

私は脱構築を叫びたてるかまびすしい声に接したとき、奇妙な既視感に襲われた。近代の文学や社会思想になじみ始めた少年の日、なぜ食事は二本の箸でせねばならず、なぜ学校へ毎日ゆかねばならぬのかと疑ったことを私は思い出した。

あらゆる意味づけは仮構であり、約束事にすぎぬのだから、いったんそれを疑い始めれば解体は極点まで進行する。脱構築主義は十九世紀のいわゆる大思想が提供した意味の枠組を解体したが、脱構築自体は何ら新しい試みではなく、近代の初発において始動したプロセスの極限的な局面にほかならなかった。脱構築論者はおのれの営みを近代批判と錯覚していたけれども、彼らの正体はウルトラモダニストにすぎぬのではないか、私はそう疑わずにはおれなかった。近代という蛸はついにおのれの足を喰い始めたのである。

一切の構築を解体すればあとには何が残るのか。いわずと知れた意味なきカオスである。この意味なき空間を彼らは自由の空間と呼ぶのである。一切の意味づけを剥奪した空間で、何ものにも制約されず遊動する自由こそ、人類史上初めての経験であり、人間の新たな可能性を拓くものだというのだ。近代は理論の外姿を借りながら様ざまな夢想をはぐくんで来たが、このような虚無の遊動への思い入れも、近代が育てた最後の夢想のかたちなのだろう。

だが、そこで前提されている自由とは、いったいどんな内実をもつのか。私は自由論をやろうというのではない。私はただ自分が自分の主人でありたいと欲する。それは至難のことだが、そのためにはどういう条件が必要なのか。その条件のうちに、少なくとも今日高唱されるような自由は含まれないというのが私の考えである。

自分の行為が自分の統御のもとにあることを自主性と呼ぶなら、近代は人の自由は実現したが自主性は喪失した時代といってよい。これは現代の常識に反する考えであるから、多少なりとも詳論を要するだろうけれど、いま私にはその余地がない。ただ徳川後期文明を目撃した観察者は、その住民にまぎれもない自主性を感知したのである。一言でいうとそれは、彼らが重装備の文明によって束縛されていないことから生じた印象であった。むろん観察者たちはおのれの属する近代文明に、このような自主性が欠如していることにも気づいたのだった。

私は自著の中で、近代はその行程を歩み終えたと書いた。エコロジストは自然環境との関係において、近代産業文明の行き詰りと崩壊を予言している。しかし産業文明はそのまま近代ではないし、近代が脱産業の方向で延命する可能性はないとはいえない。私は予言者でも社会改革者でもない。ただ近代がその歩みを終えたという実感をどうすることもできない自分をもてあますだけである。

悪を欲して善をなすのがメフィストフェレスだとすれば、近代の改革者たちは善を欲して悪をもたらす魔法使いの弟子なのだろうか。彼らは自分が統御できぬものを呼び出してしまったのである。歴史家は意図したものとは逆のもの、あるいは無縁の帰結に至るのが歴史の力学だという。近代は人間を解放し、そのよきものを全面的に開花させようと望んだのである。しかし今日われわれは、自由、平等、民主、福祉等々の近代的理想の行末を目撃している。気づいてみればわれわれは、人間がこれまで経験したことのないような反人間的な文明に直面しているのである。

ドストエフスキイは『悪霊』のエピグラフとして、悪霊のとりついた豚たちが崖からなだれ落ちる聖書の挿話を引用した。むろんこれはロシア社会主義者への風刺である。しかしドストエフスキイも私もまた、一個の悪霊なのである。悪霊とは近代を恋う孤独な魂である。近代の理想と憧憬はその終点を明示するに至った。その数々のよきものを擁護しつつも、近代の極相（クライマックス）から目をそむけてはなるまい。私はそのような思いで『逝きし世の面影』という本を書いた。

徳川期理解の前提

私の江戸時代への関心はその源を、日本近代が経ねばならなかった特殊な悲劇についての、私固有のこだわりに発している。

私はプロフェッショナルな歴史家ではないし、江戸期の文物や情調に対することさらな嗜好や趣味の持ち主でもない。昭和の子であるのが私の運命であった。むろん人はおのが運命から解き放たれねばならぬが、それは運命を誠実に荷い、その内実を執拗に問い続けて初めて成就しうる目標である。昭和という時代の意味を納得する視点ないし方法を獲得せずしては、私は生きることができなかった。

昭和はいうまでもなく明治革命に端を発する日本近代のクライマクスである。日本近代に関しては、資本制市民社会の展開への抵抗が終始右翼的ないし反動的な装いで出現せざるをえず、保守的国家主義者と進歩的市民主義者の対立は、資本制市民社会の構築のしかたにかかわる表層的な分岐にすぎずして、両者とも右翼的仮装形態で出現する反資本制的な民衆感情への根本的な敵手という点で一致していたという逆説の存在を、私は一貫して指摘してきたといっていい。むろん私は、明治革命を画期としてその前後の社会間に断層を認めていたわけであるが、その認識は一般常識のレベルにとどまって、反資本制的な共同性への夢が前近代的根っこをもつことは承知していても、その正確な出どころについてはまったく認識に欠けるところがあった。

やがて私は、日本近代は徳川期の社会と文明を根底から否定し破壊することによって出現したのだという、考えてみれば当然すぎる事実に気づかされた。気づかせてくれたのは幕末から明治にかけて来日した外国人の残した見聞記である。彼らは口をそろえて、自分たちの知っていた古き日本は滅んだと言っている。この言明はショッキングだった。私はその「古き日本」を彼らの記述に従って復元してみた。それが『逝きし世の面影』（葦書房・一九九八年刊）である。この本はいろいろと批評されたが、私の意図はあくまでも、日本近代が何を滅ぼした上に成立したのかということを確かめるにあった。

つまり私の江戸時代への関心は、近代が成立するためには滅ぼさねばならなかったその前近代的な特質の上にあるといっていい。この点で私は、六〇年代後半以来の、とくに八〇年代以降ブームになったそれとしての、江戸時代再評価とはまったく方向もモチーフも異にしている。江戸時代に日本の近代化の前提が形成されたとか、いや江戸時代はアーリイ・モダンそのものだといった論旨に反対というわけではない。そのような議論には大いに意義があり、根拠もまたあると認めながらも、江戸期が日本近代がめざして実現した社会ないし文明といかに異質であったかという一点を私は見据えたいのである。その一点を手放したら、日本近代の悲劇の性格がまったくわからなくなるし、私たちがいまどういう時代を生きているのか、それも五里霧中に陥るほかないというのが私の譲れない論点であった。

むろん時代区分には、断絶と連続の両面がつねに伴うものだ。ローマ文明をゲルマン部族国家が継受したか否かという点についても、連続説を主張したドープシュの大著をもってしてもまだ決着はついていない。江戸時代についても画期的な認識を示した尾藤正英は、日本史の時代区分において最も重要なのは戦国後期という画期であり、それに較べると江戸時代と近代は連続していて、明治維新は画期とするに足りないと説いており（『江戸時代とは何か』岩波書店・一九九二年）、私はあえてその説に異を立てる必要を認めない。しかし尾藤の視角はほぼ二千年にわたる日本史の画期の問題であり、私の視角がそれとまったく異なる以上、江戸期日本と近代日本との間に連続するものを認めつつも、あえてその点は問わずに、断絶を決定的に強調する自由は私にある。むしろそれは昭和の子たる私の運命の強制するところなのである。

端的に言って私の関心の核心は、江戸時代の人間の心性が現代人たるわれわれの心性と決定的な点でいかに異なっているか、心性を培養する器としての生の構造が両者においていかに異質であるかということにある。私は江戸人の生の構造と心性を、『日本近代素描・第一巻』と銘うった『逝きし世の面影』において、主として西洋人の記述にもとづいて復元してみたのだが、続く『素描・第二巻』では江戸人自身の記述に従って、再度おなじ試みを繰り返すつもりでいる(*)。

つまり私の『日本近代素描』は、近代そのものをデッサンする以前に、近代がその瓦礫の上に建てられた古き建物の構造なり外観なりを描くのに、まるまる二巻をあてようという悠長な仕事なのだ。それだけではない。むろん私は江戸という時代の、人類史上の位置づけあるいは性格づけといったしんどい仕事もおのれに課さねばならないのだが、そのためには江戸という時代がどういうプロセスを経て形成されたのかという経緯をたどる必要にとりつかれてしまった。つまり私は室町後期という大転形期そのものを、自分なりに調べてみることになったのである。

そこのところを私は『逝きし世の面影』の「あとがき」に、「幕末を語るためには徳川時代を概観せねばならず、徳川期を語るには室町期へ溯らねばならぬとあっては」というふうに書いたのだが、同書に対する松本健一の懇切な書評のなかで早速「無限定というか無限遡及的な思考法」と批判されてしまった。一言もない次第だけれど、ある時代を叙述しているうちに、その前の時代に関心が溯ってしまうのを歴史家の病気というのだそうだ。しかし私は歴史家というほどの者でもないし、病気であったたって一向に構わない。そうする必然が自分にあるから、読者の迷惑は顧みずそうするだけのことだが、自分自身いささか気がひけるところがあって、江戸時代はいかにして出現したかという主題と取り組む著述は、『日本近代素描』の連作からはずして独立の著作の体裁をとり、近く弓立社より本にしてもらうことにした。『逝きし世の面影』の初稿は『エコノミスト』誌（毎日新聞社刊）に連載した『われら失いし世界』であって、同書はその序章と第一章をもとに成り立っている。連載は第二章「徳川の平和」で打ち切りとなったのだが、『逝きし世の面影』には収録しなかった「徳川の平和」を生かしながら、徳川という時代の形成過程をたどるのが新著の企図ということになる。

それにしても、いったい何故に私は室町後期に溯らねばならなかったのか。江戸時代の評価あるいは意味づけが、この大転形期の解釈と密接に関わっている、というよりそれに決定的に左右されているという研究史上の事実がなければ、私がいかに物好きであろうと、素人の分際で史学者たちのややこしい議論に口を出すことはなかっただろう。

すでに『エコノミスト』連載の第二章が四苦八苦の産物であった。また叱られそうだが、室町期に関する史学の議論を理解するには、少なくとも院政期以降の平安朝史、さらには鎌倉時代史について、基本的な文献に目を通しておかねばならない。しかも研究論文の圧倒的多数は、スコラ的な「マルクス主義」の諸範疇にがんじがらめになった形で書かれている。原史料のナマな提示と、史的唯物論的範疇のスコラ的な操作とが組みあわさったまことに独特な叙述スタイル、戦後史学を風靡したこのこちたき話法につき合うのは忍耐の一語に尽きた。戦後の史学者は笠松宏至ただひとりを例外として文体を持たない。文体なき文章を読まねばならぬ苦痛についてこれ以上愚痴をこぼすのは慎むにしても、一刻も早くこの泥沼から脱出したかった私の一心には、多少の同情あってしかるべきだろう。

それはさて措き、わが近代の前提として江戸時代を理解したいと願う私にとって、何よりもまず先に粉砕せねばならぬものとして現れたのが、それに先んずる室町後期に関する或る定形化した把握だった。典型的な例をあげるならば、G・B・サンソムにとって、徳川期は歴史の力強い潮流に抵抗しようとする、初めから失敗とわかっている不毛な試みにほかならず、それに反して室町期は海外進出の気概にあふれ、文化的にも活力にみちた時代であった（'Japan. A Short Cultural History', revised edition, 1962, New York)。おなじくE・O・ライシャワーによれば徳川幕府の成立は、「社会に対する一連の苛酷な統制と、当時日本にあった創造的動向に対する仮借なき抑圧、および時代おくれの封建政治形態への逆行」という点において、「出発時においてさえ本質的にはすでに反動的な政策の強行」を意味した（『日本・過去と現在』時事通信社・一九六七年)。すなわちライシャワーにとっても、室町期は創造的動向にみちた時代であって、その動向は江戸時代への推移によって窒息せしめられたのである。

むろんこのようなアングロサクソン系の歴史家の見解は、日本史学界の常識的なムードをそのまま反映したものにすぎない。すでに大正期において三浦周行は、山城国の国人一揆をわが国における国民議会の萌芽として称揚していた。下剋上、土一揆、山城国一揆、さらには自由都市堺と来れば、話の行方はほぼ定まる。すなわち大正デモクラシー史学は十五、六世紀を日本のルネサンスととらえたのであり、そのルネサンスを挫折せしめたのが織豊政権であり徳川体制にほかならなかった。

このような視点はマルクス主義史学によっても継承された。日本マルクス主義者は本質的に市民主義的民主主義者であって、資本制と一度たりと真剣に闘ったことがない。反資本制的な衝迫の弱さ、というより欠如は彼らの著しい特徴である。彼らにとって闘うべき対象は天皇制を頂点とする伝統的権威主義支配であって、その意味で彼らは本質的にシトワイヤン、すなわちブルジョワ民主主義者にすぎなかった。その典型は羽仁五郎において見出される。戦時中の著作『ミケルアンヂェロ』から、大学紛争時の学生のバイブルとなった『都市の論理』に至る西欧的な自由都市と市民の理念の顕彰は、そのような図式が今日の西洋史学において完全に否定された妄想にすぎぬという点はのちに説くとしても、思想家としての彼の本質が何であったか証してあまりある。

戦後マルクス主義は一貫して、十五、六世紀を農民階級と領主階級の闘争の時代ととらえ、古き荘園領主の地位を奪った武家領主階級によって農民階級が屈服させられる過程としてそれを叙述してきた。むろんそれは同時に、彼らが独立不羈の存在とみなした自由都市の市民、海外貿易に雄飛した商業階級の敗北の過程ともみなされたわけである。

だがこのような叙述は、十五、六世紀の社会構造の変動を古典マルクス主義的な階級理論によって図式化したフィクションというべきである。なぜなら当時権力を奪取した武家領主たちは、在地の荘園制的支配関係を変革しつつあった惣村のただなかから出現したからである。武家領主階級と対立し死闘する農民階級などというのは、マルクス主義史学者の脳中にだけ存在した虚像にすぎない。今日の観念における単一化された「農民」など当時は存在せず、実在したのはそれ自体の中に階層的支配関係を内包する多義的な惣村の成員だったのである。

いわゆる織豊政権の形をとって新たに全国的統一社会体制を造りあげた武家領主たちは、村の「百姓」が成り上ったものにほかならなかった。もちろん、戦国大名の系譜をたどれば、彼らのうちに中世の荘園公領制、黒田俊雄ふうの表現を採るなら権門体制のうちに支配者としての地位を占める階層を見出すのは容易だ。しかし彼らは侍に成り上ろうとする村の「百姓」たちによって、いわば推戴されたにすぎない。惣村が内包する階層的支配関係（それは同時に共同関係でもあるのだが）が外部へ析出した結果が、織豊政権を経て徳川体制として安定した新しい社会体制なのである。

徳川体制を武家領主階級と農民階級とが死闘して、ついに農民階級が圧殺された結果とみなす見解は、当の「武家領主」なるものが、室町期を通じて社会の基礎的構成単位として成長をとげた惣村の産物であることを全く見落している。

そのような左翼ロマン主義的なフィクションは、一向一揆を日本の農民戦争とみなす根強い見解において極端、かつ荒唐無稽の域に達しているというべきだろう。この点については『エコノミスト』連載の第二章において詳論したので多言は費さない。要するに、一向一揆が本願寺領国を形成し、信長の全国統一志向と対立するに至る経過は、これこそ村の地侍たちが村人たちを率いて領主階級へ成り上ってゆく運動の典型である。本願寺はこの場合、多くの戦国大名同様、盟主つまりは旗印として推戴されたにすぎない。一向一揆の制圧した加賀が「百姓の持ちたる国」と形容されたことに惑わされてはなるまい。そう呼んだのは誰か。中世的権門のものたちである。「百姓」とは何か。おのれたち中世貴族の一員ではない「凡下」たちということで、「農民階級」などという含意をそこに読みこむのは全くの滑稽である。

むろん、この成り上り運動はどこかで停止せしめられねばならぬ。成り上り運動とは戦乱と無秩序を意味する以上、領主として成り上った部分が残余の「百姓」のそれ以上の成り上りを禁圧したのは、体制の安定のためには当然の措置であった。もちろんこの成り上り運動が、年貢収取者としての領主階級と年貢負担者としての農民階級を新たに画定し、再編された身分制に収斂した結果については、なぜ万民ともに市民として平等均等に自己解放ないし自己形成を遂げることができなかったのかと、いくらでも左翼ロマン主義的な批判や夢想を繰りひろげることができる。しかし十五、六世紀の変革が、村のエネルギーによって導かれながら、武士への成り上り、ひいては大名領国の形成に帰結したのは決して嘆くべきことではない。

というのは、成り上り運動はその成果を、新たに出現した体制の上にはっきりと刻印したからだ。すなわち徳川体制は、土地領主とそれに隷属する農民という古典的な農奴制を廃棄して、武士階級と農民階級との間にかつて存在したことのない関係をつくりあげたのである。武士階級は城下町に集住し藩庫から俸禄を受給する存在と化すことによって、土地領主の性格をまったく失ってしまった。大名は処分可能な私有財産として藩領を所有したのではない。それは天下からの預かりものであった。彼らは確かに年貢収取者であったが、その資格は彼らが行政官僚として、あるいは常備軍の軍人として、領国ひいては天下の平和と民の福利に責任を負うことから生じた。

一方、武士への成り上りを阻止されるか、あるいは成り上りを自ら選択しなかった残余の農民は、村共同体によって年貢を請け負うかわりに、広汎な自治権を保留した。朝尾直弘は「十七世紀においては、武士団と被支配身分の中心である農民との間に、支配のあり方や搾取の程度について、多くは暗示的に、部分的には明示的に、一種の契約が成り立っていた」という（『都市と近代社会を考える』朝日新聞社・一九九五年）。朝尾は十五、六世紀の変動を、武士領主階級と農民階級とが死闘し後者の敗北に終る過程として、一貫して叙述してきたマルクス主義史学者である。死闘の結果血の海に溺死させられたものが、どうして仇敵とこれほど有利な契約を結ぶことができるのか。そんな皮肉のひとつも言いたくなるところだが、時勢の変化とはおそろしいもので、十五、六世紀という転形期の意味の見直し、ひいては徳川体制成立の再評価は、実はこの十数年来、勝俣鎮夫や藤木久志によって着々と切り開かれてきた方向であり、前引の朝尾の見解もそのような史学界の新動向を反映したものと見てよい。

しかし一方、十五、六世紀における堺などの自由都市運動については、その近代市民的可能性を無邪気に讃美するような言説は相変らず根強いように思われる。堺についてはイエズズ会宣教師の報告がよく引用されて来たが、フロイスの『日本史』が伝えるその実状は、決して単純な讃美の対象にはなり難い。だが今は「中世自由都市」なる概念について、ヨーロッパ史学がどのような見解に達しているかということだけを抑えておこう。光輝く都市の自由なるものはそもそもヨーロッパ中世都市像を輸入して、日本に類似の形象を見出したものだからである。

ミッテラウアーは十九世紀後半の都市史研究において、中世の「自治的都市共同体」とか「市民的自由」が強調されて来たのは、当時の政治的自由主義の影響であって、都市は封建的貴族世界と対立するものではなく、都市の共同体的権利なるものも、広く農村領域でみられる自治と関連させて理解すべきであり、「都市の空気は自由にする」という有名なことわざは、「十二世紀に始まる大規模な定住活動の際に認められた一般的開墾者の自由の、都市的特殊形態にすぎない」という（森本芳樹編『西欧中世における都市と農村』九大出版会・一九八七年）。

デュビイの場合はもっと率直である。彼によれば「都市に関するものであれば何でも誉めあげようとする神話」は、資本主義生産に結びついたイデオロギーの軛なのだ。都市は単純に自由の砦なのではなかった。そこでは「最高水準の自由と最も強い隷属」が並存していた。農村なしに都市はありえない。都市を「進歩の揺籃、成長の原動力」、農村を「頑迷で偏狭な受動性と習慣の世界」とみなすのは、ほかならぬ都市で育った「歴史研究の伝統が持つ重圧」なのである（同上書）。

このようなヨーロッパ史家の見解は、わが国の中世史研究者によってもほぼ受け容られている。江川溫と服部良久によれば、ヨーロッパ中世における住民の自治に関しては、「都市と農村のあいだに断絶を認めることはできないし」、「自治制度があるからといって、都市領主の権力が消滅するわけでもない」。しかも「都市はある意味では農村以上の階層社会であり、民主的な社会ではなかった」（『西洋中世史・中巻』ミネルヴァ書房・一九九五年）。

輝ける市民的自治、封建貴族と闘う自由の砦といった古典的自由都市像はいまや博物館行きのしろものといっていい。それなのにわが国では、堺に対する信長・秀吉の干渉は一種の絶対悪とみなされている。それをヨーロッパにおける絶対王政の都市特権の回収との類比において理解しようとする試みさえ、管見の限り行われていない。十六、七世紀の城下町建設についてすら、領主主導のありかたが後進性の証拠のように受けとられている。領主主導による高地の囲壁集落建設（インカステラメント）は、城戸照子によれば、イタリア中部、フランス南部・西部においては「中世盛期に向う定住動態の基本的傾向」であるというのに（「インカステラメント・集村化・都市」＝『西洋中世史・中巻』所収）。

戦後の左翼史学は散々馬鹿の限りを尽して来たのだから、彼らの最近の言説になし崩し的な方向修正の気分が出て来ているのは当然の成りゆきといっていい。しかし、現代フランス思想や文化人類学的視点などを輸入しながら行われる彼らの最近の言説は、パラダイム転換の花火を打ち上げながら、依然として古典左翼的な骨格に貫かれている。

網野善彦の言説はその典型である。周知のように彼は中世における「無縁」の原理に注目し、領主制の束縛を逃れようとする民衆の自由を保証する場として様ざまなアジールの存在を立証することによって、中世を家父長制的奴隷制社会とみなした戦後左翼史学の壁に鮮やかな穴を明けてみせた。しかしその場合、彼の主張の主たる含意は、そのような中世民衆の自由が武士階級による全国支配の完成を通して圧殺されたという点にあった。彼が徳川体制について、武士領主階級による民衆の徹底的な抑圧という全く古典左翼的イメージに固執しているのは、世界に類をみない専制などという形容からしても明らかである。

たとえば彼は、中世において確立していた寺社のアジール的性格が、大名領国制の進展のうちに圧縮され、江戸時代には縁切り寺という特殊で孤立した事例にまで縮小されたという。しかし江戸時代において、女性たちが縁切り寺などに頼らずとも広く離婚の自由を享受していたのは、高木侃の『三くだり半』（平凡社・一九八七年）によって明らかなのである。すなわち、アジールに逃避せねば一身を保全できないような状況から、徳川期の女性はすでに免れていたのであり、その間の事情は女性のみならず平民一般について同断とみなすべきである。

網野は高木の本を読んでいないわけではない。ちゃんと読んで肯定的に紹介までしているのだが、高木説を承認すれば、アジールに逃げこめば自由を得られた中世民衆が、武家統一政権の専制によって無縁の自由を喪失したなどという自説がいかに一面的なものであるか、気づかねばならぬはずなのだ。ついでに言えば、この人は史学の最新の動向をよくフォローするが、根本的には自説を崩壊せしめるはずの他者の説を、まるで自説を補強するもののように扱ってゆく手つきにはおそれいらざるをえない。

そもそもは網野が、ヨーロッパ中世におけるアジールを、古ゲルマン以来脈々と流れる人民の原初的自由などと解釈するのがナンセンスなのだ。こんなマルク共同体説に淵源するゲルマン的自由などという概念は、ヨーロッパ史学界ではとっくにお蔵入りになっている。網野の話では、無縁の地すなわちアジールは領主の人身支配や迫害を免れるために民衆が逃げこむ一種の解放区のように聞える。そんな馬鹿な話はない。アジールには人殺しだって何だって逃げこんだのである。ヨーロッパでも日本でも、アジールは中世の自力救済的世界の構成要素なのである。

網野の書くものには人民的な自由・平等といったスローガンが溢れ返っているが、そのいずれもが極めて近代的に解釈された自由であり平等であるにすぎない。ホイジンハによれば、ヨーロッパ中世都市の自由とは「最も狭い範囲に属する社会集団の利益のために他のすべてを犠牲にする自由」だという（『レンブラントの世紀』創文社・一九六八年）。この奇矯に聞えかねない言葉は、しかし堀米庸三の中世的自由についての概括を読めば素直に納得することができる。

堀米は言う。自由とは保護されているということであり、従って保護してくれる者への依存を表わしている。「自由は一般に集団的秩序の内部における自由であり、この秩序は自由の拘束であると共に、その保障ないし保護なのである」。自由の所有者は「その自由の保障を自分自身の中にではなく、却って自己が依存する他者の中に見出していた」。ゲルマン的ジッペとの関係において見れば、犯罪によってジッペの保護＝平和（フリーデ）を奪われたものは一切の法的関係と所有物を失って「森をさまよう人間狼」となる。これがいわゆる「鳥の自由（フォーゲル・フライ）」であって、「ゲルマン的自由は、その喪失がもたらすところのかくも恐るべき運命の不可避性を以て、保護権力に結びつけられていた」（『ヨーロッパ中世世界の構造』岩波書店・一九七六年）。

もちろんこれはヨーロッパ中世の話だ。しかし今は詳述しないが、ヨーロッパと日本の中世はおなじく自力救済的世界であるという点で意味深い共通点を持っている。むろん自力救済の単位は個人ではなく、共同団体であり家である（家もこの時代においてはホームではなく経営体であるから共同団体のひとつとしてよい）。従って自力救済の能力をもつ共同団体の保護を失ったものはアジールに逃げこむほかはない。ヨーロッパにおいても日本においても、中世人の心性からすれば、アジールに逃避するのは自由の実現ではなくその喪失だったのである。

網野は「無縁」という概念を行使して、アジールとしての寺社から、平和領域としての楽市までを一括し、領主権力の支配に抗する人民的自由の砦と性格づける。しかし楽市は自力救済的世界における平和領域であって、たとえばヨーロッパ中世における「神の平和」に類比しうる現象である。自力救済世界は絶えざる私戦（フェーデ）の世界であるから、必要な商取引を保全するためには平和領域を設けねばならず、そのような要請は領主対人民の対立などとは無関係に生じるのだ。

要するに「無縁・公界・楽」に中世人民の自由領域を見出すという構想の前提には、網野の抜きがたい階級闘争史観がある。民衆は自由と平等と平和の希求をもって、その圧殺者である支配者と戦うというのが彼の基本的な歴史イメージである。だがそのような人民的な自由・平等・平和の観念が、十九世紀自由主義イデオロギーからマルクス主義に継承された極めつきの近代主義的概念の、前近代に対する投影にすぎないことを再説する必要があろうか。

十六世紀の人間は今日的意味での自由・平等・平和の担い手などではなかった。惣村においても「自治都市」においても、成員の自由（近代的意味においての）はきびしく制限され、成員間の平等はなかった。彼らは武装し、たがいに戦端を開いた。村どうしの水争いは合戦に発展し、数十、数百の戦死者を出した。法華宗の京町衆は山科本願寺を焼打ちせずにはやまなかった。光輝燦爛たる堺はどうか。

フロイスの記述するところによれば、宣教師たちの保護者である日比屋了珪が娘に対する町の有力者の求婚を拒んだところ、その有力者は娘が外出したのをねらって強奪監禁した。了珪は娘を取り戻そうと、仲間と下人をひきいてその家を襲撃し、武闘は再度に及んだというのだ。両者とも十分武装していたのはいうまでもない。目的を達しなかった了珪は有力者の父親を街頭で捕獲し、彼とひきかえに娘を取り戻したのである。堺の嚇々たる自治とは、その実このような自力救済、いいかえれば無法の世界にほかならなかった（『日本史・第二巻』中公文庫・二〇〇〇年）。

網野は中世民衆の自由の希求を述べる際、領主階級の隷属的な個別人身支配に焦点を当てている。民衆はそれをいやがったというのだ。この点については朝尾直弘がより直截な述べ方をしているのでそれに従うと、「十六世紀の百姓は主従制の私的隷属関係に包摂されることを好まず」、公的・領域的支配を望んだ。武士団には主従制を核心とする個別人身支配が貫徹したが、徳川期の領主＝農民関係は中世末の闘争の成果として、私的・人格的なものではなく公的・集団的なものとして成立した（朝尾・前掲書）。

主従制というもの、「個別人身支配」なるものへの近代的な思いこみがよく露呈された言述といえるだろう。しかし当時にあって主どりをすることが、言い換えれば主従関係に身をおくことが、それほど人びとから忌避されたものかどうか。事態はまさに逆であったように思える。朝尾が例証として引く『本福寺跡書』自体、本願寺教主に対する並々ならぬ主従的信愛を吐露したものであるし、例の『三河物語』に表われる主従的情念も、決して一方的な隷属あるいは人身支配というものではない。むしろこの二例は、いずれも堀米庸三のいう保護＝託身による自由の例証となっている。英国の中世史家R・W・サザーンは、十一世紀中葉、修道院に自らを奉献して農奴となったある農民について次のように述べている。このように隷属することによって彼は何ものも失わず、かえって土地保有を永続的にする利点を得た。隷属という観念に人を嫌悪させるものはなく、それは却って自由への道であった（『中世の形成』みすず書房・一九七八年）。

このような叙述は、現代人の価値観とくにラジカルな政治信条を持つ現代人のそれからすれば、単に受け容れがたいばかりでなく、ほとんど理解不可能ですらあるだろう。だが近代的なラジカリズムに立って、過去におのれの価値観から来る解釈を押しつけてみても、何が得られるというのか。主従関係は今日でこそ忌避の対象であるかも知れないが、室町人や徳川人にとってはおのれの生の充溢をもたらす源泉でありえた。これはとくに徳川人の心性を理解する上での重要な論点である。彼らにとって主人に対する奉仕は隷従から最も遠いものであって、かえっておのれの尊厳と内面的自信を保証さえしたのだった。室町期より徳川期にかけて家臣団内で確立する衆議決定権は、極まるところ主君を幽閉する慣行すら生んだ(笠谷和比古『主君「押込」の構造』・平凡社・一九八八年)。主人に対する奉仕感情が二十世紀の英国においてさえ、従者の個的尊厳の源泉でありえたのは、カズオ・イシグロの偉大な小説'The Remains of the Day'の語る通りである。

網野の言説は「無縁」論から拡がって、いまやふたつの主題、日本が米作によって立つ国というのは誤認であって、実は中世以来、商業ならびに非農業的産業の広汎な展開があったにも関らず、その実態が「百姓」即農民という誤解によって隠されてきたという主張と、日本が単一民族国家というのは虚偽であって、日本国も日本人も作為された妄想にすぎず、実は多様な異文化・異人との交流混淆の中で日本の社会も文化も作られてきたのだという主張とに収斂しつつあり、世上の網野人気もこのような当世ばやりの論調によるところが大きい。

私はこのような彼の言説の展開のうちに、いわゆる「網野史学」なるものの本質、いうなればば旧態依然たる左翼的骨格がますます明瞭になったと考える。第一の論点についていえば、中世以来日本は米作一点ばりの社会ではなかったというのは、それが事実認識にとどまるのなら、新しい知見として歓迎していい。だが彼は日本は「瑞穂の国」ではないという時、そこにはイデオロギー的動機が正直に露呈されている。つまり米作本位の国柄こそ天皇制を頂点とする反人民的専制主義の源泉であり、そのような「瑞穂の国」幻想を破砕せずしては自由・平等な社会を築くことができないという彼の政治的立場がみえみえなのである。第二の主題についても、彼のモチーフになっているのは民族主義ないし国粋主義との闘争である。もちろん第二の論点については、今はやりのクレオール主義とか脱国民国家主義・越境志向といった九〇年代ラディカリズムの摂取、それとの合流といった側面を考慮しなければならぬが、それとて戦後左翼の反国家主義・アウトロー志向という下地があってのことで、根本的にはこの人の闘争目標は天皇制的国家主義であり右翼民族主義なのである。

何と古典的な闘争目標であろうか。この人にとって世界の構図は何も変っていない。相変らず敵はアメリカ帝国主義であり日本天皇制なのだ。彼は一九九六年に出した著書『日本中世都市の世界』（筑摩書房）に収めた文章の中で「未来の共産主義社会を見通しつつ」と書いているのでもわかるように、確かにマルクス主義者なのであるが、日本マルクス主義者の伝統に従って、今日グローバリズムの形態をとって世界を変貌させつつある資本制とではなく、日本の専制的国家主義、その頂点としての天皇制と闘うのがこの人の関心であり使命なのである。ちょうど中国の共産主義者たちが、その本質はナショナリストであるにもかかわらず、ナショナリズムの目標を達成するのに最も適合した手段としてマルクス主義を選択したように、日本の自称マルクス主義者たちはその本質は市民主義者であるのに、専制的国家主義やミリタリズムと闘うのに最も有効な武器としてマルクス主義を受容したのであって、網野の場合も例外をなすものではないのはすでに明らかというべきだろう。

資本制の本質が機械制大工業にも市場経済にもなくて、国境を越えて利潤を追い求める貨幣資本の投機的行動にあるのを指摘したのは佐伯啓思であるが（『貨幣・欲望・資本主義』新書館・二〇〇〇年）、このような資本制の危険な本質、とくにその現代版としてのグローバリズムに対する危機感は、網野の思考から全く欠落している。逆に彼は日本社会の根底に稲作農業を置く思考を「農本主義」と罵倒し、その対立物としての商業的国際交流を「重商主義」と呼んで賞揚する。用語からして時代錯誤というだけではない。彼はいまだに都市と商業は進歩的で、農村と農業は保守的だという十九世紀的市民主義史学のお古い枠組の忠実な虜囚なのである。

しかし問題は、このような旧い体質の「網野史学」が、日本でいえば全共闘世代、アメリカでいえばヴェトナム反戦世代以降、言論界を支配するに至ったラジカル市民主義的言説と合流・融合しつつあることにある。自由と平等そして反差別という抽象化され合理化された平板な原理によって過去を弾劾することで、ガラスのように透明な平等かつ自由な社会を作りうるという、新たな啓蒙主義というべきラジカリズムがわが国の史学界に浸透し始めて久しい。この手のラジカリストはまた疑いを知らぬインタナショナリストでもあり、民族と名のつくものを一切敵視し抹殺するのが正義と信じて、その土地固有のもの、風土と切っても切れぬ生の根っこ、つまりイリイチふうに言えばヴァナキュラーなものがグローバリズムによって掘り崩されている現状を見て見ぬ振りを装っている。彼らの外へ向って開いた日本という金看板の裏には、グローバリズムなんて知りませんという文字が秘かに浮き出ているに違いない。

さて、徳川社会を生み出す大転形期を自分なりに解析しようとする新著の前宣伝にしては、私はあまりに遠くまで来すぎたようだ。そろそろ鉾の納めどきかと思う。松本健一の言うように起原はどこまで溯ってもきりがないわけだが、少くとも室町後期まで溯る必要が私にあった事情については、果してご理解ご同情いただけたろうか。

（＊）『逝きし世の面影』を第一巻とする『日本近代素描』の構想をその後私は放棄した。しかしここで予告している第二巻は『江戸という幻景』（弦書房・二〇〇四年）と題する単著となったし、さらに徳川期社会の成立に至る道筋については『日本近世の起源』（弓立社・二〇〇四年）で論じた。この二著ならびに『黒船前夜』（洋泉社・二〇一〇年）は幻に終った『日本近代素描』の忘れがたみと言ってよい。

カオスとしての維新

明治維新と称される変動過程の意義について、今日ほど曖昧な判断しか下せなくなった時期はこれまでなかったのではあるまいか。かつては、右翼であれ左翼であれ、意義づけの内実は異なるにせよ、過去の蒙昧を脱して近代の光明へ歩み入った転機として、維新の意義を安んじて肯定することのできた時期があった。しかし今では、そのような疑いを知らぬ大前提は成立不可能となり、一切が混沌のなかへ突き返された観がある。

むろん従来も、維新革命の評価は単純に肯定的だったわけではない。マルクス主義者のようにそれを革命ならざる不徹底な改革と見るにせよ、北一輝のように裏切られた革命と見なすにせよ、国家主義官僚に主導された近代建設の内実については、戦前から否定的な論調にこと欠かず、とくに戦後は、維新革命の不徹底ないし反動性を強調するのが知識人の見識とされた。

しかしその場合でも、維新を契機とする前近代社会から近代社会への推転の意義が疑問視されることはなかった。とにもかくにも、日本という社会を近代へ導いた変革は、その内実にいくら注文をつけ苦情を述べ立てることができても、根本的には肯定せざるをえない必然だったのである。

しかも激動の一九七〇年代には、維新の若き革命家たち、なかでもあの昂然たる坂本龍馬や高杉晋作におのれの先蹤を見出すような風潮が、いわゆる新左翼のなかにさえ見られた。M・L派（毛・林派）周辺に、西郷を日本の毛沢東と仰ぐ論調が存在したのは、根本的な異議申し立て者のふりをしていた彼らのなかに、維新神話がいかに根強く生き残っていたか証するものであろう。

そういう時代はすでに終った。いうまでもなく維新革命の錦の御旗としての近代国民国家への評価が、この二十年間にネガティヴなものに暗転し、維新という変革の意義そのものが相対化されたからである。この相対化の作用は何人も免れがたい。だが、かつては近代社会建設の偉業として容認せざるをえなかった過程を、近代国民国家という悪魔が出現し制覇する過程として描き直すというのは、それがいかに今日はやりの言説とはいえ、単純な裏返しの論理なだけにいかにもうさん臭い。それはイデオロギーをもってイデオロギーに代える、見飽きた作業の繰り返しではないのか。

しかも、近代国民国家を悪の元凶として指弾する今日の論者たちが依拠するのは、自由で解放された個人、そういう個人たちが民族や国家の垣根を越えて交流する人類的友愛といった極めて近代的な理念であって、何のことはない、彼らはマルクスから逃避してバクーニンへ先祖返りしたのである。あまり論点からずれるわけにもいかないが、今日の反国家イデオロギーは、一皮むけば全共闘世代あるいはヴェトナム反戦世代以来の、歴史を超越した純粋理性的ラジカリズムである以上、歴史意識にもとづく国家擁護の言説からの反論を免れず、われわれに求められているのはまさに両者の対立を止揚する見地なのだ。

そのことは措くとして、維新革命の意義がポジティヴなものからネガティヴなものに反転したのには、反国家イデオロギーにもとづく近代国民国家批判の威力もさることながら、もっと大きな背景としては、近代というエポック自体が露呈しつつある文明的な行き詰り状況があった。かつては疑うべからざる価値であった近代自体が様ざまに疑われ始め、ひいては日本における近代の導入点としての維新の意義も問い直しを免れなかったのである。

しかし、近代への懐疑といい批判といい、視点や射程は様ざまであるばかりではなく、何よりの問題は疑うもの批判するもの自体が近代の受益者であり、近代に替る有効なオルターナティヴを持たぬということだった。従って論議は一種のカオス状況に陥らざるをえず、強いてカオスを整序しようとすれば、現実離れのユトピズム、歴史的構造の単純化、個人の倫理的決断ないし審美的願望といった、やせほそった言説に帰結しかねない。今日の明治維新論も近代の見直しという視点に立たざるをえない以上、近代国民国家否定というショート・レインジの近代イデオロギーにとどまらぬ、より根底的な考察を求めてのカオス状況に在るといってよかろう。

以上をあまりに大袈裟な前置きとするなら、もっとささやかな糸口から話をし直そう。幕末開港の頃、日本を訪れた西洋人は、自分たちが押しつけようとしている変革を自己満足的に正当化してよさそうなものなのに、それが意外にそうでなかった。

初代の駐日米国公使ハリスが一八五六年、下田の領事館にこの国最初の領事旗を掲げた日の日記に「厳粛な反省——変化の前兆——疑いもなく新しい時代が始まる。あえて問う。日本の真の幸福となるだろうか。」と記したのはよく知られた話だろう。その二年後彼は、下田に入港した英国軍艦の艦長オズボーンに「衣食住に関する限り完璧にみえるひとつの生存システムを、ヨーロッパ文明とその異質な信条が破壊する」ことへの疑念を述べるようになっていた。

ハリスの通訳だったヒュースケンも一八五七年十二月の日記に次のように書く。「いまや私がいとしさを覚えはじめている国よ。この進歩はほんとうにお前のための文明なのか。この国の人々の質樸な習俗とともに、その飾りけのなさを私は賛美する。この国土のゆたかさを見、いたるところに満ちている子供たちの愉しい笑声を聞き、そしてどこにも悲惨なものを見いだすことができなかった私は、おお神よ、この幸福な情景がいまや終りを迎えようとしており、西洋の人々が彼らの重大な悪徳をもちこもうとしているように思われてならない」。

長崎海軍伝習所のオランダ海軍教育隊長カッテンディーケは、自分たちがこの国へもたらそうとしている近代文明が「日本古来のそれより一層高い」ものであることを疑いはしなかったが、それでも、それが日本に「果たして一層多くの幸福をもたらすかどうか」まったく確信がもてなかった。

彼らを捉えた疑念にいっそう明確なかたちを与えたのは、オランダ海軍教育隊付きの医師ポンペである。「一体ある国が国内政治はすでに十分に調和がとれており、かつ満足しているのに、それにわざわざ割り込んでとやかく何か強要する権利がどの程度あるものだろうか、はなはだ疑問に思う。また産物は十分以上にあって、日常生活に必要なものは何でも手に入る国柄であり、その国民は特に日々の生活を幸福に感じており、確かに名前は一応専制国だといわれているものの、事実、政治は公平であり、慈父のごとき温情があり、また自由である国。……そのような国に対して圧力をかけて通商条約を結ぼうとしたり、その国の政治を混乱に追い込もうとしたり、何百年来の古く尊重すべきその国の法律を破壊し、またその国を血なまぐさい内乱に追い込むような権利があるものだろうか。一言にしていえば、社会組織と国家組織との相互の関係をいっきょに打ち壊すようなことをしてよいものだろうか」。

一言にしていうなら、彼らは日本のアンシャン・レジームを変革せねばならぬ理由を何ひとつ見出すことができなかったのである。彼らの目の前に在ったのは、社会成員に幸福を保障するよくできたシステムだった。もちろんハリスは「衣食住に関する限り」と条件をつけている。というのは、この国の学芸を初めとする精神活動ないし倫理意識に彼が疑問を抱いていたということで、この点では駐日英国初代公使であるオールコックが、日本人の芸術は官能的で低級であり、日常道徳では正直善良でありながら、より高いレベルの倫理へ向う精神の飛翔を知らぬと感じたのと軌を一にしている。しかしそのオールコック自身、国民に安寧と幸福をもたらす徳川政体の能力については、一目置くところがあったのである。

彼は言う。この国は「成文化されない法律と無責任な支配者によって奇妙に統治されている」にもかかわらず、「国民の満足そうな性格と簡素な習慣の面で非常に幸福」なのだ。「公開の弁論も控訴も情状酌量すら認めないで、盗みに対しても殺人に対するのとおなじように確実に人の首をはねてしまうような、荒っぽくてきびしい司法行政を有するこれらの領域の専制政治組織の原因と結果の関連性がどうあろうとも、他方では、この火山の多い国土からエデンの園をつくり出し、他の世界との交わりを一切断ち切ったまま、独力の国内産業によって、三千万と推定される住民が着々と物質的繁栄を増進させてきている。とすれば、このような結果が可能であるところの住民を、あるいは彼らが従っている制度を、全面的に非難するようなことはおよそ不可能である」。

つまり、以上の言説は、この国に根本的な社会変革の必要はないと彼らが認めたということである。彼らがそう認めただけではない。この国の住民自身もまたその必要を認めていないように彼らには思われた。なぜなら住民たちの顔はいずれも満足感で照り輝いていたからである。

この住民の満足しているらしい様子というのは、当時渡来した西洋人のほとんど一致した印象だった。彼らのすべてがこの国の現状に好意的だったわけではないが、そういう辛口の批評家にせよ、住民の間に幸福感がゆきわたり、西洋の都会でまま見受けるような不満で歪んだ悲惨な表情が見出されぬことを、事実として認めざるをえなかった。

だとすれば、明治以降の史家は立場の左右を問わず、維新変革をジャスティファイするために歴史を偽造したことになる。なぜ維新をジャスティファイせねばならなかったかといえば、右派にとっての天皇制国家、左派にとっての近代社会という、彼らの拠って立つべき現実は維新なしにはありえなかったものと彼らに観念されたからである。

維新を歴史の必然として正当化するためには、徳川期社会は悲惨と不合理にみちた暗黒として描き出さねばならない。また徳川政府は無能と腐敗の権化として類型化されねばならない。むろん彼らはそう信じてそう述べたのであって、彼らの身についた近代的価値観からすれば、徳川期の社会と政治機構が救いがたくおくれたものに見えたのも当然だったかも知れない。だが、徳川期の社会と政治の機構をそれ自身の圧制や不正のために倒壊せざるをえなかったものとして描き出したとき、さらにその倒壊がこの国の住民にとって光明であり救いであったかのように陳述したとき、彼らはやはり歴史を偽造したのだった。

なぜならポンペがこの国の状態を、物産はゆたかで生活は安楽、政治は公平で国民は満足と述べたとき、彼はそれほど誇張も歪曲も犯してはいなかったからである。十九世紀中葉の徳川の社会はなるほど一種の制度疲労に見舞われていて、様ざまな矛盾が顕在化してはいたが、そのために自壊せねばならぬような段階には達していなかった。農民一揆にせよ都市騒擾にせよ、体制の根幹を揺らがせるような性格のものではなかった。むしろそれは、非常にうまく作動しているシステムの性格を失っていなかったのである。

徳川期の社会と国家については、次のような基本的性格が確認されねばならない。まず第一に、住民の物資的生活は繁栄を保障されていた。これはひとつには、固定された石高制が農民側に絶えず剰余を確保し続けたためであり、さらにはオールコックが前工業化社会としては最高の段階と評したように、発達した市場のもとに手工業と商業が高度に組織されて、住民に豊富で廉価な商品を提供したからである。

第二に、士農工商と俗称される身分制が社会に安定と秩序をもたらしていた。武士はなるほど支配者ではあったが、実態としては土地領主としての性格を剝奪され、世襲的な官僚あるいは軍人というに近かった。その地位は他の諸身分から敬意を払われねばならなかったが、だからといって武士が他の諸身分に恣意的な専断を振るうことは許されなかった。斬り捨て御免など、ほとんど言葉の上だけのことであった。しかも彼らは武士としての格が高いほど、事実上他身分から隔離されていた。農村に武士は居住せず、武士が立ち入るのは年に数度のことにすぎなかった。

徳川の身分制は身分間の支配・隷属を強調するものではなく、尾藤正英が説くように、それぞれが職分によって国家の欠くべからざる要素とされるところに特徴があった。従って被支配身分はそれぞれに自尊自恃の念を持ち、とくに農民は例えば江戸の評定所に出訴した際も、昂然と頭を擡げる風があって、幕吏はかえってその機嫌をとらねばならなかった。

第三に、江戸期社会の特徴は国家権力と住民の間に様ざまな中間団体を存在せしめ、行政・裁判の機能の多くをそれらに移譲したところにあった。従ってそれら中間団体と、それに包摂されることを生の第一義とする住民は、国家権力に直接さらされないところから生ずる一種の自由を享受することになった。むろんこれは近代的概念におけるそれとは質の異なる自由ではあるが、幕末来日した西洋人たちはいずれもこの国に専制が存在せず、住民が自由でのびやかであることに瞠目したのである。オールコックのいう法の苛酷さも、実態は抜け道や手加減によって大いに緩和されていた。

第四に、それは何よりも遊びと歓楽が重んじられた社会であって、演劇的要素をふんだんに盛り込んだ劇場国家といってよかった。武士階級は住民にとって儀範であって、彼らの大名行列にせよ、様ざまな儀礼にせよ、住民の生活に彩りをそえる演劇的ショーにほかならなかった。中野三敏は花川戸助六の例をとりつつ、武士に「あこがれたのが江戸っ子本来の姿」というが、武士階級の言動は大名家のお家騒動も含めて、住民の想像力を刺激するドラマだったのである。

生活の演劇化は都市のガーデン化と密接に結びついている。江戸の場合、大名庭園や寺社庭園が都市全体をガーデン化していて、それは住民に開放されていた。一方、徳川後期は中尾佐助のいうように世界でも最も進んだ花卉園芸文化が花咲き、住民の生活は花見、雪見など季節と結びついた行楽に彩られていた。行楽の大なるものはこの時代著しく普及した観光の旅である。旅とは歴史的な伝説に彩られた名所の遍歴であり、日本列島全体が演劇化された舞台そのものといってよかった。

第五に、社会秩序は建前上は権威主義的でありながら、権能の実際は下方へ移行していた。徳川政府自体の運営が村の自治方式に則った集団合議制であり、専権を振おうとする指導者は水野忠邦のようにあるいは井伊直弼のように失脚を免れなかった。大名家では権力は家臣団に下降し、家臣団の意向に反して急激な改革を行おうとする大名は幽閉された。西洋人観察者は家庭においても召使が主人を左右している実態を見て、驚きかつ呆れたのである。日本の社会は西洋のそれより気風がデモクラティックだというのが彼らの実感だった。

第六に、以上の事柄すべての結果として、社会の雰囲気はのびやかで非抑圧的だった。住民間には礼節がゆきわたり、親和感が溢れていた。労働はきびしかったが、あくまでも自主的なリズムを保っていたし、相互扶助の気風が発達し、生活の簡素さとあいまって貧困が社会問題化せず、社会全体にゆとりと明るさが感じられた。

もちろん十九世紀中葉の徳川国家が、外国人がそう見たほど何もかもうまく行ってはいなかったことを、今日の私たちはよく知っている。むしろそれは深刻な構造的矛盾に悩まされていた。しかしそれは支配階級の抱える矛盾であり困難であって、国民生活一般の破綻を意味するものではなかった。

徳川国家最大の構造上の問題は公租を米穀を主とする現物で徴収する石高制にあった。石高制は単なる税制ではないが、税制とみるなら上昇する生産性を把捉しえない硬直性をもち、諸物価に比しての米価の長期低落傾向と併せて、領主経済を最終的に破綻せしめたのである。

石高制は軍役と結びついて、領国に厖大な家臣団を抱えこませることになった。徳川国家は公租をもって武士階級を給養するシステムであったが、それなればこそ武士階級は国家的公務を担うものとみなされた。しかし、軍務も含めて彼らが担うべき公務に対して、彼らの人数は圧倒的に過剰だった。軍務にせよ行政にせよポストは限られており、公務としては著しく効率性を欠く儀礼的閑職を設けてもなお、武士人口の多数はポストにつけない潜在的失業者だったのである。維新革命の動因を強いて国内に求めるなら、武士の半失業状態こそその有力なひとつと認められる。

武士の本質は戦士たることにあるから、徳川国家のような公益性が発達した国家における存在理由を求めるなら職業軍人とみなすほかはない。しかし十九世紀における武士は軍人としてのリアリティを全く喪失していた。それが軍事力として機能しなかったことは幕末の史実が証明する通りである。武士人口は幕末の時点で三パーセント強だったそうだが、だとすれば徳川政体は百万にのぼる軍事的に無能力な常備軍を給養せねばならなかったわけで、それも給養しきれたのならよいが、それができかねたのが結局命とりになった。

しかし、徳川政権は半失業状態にある武士階級の不満が爆発して倒れたのではない。公租によって武士階級を徒食させる徳川システムは早晩破産せねばならなかったろうが、その破産によって徳川政体が滅んだのではない。同様にそれは百姓一揆や都市の打毀しによって滅んだのでもなかった。百姓一揆は徳川の政治システムに反対するものではなかった。明治四年廃藩置県にあたって激発した農民騒擾が、領主の東京移住に反対したのをみても、その性格は明らかである。〝ええじゃないか〟という社会的ヒステリー現象まで、維新変革の動因としてあげねばならなかったところに、変革内因論のつらさが表われている。〝ええじゃないか〟は本質的にはお伊勢参りブームであり、江戸期に何度も繰り返された現象である。

要するに、徳川システムは根本的な改革を必要とする時機にさしかかってはいたが、十九世紀中葉において社会は変革前夜の緊迫した様相を決して呈していなかった。さらにまた、社会内部の必要に迫られて変革が実現したとしても、その変革は現実の明治維新がそうだったような西洋モデルの〝近代化〟である必然性はなかった。すなわち現実の維新革命は、徳川社会の内因からするなら全く必然ではなかったのである。

今日の眼からすれば、維新革命が導入した近代的な制度や価値のもろもろは、身分制の撤廃による平等、明文化された人権、行政の全国的統一、出版・結社を含む言論の自由等々のどれをとっても、いずれはこの国が採用せねばならなかった必然の進歩のように見えるかも知れない。しかしそれは、われわれがそのような近代的な制度や価値を当然のこととして、それ以外にはありえぬものとして教育されたからこそそう見えるのであって、そのような西洋モデルの諸制度、諸価値をあのような急激さで導入せねばならぬ必然は、少くとも国内の自生的な潮流としてはもちろん、人間がとるべき王道としてもなかったのである。維新革命は全く、いわゆるウェスタン・インパクトの所産以外の何ものでもない。しかしこう言えば、行論を進める前に一言断っておかねばならぬような現代の思想的ファッションとのかかわりが生じる。つまり今日の歴史学界の流行は、ウェスタン・インパクトをもってアジアの近代の開始とするかつての通説を忌避する傾向にあり、それはサイード流の過激な西洋中心史観の拒否と結びついている。

たとえば、『知の帝国主義』の著者であるアメリカの中国史家ポール・コーエンは、十九世紀以来の中国の歴史過程はウェスタン・インパクトによって説明できぬものの方が多く、あくまで中国内部に生じた問題への中国自体の応答と考えるべきだと主張する。むろん、そうであるかないかは事実の検証によるほかはないが、コーエンの立論の背後には、西洋中心史観の偏りをただすにはウェスタン・インパクトの影響をできるだけ少く見積らねばならぬという事実以前のイデオロギー的要請がある。西洋中心主義を克服するというのは事実としての西洋の世界制覇（すなわちウェスタン・インパクト）を否定することではなく、その事実の評価にあたって批判的立場を堅持するということでなければならぬのに、事実自体を打ち消すことが何か罪滅しであるかに錯覚されているのは奇態としかいいようがない。

コーエンの議論は維新革命の解釈に当って、かつてわが国の史学界にゆきわたっていた外圧説への忌避感を思い出させる。徳川政府倒壊はどう見ても西洋列強の衝撃の帰結でしかないのに、そう見るのは安易な外因論で、変革の動因はあくまで徳川社会内部の矛盾に求めねばならぬという議論はつい昨日まで聞かれた。これは社会変動は当該社会の内部矛盾の所産だという、マルクス主義的「歴史科学」のドグマに忠実たらんとしただけで、そのために奇怪極まる階級闘争説が入れ替り立ち替り提出されては消えて行った経緯はすでに周知の通りである。

そもそも歴史は人類の軌跡なのであって、ホモサピエンスの経験の叙述として見るとき、内因も外因もあったものではない。民族的一国史の立場に立つからこそ内因・外因の区別が生じる。維新革命をウェスタン・インパクトの産物として叙述することは、事件を人類内部の経験として理解すること以外の何ものでもない。

維新革命は何よりも日本が開国を強要されることによって、その特殊な政治権力構造の矛盾をさらけ出したことから生じた。特殊な政治権力構造とはむろん、中央政権としての徳川幕府と地方政権としての各藩の二重構造を指す。

この二重構造は、戦国武将が輩下の部将に土地を宛てがうことによって領国を維持・拡大して行った方式を、徳川家が天下掌握にあたって、さらには掌握後に至っても止揚できなかったことに由来している。しかも徳川家に臣従した大名家、特に雄藩といわれるほどのものは、徳川の天下掌握時にはすでに独立の領国の所有者であり、そのような所有者としての資格において徳川家に臣従したのである。徳川家臣団より立身したいわゆる譜代大名の場合でも、一方に徳川政権から半独立性をもつ外様大名領国のモデルがある以上、それ自身隷従的な家臣意識を脱した領国支配者の自覚にめざめるのは必然であった。

一方徳川政府はしばしば強調されてきたように強い中央集権性を保持していた。このように強力な中央集権政府として徳川政府が健在である一方、他方では大名領国がこれまたけっして弱体ではなく半独立的地方政権として存在する構造は、国内に公・侯・伯領を抱えこんだ中世フランスあるいは英国の政治構造とも、領邦国家の連合体たる観を呈した近世における神聖ローマ帝国のそれとも、安易なアナロジーを許さぬ独特なものと評す他はない。

注意すべきなのは、徳川政府自体天領という領国の支配者としては原理的に一個の地方政権であったことで、一個の地方政権として他の大名領国と肩を並べる存在が、同時にそれらの上に立つ中央政権でもあるという二重性を、徳川政府は幕末に至るまでついに克服できなかったのである。その集権性の例としてしばしばあげられる国替えにしても、上杉のような大藩を一言で移動せしめることができたのは戦国の余風濃厚な初期に限られている。二重構造は時を経るにつれて鞏固化したのであって、十九世紀中葉には親藩・譜代・外様の別を問わず、二百年もその土地に根をおろした目ぼしい大名領国はその半独立性をますます強化しつつあったと見るべきだろう。

権力の二重構造といえばすぐ念頭にのぼるのは朝廷と幕府の関係であり、事実幕末の外交交渉において西洋列強が問題視したのはかかる二重性であった。藤田覚によれば徳川期の朝廷は俗に言われるほど無力なものではなく、光格天皇（一七七一～一八四〇）の時期にかなりの朝権の回復が見られたというが、幕末の政治過程に関するかぎり、朝廷の意志が重大な要因となったのは、水戸であれ薩摩であれ長州であれ、強力な大名領国が京都手入れと称して朝廷を政策決定プロセスに引っ張り出したからであり、幕府対朝廷の対立はその実幕府対いわゆる雄藩の対立の偽装形態にほかならなかった。

維新変革は西洋列強の開国要求に対して、国家として統一した対応のできぬ二重権力構造の破綻がもたらした帰結だったのである。その帰結の具体的な形が、天皇を国王とする単一の中央集権国家であったことほど、維新革命の本質を物語る事実はない。徳川期の社会的矛盾を解決するためなら、天皇など担ぎ出す必要はなかった。徳川家を最大のひとつとする大名領国を解体し、統一的な近代国民国家を建設するのが無二の課題であったからこそ、維新革命は天皇の復位という復古の見せかけをとらねばならなかったのである。実際、当時のグローバリズムの大波に対応するため、緊急避難的に設立された近代統一国家の頭に天皇以外の誰を据えればよかったのか。島津久光は慶喜に代って天下をとるつもりだったかもしれないが、それは彼個人の妄想に終った。

結局、明治維新とは日本が近代世界システムに編入されたがためにとらざるをえなかった緊急避難的な対応であった。後人の目には近代化のための、あるいは文明開化のための輝かしい改革のように見えたかも知れぬが、そんな夢のようなきれいごとはすべて後智恵の部類であって、近代世界システムへ強制的に編入された以上、統一された外交すら不可能な二重国家を解消して、統一国民国家の体裁を作り上げねば、日本という共同社会は存続不可能だというのが身も蓋もない現実だったのである。

というのは、近代世界システム論の唱道者ウォーラーステインも言うように、近代世界システムとは国家単位に見ればインターステイトシステムにほかならず、インターステイトシステムすなわち当時の日本語でいえば万国交際の機構とはそのまま万国対峙の状況、平たくいえば要領のいい者が陽の当る場所を占有し、要領の悪い者は舞台の隅っこに蹴りやられて冷飯を喰わされる世界にほかならなかったからだ。ウォーラーステインは近代世界システムを中核・半辺境・辺境の三層構造を持つものとしたが、別にその説に従う必要はない。また当時はいうまでもなく植民地主義時代であり、侵略戦争は日常茶飯事だったが、別にそんな血生臭い話に限ることもない。そもそも世界経済というものが生き馬の眼を抜くようなきびしい競争の世界であり、懐ろ手してその世界へ出てゆくのは自殺行為だというだけのことであった。

明治新国家の設立者たちは懐ろ手しているような間抜けではなかったし、冷飯を喰わされるつもりもなかった。この政治的経済的なゲームの場に耐え得るような強力な国民国家を建設するのが彼らの目標だった。彼らは福沢のような西洋近代への傾倒者ではなかった。強力な国民国家の属性は何よりもまず軍事力であり、その土台としての産業力であるがゆえに、彼らは進んで西洋近代の軍事的産業的制度・技術を導入したのであって、それを導入するとなれば当然随伴する西洋的な法・教育・文化・風俗・思想については結果としてそれを受忍したものというべきである。

皮肉な結果がここに生じた。維新変革そのものの必要からすれば、それ自体決して変革の目的ではなく、その目的に随伴するにすぎないある種の文化革命が、後人の目には維新変革がそのために起った大目的であるように意識されるに至ったのだ。個人と社会の上に生じた近代的な価値転換が、最初から維新の目指したゴールであったかに錯覚された。

しかし、それは正当な錯覚であったかも知れない。いわゆる明治維新を国会開設まで長期間継続した過程とみなすなら、変革を導き出した当初の必要が次第に社会と文化の近代化という新たな必要にとって代ったのは自然の成りゆきといえるからだ。だが、それあるゆえに維新の追憶を輝かしいものにした近代化の大義は、この小論の冒頭で述べたようにすでに疑わしい大義と化し果てている。

アメリカの歴史家ジョセフ・フレッチャーは歴史叙述の対象となる単一世界がいつ成立したかという問題を提出し、十七世紀に入って人口増大、都市の増加等々の平行現象が全世界的に認められることを指摘した上で、これ以降アーリイモダンと称すべき様相を世界各地域が示し始めたと主張している。わが徳川期社会も全地球的なアーリイモダン現象の一翼をなしていたことは明らかであるが、問題はこの全地球的なアーリイモダンがそのまま、十九世紀に至って世界を制覇した西洋モデルの近代に接続せず、むしろそこには断絶が認められる点に在る。

十七、八世紀の全地球的アーリイモダンは文化的多様性を保持しつつ様ざまな可能性を蔵していた世界であって、それが十九世紀以降現実にそうであったように西洋モデルの近代に収斂せねばならぬ必然性はなかった。これを今ばやりのタームに置き換えるなら、十七、八世紀段階のグローバリゼーションはまだ環大西洋世界にしか及んでいなかったので、ポルトガルを初めとする初期海上帝国はたとえアジア各地に貿易拠点を築いたにせよ、その貿易なるものは既存の環インド洋貿易、あるいは南シナ海貿易のシステムに便乗したにすぎず、アジア諸国家に実効的なインパクトを与えるような力は全く持っていなかった。

だとすると、わが徳川社会をその一翼とするアーリイモダンは多様な近代の可能性を胎んでいたわけで、わが国の近代が西洋主導の近代世界システムに包含される形でもたらされず、徳川的アーリイモダンの自主的な展開の上に出現したのであったならば、一体どのような様相を呈したであろうかという想像を禁じがたい。

おそらく日本独自の近代は、徳川政権が全国を天領化する方向でしか開かれなかっただろう。もしそれが可能だったならば江戸時代人の様ざまな欲望や能力が花開いて、西洋近代のそれと異なってはいても、自由と平等という近代的理念が日本独自の形で定着していたかも知れない。なぜなら、幕末の西洋人観察者が証言しているように、各藩領に比して天領では住民の生活はゆたかか、かつ自由度もまた高かったのであって、渡辺崋山の『游相日記』によれば、天保二（一八三一）年彼は旅先の厚木の宿で、御領（幕府直轄地）は「事スベテ達スルコト早ク、何事モ寛大公平」である上に、代官等は微禄の者で「民ノ機嫌ヲ窺フ故ニ勝手ノ訴出来ル」、何とか御領に替りたいものだと地元の有力者たちが語るのを聞いて、開いた口が塞がらなかったのである。

しかし、仮に徳川政府が全国を直轄化しようと試みたとすれば、その途端政府は瓦壊しただろう。それを思えば日本独自の近代なるものも夢のまた夢ということになりかねないが、つねに夢を胎んでやまぬのもまた歴史というものの働きである。

歴史は明治十年にも束の間の虹を描いた。もし西郷派が勝利していたら、その後この国にはいかなる性質の近代が花開いただろうか。そう問うのは、かの幕閣切っての開明派勝海舟が、明治二十年代巌本善治の『女学雑誌』を後援したとき、どんな近代の夢がその頭(こうべ)に宿っていたのかと問うに等しい。西郷・勝、さらにつけ加えるなら横井小楠の間には共通の志向が在る。道義的地球世界というのがその志向であって、彼らにとって近代とはまさに道義的公正が人類史上初めてその全姿を現わす地平にほかならなかった。

しかし、彼らは個人が国家から解放されることによって平和で偏見のない理想世界を築けるなどと説き立てている今ばやりの脱国家論者とは全く反対に、折柄日本に出現しようとしている近代国民国家の断乎たる信奉者だった。というのは、彼らにとって近代国民国家とは、現実にそうであるような近代世界システム内の利己的なプレイヤーなどではなく、道義的地球世界を実現する一個の道具だったからである。私は彼らの思想に過大な意味を読みこむものではないが、彼らが国家というものに道義の実現を託したナイーヴな姿勢には心うたれずにはおれない。

国家なんて知っちゃいねえよというのは、誰の心の隅にあってもおかしくない正当な呟きである。しかしそんなせりふは、『ヘンリー四世』に登場する肥大漢フォールスタッフが、すでに呟くどころか大声でわめき立てていたのだ。そのフォールスタッフは『ヘンリー六世』ではフランス軍との戦闘から「この身がかわいいからな」といち早く逃亡し、シェイクスピアはその場に居合わせた人物に「卑怯な騎士だ。いい死にかたはできないぞ」と独語させている。今日の反国家イデオローグにとってはヒーローともいうべきフォールスタッフに対して、シェイクスピアは単純に否定も肯定もしていない。エリザベス朝という国民国家の揺籃期にあって、彼の国家に対する見かたは今ばやりの反国家主義者より遥かに複眼的であった。

明治維新のゴールであった近代国民国家も、その胎内で育ちながら胎を喰い破って奔出した市民的理念も決して歴史的必然ではなく、あくまでも多様な可能性のうちからのひとつの選択であった。だとすれば近代国民国家と近代的個人の両者がともに座礁した今日、いかなる国家像いかなる個人像を目指すかというのも、またわれわれに委ねられた選択にほかならない。闇を見とおす複眼の健やかならんことを。

小楠の道義国家像

小楠横井平四郎（一八〇九―六九）が慶応二（一八六六）年、二人の甥の洋行に当って送った詩がある。小楠といえば必ず引合いに出されるほどに有名な詩だが、一応記しておこう。「堯舜孔子の道を明らかにし／西洋器械の術を尽くさば／何ぞ富国に止まらん／何ぞ強兵に止まらん／大義を四海に布かんのみ」。

この詩の説くところは、いわゆる東洋道徳・西洋芸術という、幕末ナショナリズムの二元論ではない。西洋の長を補いつつ、日本固有の精神を保持せよなどというけちな根性は小楠にはなかった。彼が信奉するのは「堯舜孔子の道」という世界、いや宇宙に貫徹する普遍的公道である。日本も西洋もありはしない。むろん彼とて幕末の愛国者の端くれであるから、この公道に立つかぎり、日本が世界に雄飛するのは易々たるものだと公言することはあった。しかしその雄飛の意味は、大義すなわち「堯舜孔子の道」を国際社会において実現するに当り、日本が教導の立場に立つべきだというにすぎなかった。

「何ぞ富国に止まらん／何ぞ強兵に止まらん」というのは、彼が越前藩の賓師として万延元（一八六〇）年に提出した文書『国是三論』の〈天〉が富国論、〈地〉が強兵論であったからである。越前藩に立国の根本方針としてすすめた富国強兵は「大義を四海に布」くためのプロセスにすぎぬというのである。

四海に布くべき大義とは、具体的にはまず戦争を止めさせることである。小楠はワシントンをすこぶる尊崇していて、居室に肖像が飾ってあったほどだが、それも彼の志が世界平和の実現にあったという話をどこからか仕入れて信じこんでいたからだ。世界の各国が道義によって立ちさえすれば、ただちに戦争は止んで国際平和が実現するというのは、戦後のわが国を風靡した平和論とあたかも軌を一にするかのようだ。だが小楠と戦後平和主義者にわずかに共通点があるとすれば、それは理想論という一点のみで、小楠のいう道義とは戦後平和主義者の夢想する理想とは似ても似つかぬ儒学的理念だったのである。

小楠の拠って立つ学統は自認するように朱子学だったが、朱子に対する尊信は変らなかったとしても、晩年には、真の道であるところの三代の道は孔子に伝えられたのち、秦漢に至って絶え果てたという認識に達した。宋学は孔子に集約された天道を個人の次元において観念化したもので、道を天下に実現化する方途を欠いているのである。

小楠の根本基準とする三代の治とは、むろん語義的には夏・殷・周において実現されていたとされる道義的統治を指すが、窮極的には堯舜禹という神話的聖王のもとに樹立されたユートピアの謂である。小楠は若い頃から経学を学んだには相違ないが、得意は史学にあったと伝えられる。しかしその史学たるや今日の歴史学とはまったく範疇を異にするもので、道徳的要請にもとづく歴史的弁証がその正体だった。古今を照らして一貫するユートピアを設定するのは、倫理の具現の曲折を看破する史論の要請するところであって、史料も考証も一切必要はなかったのである。

すなわち小楠にとって、この人の世はある理念によって統治されるべきものだった。その理念はたとえば本居宣長のように、この国の神ながらの古道に求めるわけにはいかなかった。なぜならそれは世界的普遍性を初めから欠いているからである。彼は神道というものを荒唐無稽であるばかりか、水戸藩長州藩の事例が示すように国家に禍害をもたらすものと見ていた。

ではなぜ中国古代をもって理想の範疇とするのか。それは中国古代ユートピアがまさに儒学の正統的な要請であり、儒学こそ東アジアという日本が属する世界が生んだ唯一の普遍的世界思想だったからである。小楠は常に第一義の道を求める人であった。彼は肥後藩という領邦国家の一員だったが、視圏がおのれの藩国に局限されるのを嫌った。いや、日本という当時の志士たちの夢みる統一国家によって発想を規定されることすら拒んだ。東洋対西洋という対立概念は彼にはなかった。なぜなら彼の信奉する三代の道とは西洋にも妥当すべきものだったからである。彼の眼中には世界しかなかった。この世界というのはたんに国際社会を指すのではない。自然をも含め、人間がそこで生きてゆかねばならぬ現実世界の総体こそ彼の思索の対象であって、たとえ肥後という一地方の統治であろうと、日本という国家の外交策であろうと、一切は世界の要請する普遍的人倫という原理にもとづいて判断されねばならなかった。

勝海舟が生涯で出会ったおそるべき人物として小楠と西郷の名をあげ、小楠については、あまり西洋のことも知らず自分が教えてやったくらいだが、議論の調子の高いことといったら、自分が梯をかけても及ばぬと思ったほどだと述懐したのは、まさに小楠の普遍主義的思考の徹底性にかかわる。

普遍主義的思考は当然原理的思考である。小楠の思考の特徴はつねに物事の大本へ溯ろうとする。たとえば嘉永五（一八五二）年に書かれた『学校問答書』において、彼は学校を建ててもしようがないといった無愛想な答を繰り返し、問う者がついに惑乱して「されば学校は起さざれどもよろしきや」と悲鳴のような問いを発するのを待って初めて本義を説く。すなわち学校を建てるのは道を行うためであり、学政一致の根本義に立ってこそ学校の存在意義が発揮されるので、人材の養成などという功利主義的思想を捨てさるのが前提だというのである。「人と話合申候には、向方の思寄不申処を二稜（かど）ばかり乗懸不申候ては、乗落しは出来不申儀と存候」と彼がある時述べたのは弁論術というにとどまらず、思考の表層的常識的な前提を徹底的に破却することによって問題の本質をえぐりだす彼の根本的な思考法を示すものといっていい。

そして今見たように、原理的思考とは徹底した反功利主義的思考でもあった。江戸遊学中「酒失」によって国許へ召還されたのち、彼はひたすら室に籠って修学に努めたが、室内いたる所に大書されていたのは「道用に就けば是ならず」という程明道の句だったという。用に就くとは、たとえば安政二（一八五五）年付の立花壹岐宛書簡にいうところの、「利害の私心」にかられて「智術の計策」に陥る行きかたをいうのだろう。その「利害の一心」とは「一身の利心」を指すのではなく、「事の成否を見るの利害心」のことなのである。「天地の間第一等のほか二等三等の道これなく、此処を真知いたし不申候より、或いは政事の末に懸り或いは小補の俗見に流れ、其尤も甚しきに至り候ては全く利害の私情に落入」るのだというのは、つねに普遍の根本の原理へたち帰ろうとする小楠の思考法を端的に示す言葉だ。

それでは、功利の心を去って普遍的な道の根本へたち帰れというときの道とは何であるのか。いうまでもなく三代の道がそれであるけれども、その三代の道とは何をいうのか。話をそこまで詰めれば、小楠のいうところははなはだ空漠たらざるをえない。堯が舜へ舜が禹へと血統によらずに位を譲ったありかた、禹がわが身をすりへらして治水に努めた奮励、しかも産業を起し交易を開いて民益を計った仁心、小楠が三代の道について述べるのはわずかこれくらいのことにすぎない。しかし三代の道なる古代ユートピアについて語るとすれば、小楠ならずともこの程度のことしか言えまいし、しかも小楠にはこれで十分だったのである。

小楠のいう道とはあるときは天道天理ともいわれ仁義ともいわれるが、その道理が何であるかはことごとしく論じる必要がなかった。何となればそれは村里の幼童といえども知るところであったからだ。小楠は新しい人倫を発明したのではない。仁義にせよ人倫にせよ、それは天理であるから天とともに古く、私心を去ればおのずと見えてくるものであった。天理とは天地宇宙を貫通する真理には違いないが、それは同時に人間心中の道徳律でもある。「総じて天は往古来今不易の一天」であって、「人は天中の一小点」である。従って学問は思の一点にあり、思すなわち「人心の知覚は誠に限りなきものにして、此知覚をおしひろむれば」、天下の物理はみなわがものとなると小楠は説く。

もとよりこれは朱子学の考えである。天道を体得する第一歩はわが心を修むるに在るというのも朱子学の定石だろう。この心を修むるというのはいわゆる修養ではない。酒癖癇癖放言癖等々、彼はなかなか身の修らぬ人であった。心を修むるとは私心すなわち利害心を去り、物事を明澄に見透す訓練をいう。さらにはつねに第一の道に就こうとする勇猛心を培うことをいう。

だとすれば小楠の思想家たる特色はどこにあったか。天理についてもまたそれへ到る工夫についても、小楠は何ひとつ創見を加えてはいない。小楠の思想家たるゆえんはただひとつ、天理＝仁義はこの現実世界に必ず実現すべき普遍性をもつという信念の強烈さと徹底にある。いいかえれば、道義を現実の外にある理想とみるのではなく、あくまで現実化されるべきものとして天理＝道義を把握した点にある。ヘーゲルをもじるならば、小楠にとって道義は現実的であり、現実は道義的であった。

実学という言葉にまつわる誤解をここで解いておこう。「横井平四郎さんな実学めさる／学に虚実のあるものか」と保守的郷党によって唄いはやされたあげく、小楠の学派には実学党の名がついたというが、この実学というのは殖産興業や福利厚生といった実際的な政策を考究する学風ととられる気味が強い。なるほど小楠は職能・技術も含めて実社会への関心が強く、あるとき久留米から来た門生が小楠から「貴公の国には久留米絣が出来るが、その製法・産額・販路は如何。また筑後の茶は有名だが、その産額・販路は如何」とたずねられて、一言も答えられず赤面したという話も残っている。

しかし実学とは、一面たしかに経済・産業・交通等社会的現実に関心をもつ性格を示しながら、何よりも根本的には、学問のための学問ではなく天道＝仁義をこの世に現実化するための学問を意味したのである。だから己れを修め天理に通じるのが実学の本義であって、その本義を欠くたんなる殖産興業は為政者の眼前の利害のための利政としてきびしく指弾される。逆にその本義に立てば、小楠が越前藩で行なったように、紙幣発行にもとづく富国策も成り立つことになる。

それゆえ小楠にとって、学問は経世と一致すべきものであった。つまり学者は為政者でなければならなかった。この学政一致というのは三代の道を現代に回復する上でのキーポイントで、彼によれば秦漢以後道が失われたのは、学問と政治が分離し、学問は理想を説くにとどまり、現実は政治の利害心によって動くものとなり果てたからだった。学問は道をいかにして現実化するかを考究するものであるから、そのまま政治にほかならない。現実の利害と成否に左右されて、あちらを繕いこちらを繕いするのが政治ではない。政治とは道を具現化することである。道は普遍的であるがゆえに、それ自体実現を要求する。その要求にこたえる則天去私の勇猛心があれば事は必ずや成る。これが小楠の道徳哲学即政治哲学であった。

こういう政治哲学を聞かされて、幕末の有志者たちはどう反応したことだろう。反応のしようがなかったというのが正直なところではなかったか。勝海舟は言っている。「大抵の人は小楠を取り留めの無い事を云う人だと思ったよ。維新の初めに大久保すら、小楠を招いたけれど思いの外だといって居た」。実学というから、近代統一国家建設や外国応対について名案が聞けるかと思ったのに、現実と関係のない迂遠なことばかり言う奴だ、大久保はこうも思ったろうか。

しかし、小楠のいう東洋道義の道は理想であるとともに現実たるべきものであって、その気宇の広大にうたれた有志者は海舟のほかにも西郷、松陰、さらには松平春嶽以下の越前藩の君臣等々、けっして少なくはなかったのである。だが、この海舟、西郷、松陰、春嶽といった小楠と思想的機軸を共有する人脈は、大久保らが実現しようとする近代日本の国家的社会的構想からすればいちじるしく不適合であり、いずれ急転する時代の地平の彼方へ消え失せる運命にあった。

戦後の小楠論者は彼の国際平和主義はもちろん、「ああ血統論、これあに天理に順ならんや」といった詩句を共和主義と受けとってありがたがり、小楠を可能なかぎり近代の文脈に近づけて賞揚して来たのであるが、肝心のご本尊たる小楠の面目は近代の現実および思考枠組にはまったく不適合な政教一致的政治観の持ち主たることにあった。その不適合は彼の国際政治観を見るに及んでいっそう明白になる。

幕末、世界が西洋という強大な侵入者を含むものとして現実的に拡大したとき、小楠はそれを危機というよりも、三代の道という東アジアの理念が世界へ一挙に拡がるべき好機ととらえた。それは強大な西洋に対抗するこわばった自尊的身構えではなくて、かえって東アジア的理念の世界普遍性への満々たる自信に支えられた楽天だったのである。

このような楽天の生ずる根拠は、西洋には真の道はないという彼の最終判断にあった。彼の西洋観はその時々に与えられた不完全な情報に左右されつつ揺れ動いてはいるが、判断の基準は一貫して変らず、彼らが有道の国であるかそれとも無道の国であるかにあった。ペリー来航の年に書かれた『夷虜応接大意』では、わが国の拠って立つところは「天地仁義の大道」であり、それにもとづいて有道の国とは信を通じ、無道の国とは交際を拒絶するだけで、鎖国を国是とするというのはアメリカの誤解だと説き、ただこの度のアメリカ使節の態度が無道であるから断乎拒絶するまでだと主張する。

小楠はその後安政二（一八五五）年をもって開国論に転じたと俗にいわれるが、実はその年の立花壹岐宛書簡でも「私などは依然たる旧見、今日に至り候てはいよいよ以てその心得」と言い、「恥を忍び和を乞い候て、さて後日に中興仕る事は決して無御座候」と論断して揺らがない。嘉永六（一八五三）年以来の外交交渉があいての無道に対する卑屈な屈伏に終始したとする彼の判断はこの後も変らず、しかも仁義の大道からしても、また今日の世界情勢からしても、国を開いて交易を行うのは当然のこととする原則は、その判断となんら矛盾しないのである。

安政二年の転向なる俗説はテキストをきちんと読もうとしないところから生れたもので、『夷虜応接大意』には西洋諸国の無道をただし、彼また真に反省するならば、その時改めて通信通商を議するのだとちゃんと書いてある。万国と交際するのは当然の大道だが、無道な威迫外交には屈しないという原則は小楠にあって当初より確立していたので、それゆえにこそ彼は、鎖国は国是にあらずという、佐幕守旧派も反幕攘夷派もともに目をむくような強弁をあえてしたのだ。

さて脱線をもとへ戻すならば、小楠はこの度の西洋諸国の開国強要を無道と断じただけで、彼らをもともと無道の国とみなしたわけではない。この後種々の情報を入手するにつれて、道が行われている点ではかえって西洋の方が進んでいるのではないかという判断に変った。安政三（一八五六）年村田氏寿宛の書簡では、主としてロシアを例にひいて、法律・教育・経済がすべて民生本位に整備されているのを賞揚し、このように「一国貴賤なく一統その道を奉じ、実地に行われ」ているロシアからすれば、日本や中国の方が「道なき国体」に見えるのではないかとさえ述べている。この傾向は万延元（一八六〇）年の『国是三論』までひき継がれ、ここではロシアに併せ英米両国の事例に触れて「ほとんど三代の治教に符合するに至る」と認定された。

小楠の依拠した情報の奇天烈さ、あえていえば荒唐無稽さはこの際問題ではない。問題は小楠が賞賛したのが西洋固有の道の優越ではなく、東洋聖賢の道が西洋で行われているという事実だったということにある。基準はあくまで東洋三代の道にあり、これに照らして西洋が及第し、日本・中国の現状が落第したのである。

再び言うが、彼には東洋対西洋という対立観念はなかった。三代の道という普遍的理念は洋の東西を問わず貫徹するはずだからだ。従って彼には西洋の侵略性についての強烈な対抗意識もなかった。アロー号戦争は中国が英国の「大義に屈し」たものとされた。西洋諸国の植民地奪取の事実を問われると、最近では彼らもまた不仁不義が結局ひき合わぬと悟って、「人の国を奪い取るなどのことは不仕候」と答えて平然としていた。

西洋は有道の国ではないかとの思いこみはのちに修正された。西洋諸国で科学がひらけ「利世安民の事業」が大いに行われているのは「聖人の作用」、つまり結果が同じというにすぎず、聖人の道の大本にもとづいたものではない。「至公至平の天理」にのっとろうとする至誠は彼らにはなく、すべては利害の念に発している。「富国強兵器械之事に至りては誠に驚き入」るけれども、彼らの学問は専門知識を考究するだけで、「徳性をみがき知識を明らかにする」学道はない。人物を見てもアレクサンダー、ピョートル、ナポレオンなど「英雄豪傑」ばかりで、

「徳義ある人物」はワシントンただひとりだ。要するに道は堯舜孔子の道のほかに世界に存在しないのだ。元治元（一八六四）年から慶応三（一八六七）年にかけて、彼はこのように書きかつ語った。

しかし西洋が真に有道の国でなかったとしても、東洋仁義の道は天下の公道であるから、説いて聞かせれば彼らが服せぬわけがない。小楠は幕末政局の節目節目で、この考えを繰り返し説いている。まったくおそれいった楽観であって、そんな信念は現実の外交交渉において通用するはずもなかった。小楠の外交原則は西洋諸国に道理を説いた瞬間に、彼らがおそれいりもせず引き下りもせぬという現実に直面して破綻するさだめにあった。

小楠の国際政治観が近代の国際政治の現実に根っから不適合であることはもはや明白だろう。しかし小楠は、あいてが東洋的道理の前にこうべを垂れて引き下るようなやわな連中ではないということがわからぬような夢想家だったのだろうか。そうではなかった。彼はそういう結果を予測し、その場合の対応を明らかにしていたのだ。そのときはただ戦の一字あるのみであって、安政二年の前掲立花宛書簡は言う。

「たとえ勢い彼に敵し申さず、水府を始め天下有志者正気の下に敗死いたし申候ても少しも苦しからざる事に御座候」。

この口調を私たちはどこかで聞いたことがないだろうか。熊本敬神党（神風連）の師父とされる林櫻園はこれとそっくり同じことを語っている。さすればそのあとに、感奮して興起するものが続々と現われるだろうというのも小楠と同様である。小楠と櫻園のこうした一致はそれ自体ゆるがせにできぬ意味を含んでいると思うが、今そのことは措く。私の耳にはもっと直接に響く声がある。「国の凌辱せらるるに当りては、たとえ国を以て斃るるとも、正道を践み義を尽すは政府の本務なり」。『南州翁遺訓』の一節であるのはいうまでもない。

すでに私は小楠の国家観について語るべきときに達した。小楠の抱懐する国家像は、それが一箇の道義的国家である点で西郷南州のそれにひとしい。私がいわんとするのはまずこのことである。

幕末維新の有志者はみな、外圧に直面したとき藩国割拠の現状が国家の態をなしていないのに愕然とした。彼らの課題は従って統一的なネーション・ステイトをいかにして創出するかにあった。封建割拠を非として公議にもとづく統一国家を求めるたぐいの言辞は小楠にもある。しかしそこに思想家小楠の特色はなかった。

安政・万延段階において、西洋の「治教」に対する評価が幻想的に昂進したのは、小楠が西洋をキリスト教にもとづく政教一致の国体と見たからだ。「惣じて西洋諸国の事情、彼是につきて吟味に及び候えば、かの天主教なるもの本より巨細の筋は知れ申さず候えども、わが天文の頃渡り候吉支丹とは雲泥の相違にて、その宗意たる天意にもとづき彝倫を主とし、さて教法を戒律といたし候。上は国主より下庶人に至るまで、真実にその戒律を持守いたし、政教一途に行い候教法とあい聞こえ申し候。……その政事全くその教法にもとづき来り候ゆえ、上下人心趣向一致し、邦内を挙げて異論これなきの由に承り申し候」。

このような誤解はのちに修正される。「近来に至りて、西洋に致し候ても、その士大夫たるものはあながちに耶蘇を信仰するにてはこれなく、別に一種経綸窮理の学を発明致し候て、これを耶蘇の教に附益致し候。その経綸窮理の学、民生日用を利すること甚だ広大にて、まずは聖人の作用を得候」云々。

しかし小楠にとって、西洋の「経綸窮理の学」は先にもみたように、働きの結果が聖人の理想と一致しているだけで、道義を根本におくものでないという点で立国の根幹に値するものではなかった。一時西洋の文明の風に傾倒したのはあくまで政教一致の国柄とみたからで、彼の国家観の根本は政治は道義であり道義は政治であるというにあった。彼によれば、国家の存在理由は三代の道を現世に具現化することにあり、その場合の三代の道すなわち道義とは民を愛しその福利厚生を計るのはむろんのことながら、より根本的には公明正大の天理が行われることにほかならなかった。つまり彼は政治と道徳が渾然と一体化する前近代的総体性の上に国家を位置づけたのであって、戦後の市民主義者たちにとって都合のいいような近代的志向の開明家などではなかったのだ。

彼がペリーの日本は「無政事の国」だという評に賛意を表したのは、幕政に「絶えて天下を安んじ庶民を子とする政教」がみられぬからだった。これは単に福祉厚生の民政が存在しないというだけではなく、日本には人心を一致させる政教がないことの指摘だ。「一国三教の形御座候えども、聖人の道は例の学者の弄びものとあい成り、神道は全く荒唐無経（ママ）、いささかの条理これなく、仏は愚夫愚婦を欺くのみにして、その実は貴賤上下に通じ信心の大道いささかもってこれなく、一国を挙げて全く無宗旨の国体にて候えば、何を以て人心を一致せしめ治教を施し申すべきや」。

これは日本には立国の根幹たるべき指導精神がないことの指摘であるけれども、肝心なのは小楠にとって国家の根幹となるものが天理としての道義であったということだ。政教・治教・宗旨いずれも国家のうちに具現された道義を指す。小楠は原理主義者であると同時に、原理の現象態は時勢に応じて変化するとみる柔軟さをそなえていたから、具体的な国家形態や政策については開かれた可能性をもっていた。しかし国家は道義を実現する機構であるとする視座は不動、かつ変更や妥協を許さぬ確信だった。その道義的理念を三代の道という古代ユートピアに求めた点で、彼は儒学を極限のラジカリズムにまで押しあげたのであり、幕末思想家としての彼の特色はひとえにここに求められねばならない。「吾輩此道を信じ候は日本・唐土の儒者の学とは雲泥の相違なれば」という慶応三（一八六七）年の言葉は故なき壮語ではなかったのである。

「文明は道のあまねく行わるるを賛称せる言」だといい、「忠孝仁愛教化の道は政事の大本にして、万世にわたり宇宙にわたり、易うべからざるの要道なり。道は天地自然のものなれば、西洋といえども決して別なし」というとき、西郷が小楠とまったく変らぬ国家観を吐露していたのは明らかだ。忠孝の二字はまた小楠の重んずるところ、いわゆる封建道徳の徳目ではなかった。

彼らの信奉する儒学すなわち東アジアの普遍的道徳政治学は、まず何よりも統治の学である。道は統治においてしか実現できぬのである。統治において道を実現すべき天職を担うのは士大夫である。むろんこの士大夫は一部の世襲的特権者によって独占的に構成されるのではなく、広く国民の諸階層から求められた人材でなければならぬ。しかし彼らは学問を通して統治の器たる修養を積んだものとして、一般の民とは異なる責任を負う。対極たる民を畏れ身を慎みつつも、天意を体する統治者の自覚に生きねばならない。そして現実にはこの士大夫は統治者たる己れを君臣関係において見出す。

小楠が改革の大前提として君臣一致を説いたのはそのためである。いかなる改革であっても、君公と補佐する臣のあいだに私心のない公明正大な呼応がなければ失敗は必至であって、君公に私心のない至誠の人物を見出しえない場合、招かれても改革の任に当るべきではないと彼は説く。彼は君臣関係より成る統治機構を一度も否認したことはない。「ああ血統論、これあに天理に順ならんや」というのは君主制を否定するのではなく、君公は道を行うのにふさわしい賢者でなければならぬと説くのである。小楠は招かれた越前藩においても、君主は血統によって選ぶべきではなく、後嗣が愚昧ならば他藩の賢明な公子を養子にして藩を嗣がせるべきだと主張したとのことで、これにより藩内に反逆的な気風が生じたとのちに春嶽は愚痴っている。

血統論云々の詩句は共和主義なんぞを説くものではない。むろん小楠は今日はこう考えるが明日はわからないという口癖で知れるように、原則の具現態については柔軟な人であったから、時勢が共和制を必要とし、また可能としたならば、その採用もためらうところではなかっただろう。だが彼は君公をいただく統治機構をもって道を実現するのに何の不自由もおぼえなかった。どういう統治機構であろうとも、肝心なのは統治に当るものの心術である。逆にいうなら、統治者の心術さえ正しければ統治機構は時勢の便に従えばよい。道を実現するのにはことに当るものの心術が天理と一致することが肝心であって、統治形態如何は二の次三の次でしかなかった。

小楠にとって改革は為政者が天理を体すれば実現するのだから、老中以下幕吏が天理に従ってさえくれれば、改革の主体は幕府でもよかったのである。倒幕という発想は彼にはなかった。幕府は僭主であって、この国の正当の統治者は京にいます天子である、などという考えは一度も胸に浮かばなかった。これは西郷も同じである。この二人は幕府がついに私心を去ることができぬのを悟って、幕府を見限った。文久年間、幕府を扶けて改革を行おうとした小楠が、鳥羽伏見の成りゆきを目出度し目出度しとよろこんでいるのは、いかにも節操がないようだが、実は彼にとって、私心を去って三代の道に就いてさえくれれば、政権の所在は誰にあってもどこにあってもよかったのだ。

「血統論」を含む『沼山閑居雑詩』の第一は「人君何をか天職となす」とうたい出され、「天に代りて百姓を治む／天徳の人に非ざるよりは／何を以てか天命に愜わん」と続く。これは西郷が『与人役大躰』（元治元年）において、天子も諸侯も役人も天に代って立てられた職分であり、天意にそむけば天罰を免れないと説いたのとひとしい。さらには上杉鷹山の「国家人民の為に立てたる君にて、君の為に立てたる国家人民にはこれなく候」という激語にも通じる。

つまり小楠の国家論は西郷のそれとともに、十六世紀に形成された領域君主の域内平和維持者としての責任の自覚が、江戸期を通じて儒学的洗練を受けた末に誕生した公民国家意識の、幕末におけるラジカルな露頭とみることができる。

公民国家とはむろん北一輝の用語であって、彼は諸侯の私有物であった国家が国民の国家となったことをもって維新革命の本義とした。ところがこの公民国家こそ、小楠にとってもあるべき国家像だったのである。『国是三論』において、幕府草創以来、英明の将軍・老中といえどもただ「御一家の私事を経営するのみ」で、「かつて天下生霊を以て念とする事」がなかったと彼は痛憤する。

一輝と小楠の呼応はこれにとどまらない。小楠にとって国家とは道義の具現態であらねばならなかった。一輝は言う。「大日本帝国は厳として倫理的制度なり。而して一切の倫理的欲求を満足せしめんことを理想しつつあり」。しかし近代の子一輝と、前代の遺臣小楠との相違は歴然として存在した。一輝が生きたのはウォーラーステインふうに言うなら、世界システムの中で各国民国家がヘゲモニーを争う利害の環境だった。一国内において倫理的制度たるものは、国際的な権力角逐の場では、北は東シベリアから南はオーストラリアまでを民族生命圏とする一箇の帝国主義国家であらねばならなかった。

これに対して小楠は、利害をしりぞけて公明正大の仁心に立つ道義的世界を地球規模で実現しようと望んだ。西洋対日本、西洋対東洋という対抗意識は彼には存在せず、その意味では彼は近代ナショナリズム以前の儒学的普遍主義者だった。彼の国家観は到来しつつある近代に明らかに不適合だったのである。

だがその不適合に私は今日における思想家小楠の意義を認める。小楠、西郷、海舟らに共有された東アジア的道義国家の理想は、現実の近代に対して迂遠であればあっただけ、もうひとつの、いまだ実現されざる近代として、われわれの夢を誘うのではあるまいか。

文章家滔天の面目——『滔天文選』（書肆心水刊）によせて

滔天宮崎寅蔵（一八七〇〜一九二二）はふつう孫文と親交のある中国革命援助者として知られる。しかし彼には並々ならぬ文才があって、彼が書き遺した戯文は、明治・大正期のわが国の文学において、ひとつの椅子を要求してしかるべきものだと私はずっと信じて来た。三十年前に出した『評伝宮崎滔天』の「あとがき」で、「『乾坤鎔爐日抄』『独酌放言』『銷夏漫録』『肥後人物論評』などをふくむ〝滔天文選〟が出ないものか」と書いたものの、それを実現してくれる出版社は現われなかった。

ところが、書肆心水の清藤洋さんがこのたびその『滔天文選』を出して下さるというのである。構成をみると、私があげた文章は全部はいっている。何かを強くねがえばいつかは叶えられるという言い伝えは、してみると真実なのだろうか。私は思わず深い息を吐いた。清藤さんは今年、滔天の『明治国姓爺』と『狂人譚』を『アジア革命奇譚集』と銘打って刊行され、続いて私の『評伝宮崎滔天』を復刊して下さった。清藤さんの志によって、滔天はアジア主義も中国革命も知らぬ新世代の前に、ふたたびその魁偉な風貌を現わしたのである。

滔天の文業はおよそ三つの主題にわかれると言ってよかろう。第一は中国革命、第二は維新第二革命、第三は大正デモクラシーである。形式から言えば、自伝、回想、人物論、日記の形をとった時事論評、紀行文、フィクションの多岐にわたる。

本書には滔天の表看板たる第一の主題に属する論述は収められていない。『三十三年之夢』はあまりに有名であり、「東洋文庫」を始めいろいろな叢書に収められて、いまさら紹介の必要もないからであろうが、滔天には他に『支那革命物語』以下中国革命に関連する述作が少なくないのに、あえて採らなかったのは、中国革命の志士、孫文の終生変ることなき同志といった世間に流布しているイメージとは違った、もっと奥行と含蓄のある滔天像を提示したいという編者清藤氏の意図によるものかと忖度される。

もちろん、中国革命はまったく顔を出さないわけではなく、『独酌放言』『炬燵の中より』、さらには『亡友録』中の「島津彌蔵君」の中で言及されている。しかし、その言及のいかに苦渋にみちていることか。彼は自己の中国革命への関与を失敗とみなして、それが「道楽」に終った原因を自己の性向をも含めて痛烈にえぐり出している。この『文選』のひとつの読みどころであり、中国革命の誠実な友として今日なお顕彰の絶えない生涯を、このように突き放して認識できる人物で滔天があったことは銘記されるべきである。彼は風貌から想像されるような粗大な東洋豪傑ではなかった。一面では、鋭敏で自己批評癖につきまとわれた屈折した人格ですらあったのである。

『独酌放言』は孫文とともに計った中国南部での武装蜂起「恵州起義」のさなかに書かれている。さなかと言っても、滔天ら日本人の役割は見苦しい失敗を演じただけですでに終っていて、全篇にみなぎる「放言」のトーンは、この時期の滔天の自棄的な心情を反映しているのかも知れない。ただこの一文が、白寅学人なる人物が無頼道士と称する男を訪ねて、その言葉を録したという体裁をとっていることは一応注意を要する。滔天の当時のかくれがが不忍池畔であったことからすれば、自己を無頼道士に託しただけのこととも考えられるが、道士の言が『乾坤鎔廬日抄』の主人の言に通じるところがあるのを見ると滔天自身と一木斎太郎とが合成されたのが無頼道士である可能性も捨てきれない。

文中注目されるのは「僕は対宇宙問題、対天帝問題ならあるが、対清問題など云ふ狭小の問題はない」と言い、「国は地方の名称だ、天が定めたものではない、……支那国が亡びても支那人は亡びはせぬよ」と言っているところであろう。これはまさに当時滔天が没頭していた中国革命を相対化する発言であるが、このような国家を超える志向は彼の一生の根底にあったものである。「僕は二蔵三助と其妻と其子供と下万民と共に四海兄弟一視同仁の時代を待う」というのは中国革命よりさらに深いところに沈む彼自身の生涯の主題を表白したもので、すなわち滔天は中国革命に没頭する自分＝白寅学人を、もうひとつの自己＝無頼道士によって批判したのだと言うことができる。この自己に一木斎太郎が大きな影を投げかけていたことはまたあとで述べる。ともかく、明治三十三年という早い時点で、おのれの中国革命の理念がこのように突き放されているのは注目に値しよう。

『炬燵の中より』はずっとおくれて大正八年の執筆であり、中国革命支援の半生の根底的な自省を含む。中国革命の「妄想より醒むべき時機」が到来した以上、彼の主題は日本革命であらねばならなかった。だが、『落花の歌』を唄うべき時が来たと励ます友人に対する彼の答えは煮え切りもせず意気もあがらない。原内閣の出現や米騒動、さらにはウィルソンの国際平和主義といった大正デモクラシー的風潮を好機とみなす友人に対して、彼の現状認識は悲観的で、「日本位嫌ひな国はない」し、日本人という奴は「遂にソドムたり、ゴモラたらざれば已まざる国民」だと極言する。しかし日本という国は嫌いでも、「世界中最も好きで可愛所は生れ故郷の荒尾村」なのである。つまり彼の思想的原点はイヴァン・イリイチの言う「ヴァナキュラー」な生活基底にあり、この生活基底から変革の方向を組み立てるのは滔天たらずとも困難きわまる課題だった。

先に滔天の文業の第三の主題として大正デモクラシーをあげたが、『東京より』（大正七年）と『出鱈目日記』（大正九年）の評価が大学研究者の間で高いのは、その中で示されている大正デモクラシーへの関心によるところが大きい。しかし、滔天の思想と情念はけっしてそれと整合的ではなかった。このふたつの日記体時事論がこの『文選』に選ばれていないのはそのゆえであろう。

『炬燵の中より』について言い残してならぬのは、語りのうまさである。禁酒について述べたくだりなど、息の継ぎようと言い実にうまい。言わんとするところを尽して、しかも冗長ではない。もちろんこの一文だけのことではないが、滔天はほんとうに文章の上手な人であった。さらにこの一文には自分を笑いのめす狂の精神も露呈している。彼の文章はすべて一種の狂言綺語であったと言ってよろしい。そのことを最もよく表しているのは『乾坤鎔廬日抄』である。『乾坤鎔廬日抄』の弄鬼斎とは実は一木斎太郎である。一木については『肥後人物論評』と『亡友録』に一項が立てられているからそれを見られたい（『亡友録』には才太郎とあるが斎太郎が正しい）。この一篇に描かれた弄鬼斎をとり巻く一党の毎日はまさに狂言に淫し綺語に狂う小世界であるが、この小世界についてはふたつのことに注意しなければなるまい。まず第一にこれは明治の世を覆い尽す忠君愛国主義と立身出世主義に完全に背を向けた別天地である。さらにこの別天地には、すべてを笑いとばそうとする矯激なニヒリズムが荒れ狂っている。なにゆえの別天地であり、なにゆえのニヒリズムなのだろうか。それを解く鍵は興極まって始まる「革命節」にある。「白手拭の向鉢巻に殺伐の色は已に見えたり」と前置きして唄い出される歌は次のごとし。「金で固めたガラバさんの部屋も／一つ間違や波の底／アラショカ　ショカネ／どうしょうか隊長さん」。

　これがどうして革命節なのだろう。また隊長さんとは何者なのだろう。この歌が革命節なのは明治十年戦争において九州の山野を転戦した熊本民権党の軍事組織協同隊の愛唱歌だからであり、隊長とは協同隊隊長にほかならない。協同隊隊長は熊本民権党の安藤維一、安藤倒れてのちは崎村常雄。しかし、西郷本営詰めの宮崎八郎こそ衆目の認める熊本民権党の総帥であった。もとより八郎は滔天の長兄である。すなわち弄鬼斎の「乾坤鎔廬」に集う面々の主立つ者は、その善戦ぶりを反対党たる熊本士族主流派の熊本隊からも称賛されながら、宮崎県可愛嶽で官軍に降った協同隊の残党なのである。

熊本民権党が西郷の鹿児島私学校に加担して反乱に立ったのは、西郷のなかにある民権的性格に賭けたからで、八郎の「西郷に天下とらせて、また謀反するたい」という言葉は、いわゆる党薩諸隊（党とはくみするの意）の中での協同隊の特異な位相をよく物語っている。すなわち協同隊員にとって明治十年戦争とは、その成果を時の政府大官に簒奪された維新革命のやり直しにほかならなかった。協同隊すなわち熊本民権党の生き残りは『肥後人物論評』に一斑が描かれているように、のちには伊藤博文の政友会の代議士になるなど、世の常に洩れず思想的風化の一途をたどるけれども、一木斎太郎など一部には、敗北の無念を忘れず当初の志を狂的なデカダンスの形をとって固執し続けるものたちがいた。滔天は彼らの精神的血脈を継ぐ人であり、第二維新革命を生涯の主題とする西郷党左派であり続けた。彼と北一輝との間に短い期間ながら共闘が成り立ったのはそのためである。

滔天の生家は江戸時代から荒尾村に蟠踞した郷士であり、彼の回想によればほとんど一村の殿様のような存在であった。父は愛民の志を蔵した人物で、畳の上で死ぬのは男子として何よりの恥辱だと滔天に教え、大将豪傑になれと口癖のように語った。長兄八郎は熊本民権党の創立者であるが、滔天七歳のときに戦死した。一木斎太郎は宮崎家の縁者であり、八郎の崇拝者であった。滔天はまわりから「兄様のようになりなさい」と吹きこまれながら、官とは泥棒の異名であり、謀反は豪傑のなすべきことと信じて育った。

革命節に戻るならば、これは当時の肥後のはやり唄の替え唄にちがいない。「アラショカショカネ」とは「あら、そうですか」の意。「どうしょうか隊長さん」とつけたのがこの場合の味噌である。協同隊はうち続く敗戦のなかで、苦難はもとよりのこと、結束を失う危機さえ乗り越えねばならなかった。彼らはおどけの擬態、狂への衝迫によってこれらの苦難や危機にうち克ったのであって、「どうしょうか隊長さん」とおどけて問うことが彼らにはしばしばあったはずである。このようなおどけは『肥後人物論評』で滔天が力説する肥後人のワマカシ気質とも関連がある。なお『乾坤鎔廬日抄』には肥後弁が頻出し、『全集』の編者も手を焼いた形跡がある。たとえば「縹致(きりよう)は胸にあるちわす女学生」の「あるちわす」に「ママ」と振っているのがその形跡である。「ママ」とは誤記・誤植の疑いがあるが、いまはそのままにして置くという意味だが、「あるちわす」とは「あると言いなさる」の意の肥後弁で誤記でも誤植でもない。「ママ」は不要なのである。肥後弁では「――と言う」は「――ち言う」と発音される。「言わす」は「言う」の丁寧表現であり、「と言わす」が「ちわす」となったのである。

滔天は友人に連れられて弄鬼斎に会ったと書いているが、むろんこれは話の趣向で、一木とは幼少時からの知り合いだったのは『亡友録』であきらかである。もっとも弄鬼斎は一木そのままではなく、多少滔天の虚構の加わった人物なのかも知れない。弄鬼斎は滔天を一見して「問題物」と言い、子飼の百姓出身の「号外」との間に珍問答が交されるが、滔天の風貌が尋常でなく一見したものの驚嘆を誘ったことは、『三十三年之夢』にも述懐されているところだ。「余や実に容貌風采の不可なるものあるが為に、未知の宿屋に敬遠せらるゝは従来の常例なり、……車夫命を領し、威勢を作りて一小旅宿に駈入る、お客様！の声何ぞ大なる、忽ち下婢の走り出で来るものあり、余を見て吃驚(びつくり)、一語を発せずして踊り去る、以為(おもへ)らく失敗(しくじ)つたりと」。

中国革命は滔天にとって第二維新革命という根本テーマの変奏であったとすら言える。しかし、その第二革命はたんに維新の完成というにとどまらず、国境・国家を超えて、「非人乞食に絹を衣せ／車夫や馬丁を馬車に乗せ／水呑百姓を玉の輿(こし)／四民平等無我自由／万国共和の極楽を／斯世に作り建てなんと」（『落花の歌』）する世界革命であった。しかもこの世界革命は無我の二字であきらかなように、人間の現世でのありかたの根本的な変容への希求を含むものだったのである。滔天が若き日にイサク・アブラハムというトルストイ主義者めいた奇人に長崎で出会ったのは『亡友録』にある通りだが、このいささか単純で教条的なアナキストから、のちに彼をモデルにして『狂人譚』を書くほどの深い印象を受けたのは、彼自身のなかに国家や社会という構築物から根本的に自由になりたい欲求が眠っていたからである。さらにその上に、彼が最終的に準拠した民のイメージとは、何よりも愛する荒尾村の「才蔵おナカの徒」なのであった。

これは誰にとっても厄介な主題だと言わざるをえないが、『銷夏漫録』には革命の二字に託した滔天の夢をわずかに語っているところが散見される。「我れも亦清絶壮絶の水となつて、落ちて流れて砕けたいやうな気分になります」というのは、滔天の最も胸奥深くに存した衝動を語り、礫茂左衛門地蔵をめぐる老婆とのやりとりは、民衆の千年王国的幻想を革命の核として読みこもうとした滔天の希求を示す。『独酌放言』には「真如の夢の其娑婆は、暗夜に月が見ゆるぞえ」という句を含む自作の歌が掲げられている。滔天の革命の夢はつまるところ暗夜の月という不可能なイメージの指し示すユートピズムに収斂してゆくほかはなかった。なお滔天は紀行文の名手であって、この一文も当時の地方の実情と住民の人情を活写した名篇と言ってよい。「話を下へ下へと引下げんとする」婆さんなどとくにおかしい。明治・大正の大作家たちの美文めいた紀行文より、はるかに多くの情報を含んでもいるのではあるまいか。

『よもや日記』は滔天が浪曲師として行なった最後の興行である。真打ちに予定していた早川辰燕が参加とりやめになったので、滔天が座長となった興行でもあった。浪曲師としての滔天についてはこの興行日記と『炬燵の中より』で彼自身が自己評価する通りであるが、唄の部分については「細い透る様な清らかな声」「蒼古の声調」という当時の評があったことも記しておこう。「よもや」と題されたのは、この興行によってよもや中国革命の夢を呼び戻せはせぬかという含意であるのは滔天自身の記すところであるが、甲府に始まり九州へまで足をのばしたこの興行（日記は笠岡で中絶し、九州の部分は欠けている）によって、滔天は資金づくりと全国の有志との連絡が可能になると踏んだようである。だがこの興行記のおもしろさは、やはり紀行文としてすぐれているのと、滔天そのひとの人物像が浮かび上るところにあるだろう。

滔天が桃中軒雲右衛門に入門して浪花節語りになったのは、恵州事件の際、弾薬調達に関して生じた不祥事の責任を問われたのが引き金になっているが、ほかにも様々な動機の複合を認めることができよう。しかし、肝心なのはこれが滔天の胸奥にもともと蔵された狂の衝動の発露だったということではなかろうか。「吾性甚だ世の所謂狂人なるものを愛するの病あり」（『狂人譚』緒言）と彼は言う。狂人に共感するのはむろん、この世の常識や規範を踏み破りたいというおのれの狂気を自覚するからである。『肥後人物論評』は肥後人気質に論を借りて、そのような日頃の狂への共感を語った文章である。

今日肥後人気質といえばただちにモッコスと言葉が返ってくる。これは頑強なヘソ曲りということだけれども、滔天は一語もモッコスについて語っていない。そこまで調べたことはないが、明治年間にはこの語は今のようにポピュラーにはなっていなかったのかも知れない。とにかく彼は肥後人気質を代表するものとしてワマカシに注目した。ワマカスというのは好んで狂言綺語を装い、人を烟（けむ）に巻くことを言う。滔天はそれを「己れを馬鹿にし了つて而して人を馬鹿にし世を馬鹿にする」精神と定義する。むろん、肝心なのはおのれを馬鹿にするという一点であって、彼はここに狂の原点を認めたのである。

滔天がワマカシ道の三巨頭として挙げている人物は、戦前熊本県下の中学で教師が必ずその逸話を生徒に語り聞かせた名物男なのであるが、今は知る人も少なくなってしまった。その言行には現世のタガを踏み越す自在さがある。滔天にとって狂とはこのような自在さを面目とするものであった。彼はワマカシ気質が堀平太左衛門の権勢に対する反動として生れたと言うが、この解釈をそのままいただく必要はない。ワマカシが屈折した心理の所産であるのはたしかだとしても、朗々と突き抜ける気分もまたワマカシの本質である。思えば滔天は傷つきやすく屈折しがちな気質の持ち主であると同時に、のびやかで朗々たる人格でもあった。ワマカシ道の三巨頭の逸話は、彼らが人一倍慧敏でありながら好んで愚を装ったことを語っている。いや、慧敏であるゆえにこそ愚に還りたかったのか。滔天も好んでおのれの愚を世に示す人であった。

だが、『肥後人物論評』の眼目はたんに「近代肥後気質」を解説するところにあったのではない。表題にあきらかなように、彼は肥後を代表する当代の有名人を俎上にあげようとしたので、彼らの実態を暴露し批判するためのキーワードが堕落したワマカシ、すなわち「己れを主にして人を馬鹿にし、世を馬鹿にするの道具」たるワマカシなのである。彼が痛罵する人物のうち、佐々友房は熊本の党派で言うと学校党、すなわちかつての藩政主流派であり、民権党の衣鉢を継ぐ滔天にとってもとよりともに天を戴かざる仇敵である。徳富猪一郎（すなわち蘇峰）は滔天が大江義塾で教えを受けた先生であるが、かつて横井小楠のひきいた実学党の堕落を言わんがためにあえて先師を批判する。清浦奎吾は大正年間に短期間総理大臣になった男だが、熊本の生まれではあっても育ったのは大分で肥後人とは言いにくい。当時の有名人ゆえにとりあげたので、本題たるワマカシとも縁が無いのは軍談語り尾藤一調の例とおなじである。徳富健次郎（すなわち蘆花）も著名な肥後人だから抜かせなかったので、野狐禅に堕したワマカシの例としてあげるにはふさわず、滔天の筆も同情的である。

私見では、この一文の読みどころは池松豊記、宗像政、一木斎太郎、蓑部敬蔵の項にある。池松、宗像はかつての熊本民権党＝協同隊の魂を売った人物として指弾されている。長兄八郎の思想的後継者たる滔天の意地を見るべきだろう。一木の場合、堕落したワマカシの例としてあげたはずなのに、彼の筆は共感に傾いている。その理由は、一木の詐欺・恐喝の一生を反乱者の意地を通したデカダンスと把握したからであろう。蓑部敬蔵についても同様である。滔天の周囲には、ひとたび明治政府に対して剣を執って立ったのち、時勢に合わせて転身することを拒んで、わざと悪徳の一生を選んだ人物たちが影のように寄り添っていた。明治四十年、松尾卯一太と新美卯一郎が『熊本評論』を発刊し、熊本を支配する天皇制権力に対して挑戦を開始するや、一木はただちに戦列に参加し、『熊本自由民権史』の連載を始めた。松尾と新美が大逆事件に連座して死刑となったのは周知のとおりである。

『亡友録』の島津彌蔵は滔天の三兄である。滔天には三人の兄がいて、上から八郎、民蔵、彌蔵となる。民蔵は「土地復権同志会」の組織者として名がある。若死にした彌蔵に対して滔天は生涯深い思いを抱いていた。中国革命はそもそも彌蔵の志で、滔天は兄の遺志を継いだのである。

この『文選』はおのずと滔天の生涯ならびに思想のいろいろな側面を示すものになっているけれども、編者の意図はあくまで文章家滔天の面目を明らかにするところにあるように推察される。滔天の文章は斎藤緑雨に代表される明治期の戯文の一例ともいえる。しかし、戯文は才能がなければ書けない。滔天に文章の才があったことは明白である。達意にして奇想に富み、歯切れよくしかも賑やかである。たのしんで読むに足る文章であるが、戯文はときに真摯な思考の道具ともなりうる。たのしみつつ、ときには考えを凝らして読んでいただくならば、文章家滔天は泉下にほほえむであろう。

漱石と明治

漱石は明治という時代をどう考えていたのだろう。マードックの『日本史』にふれて漱石は、明治の歴史はそうなるべくしてなって来たというだけで、いかにしてとか、なぜといった疑問は自分には生じない、ただ一種の潮流に押し流されているという自覚があるだけだと、何の感激もない口調で語っている。

「丁度葉裏に隠れる虫が、鳥の眼を晦ます為めに青くなると一般で、虫自身はたとひ青くならうとも赤くならうとも、そんな事に頓着すべき所以がない」。

だとすれば、明治という一時代の変化は、ただ生存の必要から生じたことで、それ以外の希望であるとか理想であるとか、とにかく何らかの積極的な欲求はそれに関与していないことになる。果せるかな、漱石はこう言っている。「財力、脳力、体力、道徳力、の非常に懸け隔たつた国民が、鼻と鼻とを突き合せた時、低い方は急に自己の過去を失つて仕舞ふ。過去などは何うでもよい、只此高いものと同程度にならなければ、わが現在の存在をも失ふに至るべしとの恐ろしさが彼等を真向に圧迫するからである」。

「吾等は渾身の気力を挙げて、吾等が過去を破壊しつゝ、斃れる迄前進するのである」。漱石が『三四郎』の冒頭で、「偉大なる暗闇」こと広田先生に日本はこれから亡びると言わせたのは、これだけの読みがあってのことだった。

マードックは「維新前は殆んど欧州の十四世紀頃のカルチュアーにしか達しなかつた国民が、急に過去五十年間に於て、二十世紀の西洋と比較すべき程度に発展した」不思議さを解明すべく『日本史』三巻を書いた。日本近代化の成功を高く評価する見方のはしりと言ってよい。そう言われても漱石の気は晴れない。好きでそうしたわけではなく、そうせねば亡びるのでそうしただけである。しかもその結果はおなじく亡びるのであってみれば、漱石でなくても気の晴れぬのは当然であろう。

彼がこの文章を書いたのは明治四十四年であるが、同年の有名な講演『現代日本の開化』でもおなじ見解を繰り返した。彼が開化を外発と内発に分け、日本のそれを「皮相上滑り」の外発的開化としたのは周知の通りだが、この外発的開化たるや西洋が百年かけたことをその半分以下の年月でやらねばならぬので、日本人は「一敗また起つ能はざるの神経衰弱に罹つて、気息奄々として今や路傍に呻吟しつゝある」のが現状だという。広田先生が日本は亡びるというゆえんである。

しかし漱石は外発的開化はおやめなさいと言うのではない。「事実已むを得ない。涙を呑んで上滑りに滑つて行かなければならない」と言うのだ。これはもとより生存のためにはそうせねばならぬのだが、彼の話を聞くとどうもそれだけではなさそうである。

講演の初めのところで、彼は開化を定義している。要するに人間活力の発現の結果、世の中の仕組が複雑化するということなのだが、彼は西洋において先進的に進行したこの過程を、他の国々も必然的に覆まなければならぬ段階、すなわち範型と考えていたらしい。望んでそうするわけではなく、涙を呑んでそうするのだという口調には、人類史の必然には従わざるをえないといった思考がうかがわれる。

だとすれば漱石は立派な西洋中心的発展段階論者だということになる。開化がそうした普遍的必然であるのなら、それは苦痛を忍んでやむをえず従うだけのものであるはずがない。彼は明治の開化に「自己本位」の立場からもっと積極的な意義を見出している。

その意義とは、理想的な型を設定してひたすらそれに近づくことが道徳であったような江戸時代の不自然な心性が否定されて、人性の自然をもっと素直に認めてそれに従う方向へ、道徳の基準が転換されたことである。ひらたく言えば個人主義の出現ということになるが、漱石によればこれは人間の知識がそれだけ進んだ結果である。だとすれば明治の変革は、ただに生存のための必要という身も蓋もない出来事にとどまらず、漱石自身にとっても望ましい向上進歩であったことになろう。

だが、明治四十数年の歴史が急激な西洋化のために過去を亡ぼし、未来には挫折が待っているような過程であるのならば、その結果理想主義的道徳の不自然さが自覚され、楽に息ができるようになったぐらいの「進歩」では、とうてい間尺に合わぬのではあるまいか。実に頼りない近代の護教論であって、『それから』の代助という人物のいかがわしさの根拠はまさにここにあった。

代助は親の援助のおかげで、三十になるというのに働かずにすんでいる人物である。財界の有力者たる父から毎月届く金に、社会的不正の要素が含まれているかも知れぬことを彼は承知している。それで別に構わない。「彼の思想は、人間の暗黒面に出逢つて喫驚する程の山出ではなかつた」からだ。彼は自分が遊民であるのをまったく恥じていない。それどころか「職業の為に汚されない内容の多い時間を有する、上等人種と自分を考へてゐる」。おまけにそれには理屈もついている。自分が働かないのは「世の中が悪い」からである。西洋と無理に競争をしようとして悲惨と暗黒に陥っている今日の日本では、何をしても無駄だから働かない。

かといって、西洋にかぶれるというのではない。朝食はパンに紅茶、書斎には洋書が並ぶといった生活が気に入っている。最高学府を出て、学問・教養を飯の種にせず、それ自体趣味として楽しんでいるのが自慢である。その学問・教養はことごとく西洋種である。

一種の自己満足がこの人物の著しい特色といっていい。肌がきれいで歯並びがよく、髪が柔らかく艶やかなのが満足で、鏡に映った自分に見とれるほど自分の「肉体に誇を置く人である」。

香りの高い西洋花を活けて、自分の神経の働きを観察する。そういう自分がまた自慢で、神経の鈍いのは馬鹿で軽蔑に値すると信じている。

父親は自分の金もうけを、国家・社会への奉仕と錯覚している鈍物、あるいはそう偽わっている偽善者である。社会の大部分を占めるそういう偽善者・鈍物からの非難を彼は意に介さない。彼は「旧時代の日本を乗り超えてゐる」からだ。

代助が明治三十年代に出現して、その後一般化することになった日本型近代知識人の、はしりであり典型であることは明らかだ。だが漱石はカリカチュアを描いたのだろうか。そうでなさそうなのは、代助の言い分や誇りがそのまま漱石のそれと重なっていることでわかる。彼は代助に批判的でありつつも、一面では明らかに彼を恰好いいと思っていたのである。

芥川によれば、当時の知的な青年は代助に大いに惚れこんだものだという。そういえば私自身旧制中学生の頃初めて読んで、代助のような審美的なニル・アドミラリ（無感動）になるのが、知的生活の第一歩なのだと得心した覚えはある。

しかし、代助の根底をもたぬいかがわしさは一読して明らかであった。人妻に惚れて父と兄から義絶されたとき、代助の根底のなさは憚りなく露出された。兄が代助にお前は馬鹿で愚図だと言うとき、その声は社会の無理解とばかりは聞こえない。漱石はここで代助は社会という敵に直面せざるをえなくなったという描き方をしている。だが、代助が直面せねばならなかったのは、教養を生き甲斐とするそれまでの自分の空虚さではなかったか。漱石の筆はそう読めるようにも動いている。

代助の問題は『三四郎』の広田先生や、『こころ』の先生の問題につながっている。両者とも周りに対して高踏的な見識をもってはいるが何もしない。ただ教養と見識があるだけである。『こころ』の先生にいたっては、なぜ明治という時代に殉じるのか皆目わからない。

唐木順三は大正知識人の教養主義の空虚さにひきかえ、鷗外や漱石には修養というバックボーンがあったと言っている。そうではあるまい。漱石自身が根底を欠く教養人のはしりだった。ただ彼はそのことを自覚して悩む人であった。そして代助や広田先生や『こころ』の先生と違って、生涯営々と仕事をし、今日なおわれわれに語りかけてやまぬ小説群をあとに残した人であった。

反乱する心情

二・二六反乱については、計画がずさんだという評は当初からあった。最近では北博昭の『二・二六事件全検証』が改めてこの点を強調し、事前の上層部工作が全くなされず、反乱の全経過を通じてリーダー間の意志統一が欠け、そもそも指導部機構すら設けられていなかった実情を辛辣に指摘している。しかし、それはこの反乱を革命政権樹立のためのクーデタと考えたときに初めて云々しうる「ずさんさ」であって、実はそのような無計画性こそ反乱者たちの思想的原則の表われであったことをまず了解せねば、この特異な軍隊反乱の理解のとば口にすら立てぬことになろう。

反乱指導者の胸中においては、これは昭和維新政権を樹立する軍事クーデタではなかった。千四百の兵を動員して政府要人を抹殺し主要官庁を占拠しながら、なおかつクーデタではないというのなら、彼らはいったい何をやろうとしたのか。これがこの事件の第一の難問である。

反乱が瓦解し獄中に投ぜられてから、彼らは反乱について数々の弁証を書き連ねた。もちろんそれにはいわゆる後知恵も含まれていようけれど、軍事クーデタを意図したのではないという主張は、この反乱の本質を理解する上での重要な論点であってけっして軽視すべきではない。

現象からいえば、彼らの現実的な課題は彼らの行動を是認する政権を実現させることしか残らない。帝都中枢部を占拠したのち、これは政権奪取のクーデタ以外の何ものでもなかった。北一輝の助言もあって彼らの要求は真崎内閣の実現にしぼられてゆく。まさにクーデタの定石である。だが、この真崎内閣実現が彼らのめざした本当の目標ではなく、一時の便法にすぎないところにこの反乱のわかりにくさがあった。

結局、彼らには帝都中枢部占拠後の確たる展望も構想もなかったのである。では、「蹶起」の目的は何であったのか。その最大なるものはいわゆる重臣ブロックの粉砕であった。彼らは齋藤実内大臣、高橋是清蔵相、渡辺錠太郎陸軍教育総監を殺害し、岡田啓介首相、鈴木貫太郎侍従長をも殺害しえたものと信じた。牧野伸顕前内大臣襲撃の失敗、元老西園寺公望襲撃の断念はあったものの、重臣ブロックへの打撃としては一応の成果である。獄中で林八郎少尉が「少くとも重臣ブロックに一大痛撃を与へ得た」と反乱を自己評価し、対馬勝雄少尉が「我等ノ仆シタ敵ガ幕府ノ中枢ナリシコト」を確信し、あの細心な弁証家村中孝次ですらこの度の一挙を成功と強弁したのは、この重臣ブロックの粉砕という目標が彼らにとっていかに重要であったかを物語って余りある。

西園寺、牧野、齋藤、高橋、岡田、鈴木、渡辺がなぜ殺害目標とされねばならなかったのか。今日われわれは彼らのおおよそが、識見ならびに人格において、当時最良に近い人物たちであったことを知っている。腐敗した人物、真に憎むべき者たちはほかにいた。反乱将校たちが彼らを真先に除くべき者たちとしたのは、彼らが腐敗していたからでも彼らの悪徳のゆえでもなく、ただただ彼らが天皇の側近として天皇の意志を常に左右してきたものと推断したからにほかならない。

反乱将校の命題はこうである。今日の国民生活の困窮と対外的な困難は現在の指導体制、元老・重臣・官僚・財閥・軍閥の根本的解体によってしか打開できない。その解体は一九三一年の三月事件・十月事件のような軍部幕僚と民間右翼の合作による軍事クーデタによるべきではなく、自立した国民運動によらねばならぬ。その先頭に立つのが天皇である。なぜなら天皇とは、この世に見捨てられた民を一人としてあらしめてはならぬという理念の顕現だからである。その天皇の真の意志が解き放たれるとき昭和維新は成る。だが天皇の存在の本義は常に重臣ブロックによって顕現を阻まれてきた。ゆえに重臣ブロックの粉砕こそ維新革命の第一歩であらねばならず、この反乱はその第一歩を踏み出すものである。

彼らは意外に論理的であったのだ。村中の『丹心録』を読めば、彼らの維新革命観が一種の神義論的相貌を帯びているのに気づかないわけにはゆかぬ。神義論の核心は国民の守護聖者、国民の解放者としての天皇の本義にあった。重臣たちの妨害とミスリードさえなければ、この本義は光のごとくおのずと流出するはずである。反乱将校の命運はかかっていまだ検証されたことのないこの神義論的命題の正否にあった。彼らは神がかり的な復古家でも恋闕家でもなかった。彼らは史上一度も存在はおろか夢想もされたことのない天皇の本義を発明したのである。むろん、彼らが十分には読解できなかった北一輝の理論を通じてではあったが。

天皇の真意はただ重臣たちによって曇らされているだけで、その作用さえ除けば必ずや昭和維新を嘉するはずだというのは、今日周知の通り何の根拠もない盲信だった。反乱は陸相と軍事審議官の動揺によって、一時期まさに成功するかに見えた。その動揺を抑えて反乱鎮圧の方針を終始リードしたのは実に天皇裕仁そのひとだったのである。

北博昭は天皇裕仁が最初から鎮圧の方針を堅持していたわけではなく、当初呆然自失してなすすべを知らなかった彼が鎮圧方針を固めたのは、木戸内大臣秘書官長、湯浅宮内大臣、広幡侍従次長らの合議による鎮圧の上奏を受けたのちであると述べている。つまり天皇はこれら側近にリードされて堅固な姿勢を保つことができたという次第だ。

だがこの説の根拠は薄弱である。北は甘露寺侍従の回想を引いて、第一報を聞いた天皇が「困惑・呆然」の態だったというが、そのときの天皇の言葉を読めば困惑もせず呆然ともしていないのはあきらかである。「とうとうやったか」というのは危惧はしていたがという意にほかならず、「まったくわたしの不徳のいたすところだ」というのは反乱者にも理があるなどというのではなく、軍隊反乱という不祥事が生じたことへの皇祖皇宗への陳謝であろう。発言は意外に冷静なのだ。もちろんショックではあったにせよ、天皇のこの時の反応にその後の態度と矛盾するところなどありはしないのである。

本庄侍従武官長が拝謁したのは午前六時の参内直後であるが、「非常ニ御深憂ノ御様子ニテ、早ク事件ヲ終熄セシメ、禍ヲ転ジテ福ト為セ、トノ御言葉ヲ賜ハ」ったという本庄の記述を引いて「このような状態の天皇であるから、『いち早く討伐を主張した』とはいいがたい」と北は主張する。これも不思議な言い分である。「御深憂」だからといってどうして討伐の姿勢ではないといえるのか。討伐が実現するまで深憂は続くはずではないか。この日天皇は本庄を二、三十分ごとに呼び出し、事件の成りゆきを訊き、鎮圧を督促している、これぞまさに「御深憂」である。「禍ヲ転ジテ福ト為セ」というのは、反乱が起ったのは禍だが、これを機に不逞なる将校どもを根絶できれば福に転ずるという意であろう。

木戸・湯浅・広幡が合議して鎮圧を上奏したという件は『木戸日記』にも、内大臣府記録として当時木戸がとりまとめた『二・二六事件並岡田内閣総辞職・広田内閣成立経過記録』にも出てこない。それは敗戦後『日記』を公刊したさいに執筆された『日記に関する覚書』に出てくる。つまり事件から三十年後の回想なのである。それはともかくこの一件で問題なのは上奏が二十六日の朝とあるだけで、天皇が川島陸相に「速ニ事件ヲ鎮定スベク」沙汰した午前九時の前なのか後なのか確定できないことだ。天皇が川島に鎮定を命じたあとなら、わざわざ上奏に及ぶまいとも考えられようが、上奏には鎮定方針以外に暫定内閣についての建言が含まれていて、実質はむしろこの方にある。

しかし何よりも決定的なのは、上奏した結果「陛下の御考えも全く同じであったと」宮相から聞いて安心したと木戸が記していることだ。建策されるまでもなく天皇の姿勢は定まっていたのである。それはこの後示される彼の激怒によっても明らかだろう。このような激怒が木戸らの上奏に左右された結果だとはおよそ信じがたい。

天皇は「機関説状態」に何ら不満を抱いていなかった。その状態から解放し奉ろうという反乱将校の忠誠など迷惑至極、逆に「真綿ニテ朕ガ首ヲ締ムルニ等シキ行為」であって、彼らが殺害した重臣こそ「朕ガ股肱ノ老臣」にほかならず、「此ノ如キ兇暴ノ将校等、其精神ニ於テモ何ノ恕スベキモノ」なしというのが本音だった。反乱将校たちが自決するので勅使を賜りたいと言っていると聞いたとき、彼は「自殺スルナラバ勝手ニ為スベク、此ノ如キモノニ勅使抔、以テノ外ナリ」と言い放った。もって彼の反乱者に対する憎悪と嫌悪を知るに足りよう。彼の心配はもっとほかのことにあった。事件の財界に与える影響、なかでも海外為替の停止に至りはせぬかというのが、この天皇の心煩いだった。

むろんこれらは今日周知のことである。だが私は天皇がこの反乱を「国体の精華を傷くるものと認」めたこと（『木戸幸一日記』）を、昭和前史の重要な事実のひとつと考える。国体について天皇と天皇主義者がこのように鋭く対立するほどに、昭和という時代は成熟していたのだ。そもそも重臣ブロックへの打撃が目標ならば、五・一五事件とおなじく暗殺を行えばよいので、何も軍隊を使用することはなかった。この反乱の眼目は軍隊を動員したことにある。天皇の軍隊を国民の軍隊と読み替えて、反乱に軍隊を用いたのが画期的なのである。磯部浅一は反乱部隊を率いて目標に向ったときの快感を人生至上のものと言い、「余はもう一度やりたい」と言い放つ。天皇の軍隊を革命に使用する、これほどスリリングなことがあろうか。将校・下士官・兵にこのようなおそろしい行為に踏み切らせるほど、時代の水位は上昇していた。

彼らは何のため軍隊を使用せねばならなかったのか。彼らのやったことは自身の否定にもかかわらず形態はクーデタであって、単なる大官殺害ではクーデタにならないということはあろう。しかし私は、軍隊を用いることが彼らの国体観のもっとも鮮明かつ尖鋭な表現であるからこそ彼らはそうしたのだと思う。革命は自立する人格の所有者としての国民の事業であった。軍隊という狭い世界に棲む彼ら将校にとって、国民とは兵のことである。兵とともに起たねば革命は革命にならなかった。兵とともに起ってこそ、彼らの国体観は明示される。天皇が激怒したのは彼らの国体観の実像をありありと目のあたりにしたゆえではないのか。

「『姉ハ……』ポツリ〳〵家庭ノ事情ニツイテ物語ッテ居タ彼ハ、此処デハタト口ヲツグンダ、ソシテチラット自分ノ顔ヲ見上ゲタガ、直ニ伏セテシマッタ、見上ゲタトキ彼ノ眼ニハ一パイ涙ガタマッテ居タ」。高橋太郎少尉の手記の一節である。彼は続けて書く。「モウヨイ、コレ以上聞ク必要ハナイ、暗然拱手歎息、初年兵身上調査ニ繰返サレル情景」。もちろんこの姉は遊廓に身売りしたのである。彼らがともに起った兵とは、少なくとも理念としてはこのような存在だったのである。天皇はそのようなことを想像すらできなかった。

反乱にはいろいろな夾雑物がはさまっている。皇道派対統制派という派閥闘争に彼らがからめとられていたのもそのひとつだ。個人的ルサンチマンももとよりあったろうし、「ヤル、ヤル」が昂じて本当にやらねばならなくなったという心理的うがちだって可能だろう。リーダー層の言動にも矛盾はある。国民の自主的意欲の噴出などと言いながら、兵は命令で動かした。しかし、そのような夾雑物の堆積を透過して浮かび上らずにはいない事件の根本的な性質があるとすれば、それは次のようなものであるだろう。

昭和初期は創建以来六十年を経た日本の近代国家システムが根本的な矛盾を露呈した時期である。システムの改造を求める声は左翼から右翼に至る幅広いスペクトラムをなしていた。二・二六反乱の特異性は反乱者たちが天皇を絶対視する点でまぎれもなく民族派右翼の相貌を示しながら、政治的社会的構想においてデモクラット左派の性格を失わなかった点にある。

村中は言っている。「日本全国民は国家百年の為に自主的活動をなす自主的人格国民ならざるべから」ず。「国民は断じて一部の官僚、軍閥、政党、財閥、重臣等の頤使に甘んずる無自覚、卑小なる奴隷なるべからず」。「今の国民は往時の町人のみに非ず。一路平等に大政を翼賛せんとする自負と欲求とを有す」。磯部は書く。「陛下、日本は天皇の独裁国であってはなりません。重臣元老貴族の独裁国であるも断じて許せません。明治以後の日本は天皇を政治的中心とせる近代的民主国であります」。「軍部の提灯もちをする国民と、愛国団体と一切のものを軍閥と共にたほせ、軍閥をたほさずして維新はない」。

彼らは「昼食、教科書官給」の義務教育十年制の主張者であった。それは『日本改造法案大綱』に書いてあることだったからだ。北の『改造法案』が戦後の民主的改革の主要部分を先取りして主張していることは、今では広く知られたことかと思う。しかし、そのような民主的改革は当時自由主義者から社会主義者までひろく抱かれた主張だった。ただ、二・二六反乱者はラジカルな民主改革派であったばかりでなく矯激な天皇主義者でもあった。これは当時において最も実現可能性の高い革命路線だったのである。

にもかかわらず反乱が非現実的で半ば空想性を帯びていたのは、彼らが政治をいさぎよしとしない主情的な純粋主義者だったからである。磯部が言っている。「松陰の云った所の、賊を討つのには時機が早いの、晩いのと云ふ事は功利感だ、悪を斬るのに時機はない、朝でも晩でも何時でもいい。悪は見つけ次第に討つべきだとの考へが青年志士の中心の考へでなければいけない。志士が若い内から老成して政治運動をしてゐるのは見られたものではない」。

彼らの反乱の非計画性の根元はここにあった。あえて言うなら、彼らは保田與重郎的であった。彼らはおのれらの目指す維新は精神革命でなければならぬとした。心情の純粋のみが保証する革命である。林語堂は善人には用心せねばならない、何をしでかすかわからぬからだと説いた。心情的純粋さに基く行動が何をしでかして来たか、それは歴史の語る通りであろう。

反乱将校は出世と保身に汲々たる将校の実態に激しく反発した。現実と特権に吐気を催した。

四十年前にわれわれはおなじ現象を観ている。大学紛争時の全共闘派学生の気分はいちじるしく二・二六反乱者のそれに似ていた。歴史は周期的に青春の叛逆を繰り返すのだろうか。その繰り返しに何をわれわれは期待できるのだろうか。青年たちが求めた民主も平等もいまは空しい。それは必要なものではあるが、実現したからといってどうなるものでもないとわれわれは知っている。だが彼らの非功利的にわが身をなげうつ衝動は永遠に私たちに問いかけてもいる、懐疑的現実主義のかしこさの中にたしかな生はあるのかと。

日本近代思想史と私

私という人間は外から見ると分類に困る人種であるらしく、編集者からよく「肩書はどうしましょう」と訊ねられる。たいてい評論家ということに落着くのだが、ときには日本近代思想史家というものものしいのがつくこともある。

評論家というのはわからないではない。学者ではなし、さりとて文学者でもなしという人間は、こういう便利な大枠にほうりこむきまりになっているらしいからだ。だが思想史の研究者というと、なんだか詐欺を働いているような気分になる。思想史とあればれっきとした歴史学の一分野で、もとより私は自分が歴史学者の一員であるなど夢にも思ったことはない。

なるほど私には『評伝宮崎滔天』『北一輝』『神風連とその時代』といったふうに、日本近代思想史にかかわる著作があり、最近上梓した『渡辺京二評論集成』全四巻の第一巻『日本近代の逆説』には、西郷、天心、権藤成卿、石光真清等々、あるいは二・二六事件や西南戦争など、近代史上の人物や事件を、主として思想的側面から論じた論稿が収められている。その意味では、思想史家といわれても、べつに違和を覚えなくてもよさそうなものなのだ。

しかし、自分がまかり間違っても思想史家などであるはずがないという頑固な思いこみには、それなりの理由がある。まず第一に、史学には当然必要とされる方法論というしろものの用意が、私にはまったくないのである。

もう三十数年前、友人たちと肥後の維新史の勉強をやっていた頃、熊本大学の日本近世史研究者である森田誠一教授を招いて話を伺ったことがある。教授は開口一番「思想史の方法論というのはどういうものか存じませんが」と切り出されて、私どもは大いに恐縮した。思想史という学問をやっているつもりはまったくなく、ましてや方法論など考えたこともなかったのだ。M・ウェーバーや丸山眞男を持ち出して、恰好をつけようという才覚がなかったのも、省みて可愛らしい。

学問には方法が必要だろう。だが私には、方法など何の必要もなかったのである。私にはただ解かねばならぬ課題があり、それに経験が強いた志向をもって立ち向っただけだった。私は昭和維新の雰囲気のうちに育った少年であり、中学三年のとき異郷大連で敗戦を迎え、引揚げ後昭和二十三年には共産党に入った。十七歳であった。昭和三十一年、党から離れたとき私は、昭和初期のユートピズムが戦後革命の衝迫に変形された「物語」の意味を、自分なりに読みとかねばならず、その読解の方向を見出す手がかりをはっきり自覚するには、なお十年の月日を要した。

その方向とは要するに、従来蒙昧ないし狂乱の発作とみなされてきた大衆の右翼的情念を、窮極的な共同性の夢ににじりよる革命的衝迫として読みとこうとするものだった。ただし、私はそれを単純に肯定したのではない。私の視線はアンビヴァレントですらあった。にもかかわらず、私は魅入られるようにその主題に関わらずにはおれなかった。前述の私の思想史的な仕事は、いささかも〝研究〟の意味を含むものではなく、自分が生きのびるための思想的根拠を、文章の形で探りかつ確かめようとしたものにほかならない。

その種の私の文章はすべて二十年前の所産である。そしてこの二十年のうちに、私たちをとり巻く社会と思想の文脈は根本的に変質した。情念的な大衆など、どこへ行けばお目にかかれるというのか。共同性への夢がカラオケとオウムに化けたなどと言っても、しゃれにもならない。

私はそういう時代の崩壊のかたちを予感していた気がする。その予感にせかれて、ある種の共同性の幻を追わずにおれなかったこの国の民の悲しい衝迫を、書きとどめておきたかったのかもしれない。だが、この国の民は滅びた。民などもはやこの国にはいない。

さて、思想史家と呼ばれて居心地の悪い理由の二番目に移ろう。思想というものを政治なり法なり経済についての探求の言述と理解すれば、そこにその言述の系譜、すなわち政治思想史・法思想史・経済思想史という学問領域が成立するのは見やすい道理である。それなりに有益な営みであるのはいうまでもないが、私はそういう専門として承認された仕事に、わが身を投じようと思ったことは一度もない。

仮に自分に思想と呼ばれるものの流れに関心があったとしても、それは思想家の述作として露頭したものを配列し系譜づける作業へのそれではなかった。私が叙述したいのはいわゆる時代の精神でもなかった。精神というドイツ観念論臭の濃いタームは、私が相手どりたく思っているものをうまく表わしてくれなかった。アナル派の愛用する心性（マンタリテ）という用語は、いくらかそれより使いやすかった。しかしその言葉もなにか心理的慣性を表わしているようで、近代という狂瀾怒濤に翻弄された明治・大正・昭和の故人たちの思念や願望を表わすには、静的にすぎる気がしてならない。

結局私は、生活というもののありよう全般から、思想という形象を切り離してとり出す作業に倦んだのかもしれない。生活のありよう以外のどこに思想の棲み家があろう。私が『逝きし世の面影』という近著で、外国人の眼を通してではあれ、幕末・明治初期の生活の諸相を叙述したのも、つまりは思想というものがそういう形で私に見えて来たということであろう。

思想史であろうと何であろうと、今日歴史叙述を試みるものは、人間のこれまでの歴史が、そのとりあえずの終点に、今日のような大崩壊・大変異を組みこんだ一大プロセスであったという事実を解き明かすことのできる思想的射程を、おのれのうちに構築せねばなるまい。粛然たらざるをえないのは私だけだろうか。

物語好きのみる夢

自分のことを歴史家と思ったことはかりそめにもない。むろん他人様から歴史家と認められるはずがないのは、これまでの自分の仕事からして十分承知するところだ。一次史料、いわゆる文書を扱ったことなど一度もないし、そのための訓練も根気も自分にはありはしなかった。それでも、私のこれまで書いて来たものの大部分が歴史叙述に類するのは否定しようのない事実だ。そんなはずではなかったがという気がしないでもない。私はもっと理論に近いことがやりたかった。それが結果として歴史叙述をこととするようになったのは、ひとつは自分に哲学的思弁の能力がまったく欠けていたからではあるが、ポジティヴなほうの理由をこじつけると、幼少の時からどうしようもない物語好きだったからだろう。

小学生の頃、むろん子ども向けのリライトではあるが、『ロビンソン漂流記』だの『プルターク英雄伝』だの『三国志』だのを読んで、世の中にはこんなおもしろいものがあるのかと思った。伝記への嗜好ももとよりあって、小学生のくせにビスマルクとヒトラーとムソリーニの伝記を持っていたのは、われながら薄気味が悪い。

宮崎滔天、北一輝、西郷、神風連などについて評伝を書く羽目になった因縁も、こういう幼少時の好みにあったのか。浮気の性で文学一筋学問一筋というわけにはゆかず、あちこちと首を突っこんでみたものの、結局は歴史学ならざる歴史叙述が性に合っていた。鳥は古巣へ帰ったのだ。

このたび「平凡社ライブラリー」に入れていただいた『逝きし世の面影』、その副産物というべき『江戸という幻景』（弦書房、二〇〇四年刊）はエピソード、アネクドートの寄せ集めといってよいと思うけれど、歴史叙述にはそういうスタイルもあっていいだろう。これは『江戸という幻景』の「あとがき」にも書いたことだが、コラージュふうの歴史叙述といえば、伊藤整の『日本文壇史』という先例があり、これが出た時まだ二十代だった私は、こんな文学史の書きかたがあるのだなと深い印象を受けた。また私が秘かにお手本とするブルックハルトの『イタリアルネサンスの文化』にせよ、ホイジンハの『中世の秋』にせよ、エピソードすなわち小さな物語から組み立てられた壮麗な建築物なのである。

物語といえば、歴史はしょせん物語にすぎないのかもしれない。歴史という言葉は実体としての歴史とその叙述としての歴史と、ふた通りの意味があるとはよく耳にする講釈だが、実は現実としての歴史そのものなどありはしないのではないか。

むろん事実というものはある。ある時、ある人物がもうひとりの人物を訪ねて、かくかくしかじかの話をしたという事実は存在する。ふつう歴史叙述の困難さを言う場合、そのような事実は厖大であり無整理であるためにそれ自体として総体的には認識できず、歴史叙述とは事実の取捨選択による文脈形成を通じて、現実の近似的な像を提供するにすぎない、といったことが指摘されるだろう。まるで明確な事実、あるいはあたう限り明確にできるはずの事実があって、それを取捨することだけが問題であるかのようだ。

しかし、そういう一義的な事実というものも存在しないのではあるまいか。某年某月某日、私がある人物を訪ねてしかじかの話をしたということが仮に叙述にあたいし、また仮にその談話の内容、その背景や場の雰囲気が忠実に再現されたとしても、その時の私の生の現実は会談自体よりずっと複雑多面的であり、そんなものからやすやすとはみ出してしまうのだ。

私はその会談が行われた一室の窓から、庭の木立の上にかかるひとひらの雲を見たかもしれない。そのことのほうが会談自体より私の生のゆたかな実質だったかもしれない。だとすると、その会談を双方の日記の記載などから事実として確定し、そのような事実の取捨によって文脈を形成してゆこうとする歴史叙述は、人間の経験の総体に対して何を語っていることになるだろうか。

人間の所有する現実、言い換えればわれわれの経験は多面的複合的かつ流動的で、それを「事実」として固定した時、すでにわれわれの生は抽象化され仮構化されている。だとすればありのままの歴史というものはなく、われわれが言葉の次元で現実を「事実」として限定し叙述した時、「歴史」は初めてわれわれの視野に出現したと言えるのだ。

だから歴史は物語である。われわれが本来は手に負えない経験を、ある画像の継起的な展開という鋳型にとかしこむ時、われわれはひとつの物語を語り出でているのだ。多面的な現実を「事実」として一面化するのだから、物語は複雑化し、幾通りにも語られることができる。しかしそれゆえにこそ、その語りには最低限の縛りがかけられねばならない。「事実」がわれわれの経験総体をいかに単純化し抽象化したものであるにせよ、想像や推理を「事実」に服属させることが歴史を物語るものの厳格な手続であらねばならないのだ。

そのことを確認しておきさえすれば、「歴史」はわれわれの前になやましい可能性となって出現する。某月某日、AがBと会談してしかじかと語ったという事実をもって「歴史」とするか、それともAが庭先の木立の上にひとひらの雲を見たという事実をもって「歴史」とするか、それによって「歴史」という物語はまったく異なったものとして出現する。ただし前者の途は従来の歴史が採ってきた方法であり、後者の途はいまのところ可能性というひとすじの光に照らされているにすぎないのだが。

人間の経験の総体という化け物をなんとか言葉の次元で捕獲してみたいというのは、しょせんは終ることのない夢なのであろう。うまく行っても、怪物のこれまで語られたことのない側面を語っただけで、部分像であり側面像であることにたぶん変りはないのであろう。でも、そういう試みがわれわれを誘ってやまないのは、われわれの生自体に物語るという行為が埋めこまれているからに違いない。

私のずっと気になってきたことは日本人の近代経験である。それは歴史家だけではなく、政治学者、文学者、思想家などもろもろの論客によって多様に読みとかれてきた。その読みときかたに大きな不満をもっていたのは言うまでもなく柳田國男だが、柳田という大きな存在とは別に、私は私で日本人の近代経験を語るうえでなにかぴったりこない感じに悩まされてきた。経験は総体として在るのに、語れば断片となってしまう。

しかし、いかなる断片を発見するかということが、総体を組み直す手がかりになるのだと気づく時が来た。十九世紀初頭、加賀から飛騨へはいろうとした修験僧が中山の番所で番人から止められた。僧はむろん通行手形は持っていたのだが、番人は俳句を一句作ってみせねばここを通さぬという。この話に出会った時私は新しい物語の可能性を感じた。

幕末函館に赴任した英国領事の記録から、次のような記述を発見した時も心躍った。領事は奉行所の役人をディナーに招待したのだが、そのうちの奉行格なる男が、領事の子どもの同席していないのをいぶかしんで、何度も子どものことを尋ねた。とうとうエヴァという少女がその席に呼ばれることになったが、奉行格はエヴァの姿を見ると、テーブルの上のケーキを手に一杯取って、わざわざ彼女のところへ来て手渡した。エヴァはぎょっとしたが、母親の目くばせを受け、会釈して席を退いたというのだ。これも従来書かれなかった歴史の相貌を示すひとこまである。

私の『逝きし世の面影』はこういった挿話の発見に導かれて成立した物語である。私はこの種の、これまで歴史家が一度もとりあげたことのない断片的な事実が、明治・大正・昭和の文献にごろごろひそんでいるのではないかと想像した。葦書房刊の元版に『日本近代素描：第一巻』という副題をつけたのは、今となっては後悔するほかないが、そういう楽観に左右されてのことだった。

だが第二巻を『開国』と思い定めて、いろいろと文献をあさっているうちに、第一巻のような語りがそうやすやすとできるわけではないことに気づいた。もちろん、開国時の欧米人と日本人の出会いは役人レベルに限っても、相互の文化の違いから来る様ざまな齟齬があり、その様相を述べれば従来の開国史とはひと味もふた味も異なる叙述がえられるのは確かだ。だが、それを述べて何を語ったことになるのだろうか。

私は日本人の近代経験の深層に降りてゆけるような語りくちを作りたいと願った。だがそのためには力量も才幹も時間も乏しいのを日々自覚させられている。ただ、人の語らなかったことを語りたいという願いだけはまだ死に絶えてはいないけれども。

旧版『荒野に立つ虹』あとがき

本巻に収めるのはすべて、単行本未収録の旧稿である。一九八〇年代に入って、それまで日本近代史に集中していた私の仕事はいくつかの領域にひろがることになった。ひとつは人類史をどう把握するかという理論的課題であり、いまひとつは極相に達しつつある現代文明をどう見極めるかという現実的な課題である。本巻収録のエッセイはそのふたつの領域における八〇年代前半のつたない試行の軌跡にほかならない。

人類史の理論的な把握というのは、若年の頃からの関心であり課題であったのだが、様ざまな生の局面の発光に、これも若い頃から幻惑され誘われがちだったせいで、集中的持続的な勉強ができないまま半生を過した。五十代に入りかけていささか発奮したのは、当時読んだカール・ポランニーの刺戟もあったかも知れない。いずれにせよ、日本近代における共同性をめぐるドラマに心をとらわれた以上、近代の起源を人類史の深部にさぐる試行は私にとって必然だったのであろう。

しかしそのような模索としてみれば、この巻に収めた仕事はいかにも貧しい。村上泰亮の『文明の多系史観』を読むと、彼が世界史再解釈の仕事ととり組み始めたのは私とほぼおなじ時期である。彼は粘り強く仕事を続けて成果を上げた。一方私は例によって龍頭蛇尾、八〇年代の後半にはほとんど絶筆の状態となり果てた。勉強をしなかったのではない。第一巻のあとがきに書いたように、私は八〇年代後半から友人と人間学研究会というものを作って、それなりに努めはしたのである。ただその成果を文章化する気になれなかった。私は論壇あるいはジャーナリズムから逃避したかったのかも知れない。前巻あとがきで、八〇年代後半から九〇年代前半にかけて、ほとんど文章を廃していたことに触れたが、その理由を説明するのはかなり難しい。

自分の文章がいやになっていただろうか。いやその前に、自分の姿勢を根本から変えたかった。その試みにも迂余曲折があり、結局ひとりになるのに十年かかった。文章を書かずに十年、ただ生きた。書く姿勢と位相を整えるための十年であった気がする。ただ、残された歳月が余りにも短いのは、人生につきものの皮肉というべきか。

さて、いまひとつの領域である現代文明論は、どうもいやいやながら書いたもののように思える。この種の文章は主張や見かたは述べていても、文章を書いたという気がしない。いやいやながらもそれを書かせたのは、八〇年代という時代に対するどうしようもない拒否感だった。私にとって、八〇年代は社会主義が崩壊した時代などではなかった。人間が生きるということの内実が根本的に変質し、その変質が鳴り物入りでもてはやされた時代だった。むろん、事態は九〇年代を通じて悪化の一途をたどるのみである。

こういう時代に、文筆家は悲歌以外の何が書けるというのか。ソルジェニーツィンやパステルナークについて書けたのはせめてのしあわせだった。十代の一時期、私はロシア文学の研究家になりたいと思っていた。昭和二十三年、十八歳の自分がゲルツェン、ベリンスキー、ドブロリューボフ、チェルヌィシェフスキーなど、十九世紀ロシアの「革命的民主主義者」の著作に没頭していたのをなつかしく思い出す。敗戦を大連で迎えた私は、ソ連軍占領下の中学校でロシア語を習わせられた。熊本に引揚げて来て第五高等学校で、一学期またロシア語をやった。一学期というのは、入学したその年の夏に結核でたおれたからで、療養所に入ってこんどは八杉貞利の『ロシア語階梯』をやり直した。これがものにならなかった私のロシア語学習歴である。

私はロシア文学で育った少年であった。そのえにしがずっと続いて、パステルナーク、ソルジェニーツィンという荒野の同行者を得た。私は八〇年代以降、自分の生きる世界を荒野と思っているのである。そのような荒野を予兆したのが、自分も関わりのある七〇年代のあの莫迦騒ぎだったような気がしてならない。さいわい私はパステルナーク、ソルジェニーツィン、ローレンツ、イリイチという孤独な旅人と出逢った。彼らの仕事は私にとって、荒野に立つ虹のごとくであった。本巻に収めた走り書を、そのような虹を目に収めえたもののしあわせな述懐として読んでいただければ、喜びこれに過ぎるものはない。

一九九九年八月

著者識

あとがき

本書の成立のきっかけは、弦書房の小野静男さんから、『アーリイモダンの夢』の初刷がもう品切れになるが、この際『渡辺京二評論集成』（葦書房）の第三、第四巻に収めた論文のいくつかと併せて、増補版の形にできないかと示唆を受けたことにある。

『アーリイモダンの夢』は決して内容の薄い本ではなく、中核をなすいくつかの論文は力をこめて書いたつもりだった。しかし、自分の出した本の中では、もっとも不運な扱いを受けたという思いが今でもある。小野さんはそれを生き返らせて下さろうというのだ。そのお気持が嬉しくありがたかった。

『評論集成』はもう絶版になっている。その第一巻、第二巻は『小さきものの死』と『日本コミューン主義の系譜』の新版であるが、第三巻、第四巻はみな単行本未収録の新しい評論集であった。「ちくま学芸文庫」の『渡辺京二セレクション』１・２に採録されたものはあるが、とくに第三巻の『荒野に立つ虹』には愛着があって、何らかの形で再刊したく思っていた。小野さんの提案を受けてこの度読み返してみると、意外に鮮度がいい。今日撤回もしくは修正することは何もない。私の過去の発言はむしろ今日の状況にふさわしいのだ。『アーリイモダンの夢』から拾うべきものを拾って、『新編・荒野に立つ虹』を編むプランがこうして生まれ、幸い小野さんの賛成も得られた。

『アーリイモダンの夢』の第二部は『もうひとつのこの世』（弦書房）に収め、第三部のエッセイのかなりは『万象の訪れ』（弦書房）に収録したからこの度は省いた。『荒野に立つ虹』からは、「始原と遺制」「歴史主義の擁護」の二本、および短いエッセイ四本を省いた。前者二本はアイデアは悪くないが、いかにも生煮えである。『評論集成』第四巻はかなり性格の違うものなので、それからは採らなかった。

そこで今度の新編は第一部現代文明論、第二部現代政治論、第三部イヴァン・イリイチ論、第四部日本早期近代論といった編成となり、私の著書の中でも枢要の地位を占めるものになってくれたようで、私の仕事なんて物の数にも入らぬということは抜きにすると、じわじわよろこびが湧いてくる。とくに「山河にかたどられた人間」と「大衆の起源」で書いたことは、今なお私の考えの中核を示していて、それをまた心ある友に読んでもらえるのが嬉しい。すべては小野さんの善意とアイデアのおかげで、厚く御礼申しあげたい。小野さんは才気をひけらかすことのない誠実で物静かなお方だが、こういう編集者こそ物書きにとってはありがたいのだ。

二〇一六年六月八日

著者識

初出一覧（掲載順）

Ⅰ　現代文明

いま何が問われているのか　「望星」九〇年十一月号（原題「文明と人間の再生をめざして」、東海大学出版会）

ポストモダンの行方　八八年四月十五日・長崎大学にて講演

山河にかたどられた人間　「ヘッドウォーター」創刊号・八七年四月刊（双葉社）

ローレンツの真価　「毎日新聞」西部版　八四年七月十九日／八月十六日／九月二十日

棲み分けの崩壊　「熊本日日新聞」二〇〇〇年一月一日

アフリカという基底　「毎日新聞」西部版　八三年二月十日／三月十日／四月十四日

インディアスの驚異　「毎日新聞」西部版　八五年三月十四日／四月十八日／五月十六日／六月二十日

世界史は成立するか　「道標」創刊号　二〇〇一年十一月刊（人間学研究会）

「永続農業」はなぜ滅びたか　「現代農業」二〇〇九年二月増刊号（農文協）

Ⅱ　現代政治

アジアの子から見たマルクス　「朝日ジャーナル」八三年三月十一日号

社会主義は何に敗れたか　「熊本日日新聞」九〇年一月二十四日

ソルジェニーツィンの孤独　「毎日新聞」西部版　八三年十月十三日／十一月十七日／十二月八日／八四年一月十九日
パステルナークの圏域　「毎日新聞」西部版　八四年二月十六日／三月十五日／四月十九日
亡命者の荒野　「毎日新聞」西部版　八四年五月十七日／六月二十一日（原題「亡命の現象学」）

非行としての政治　「道」八二年三月号（世代群評社）
大衆の起源　「道」八二年七月号（世代群評社）
国際政治からの解放　「環」五〇号　二〇一二年七月刊（藤原書店）

Ⅲ　イヴァン・イリイチ

イリイチ翻訳の弁　「熊本日日新聞」八九年五月十七日
イリイチを悼む　「熊本日日新聞」二〇〇二年十二月十三日
思想は難物である　「環」十二号　二〇〇三年一月刊（藤原書店）
深沈たる白鳥の歌　「東京新聞」二〇〇五年十一月六日
最後のイリイチ　「道標」十七号　二〇〇七年六月刊（人間学研究会）
イリイチの眼で江戸を視る　「現代農業」二〇〇三年八月増刊号（農文協）

Ⅳ　日本早期近代

逝きし世と現代　「週刊エコノミスト臨時増刊号」九八年十二月二十八日号（原題「近代文明の行き着くところ」毎日新聞出版）

徳川期理解の前提　「ドキュメント」一号　二〇〇二年（弓立社）

カオスとしての維新　「環」十三号　二〇〇三年五月刊（藤原書店）

小楠の道義国家像　「環」五号　二〇〇一年四月刊（藤原書店）

文章家滔天の面目　『滔天文選』（二〇〇六年六月・書肆心水）解説

漱石と明治　「文藝春秋」特別版「夏目漱石と明治日本」二〇〇四年十二月刊

反乱する心情　「環」二十四号　二〇〇六年一月刊（藤原書店）

日本近代思想史と私　『展望日本歴史』第二十四巻「思想史の発想と方法」月報・二〇〇〇年九月刊（東京堂出版）

物語好きのみる夢　「月刊百科」二〇〇五年十一月号（平凡社）

〈著者略歴〉

渡辺京二（わたなべ・きょうじ）

一九三〇年、京都市生まれ。熊本市在住。日本近代史家。

主な著書『北一輝』（毎日出版文化賞、朝日新聞社）、『評伝宮崎滔天』（書肆心水）、『神風連とその時代』『なぜいま人類史か』『日本近世の起源』（以上、洋泉社）、『逝きし世の面影』（和辻哲郎文化賞、平凡社）、『渡辺京二評論集成』全四巻（葦書房）、『近代をどう超えるか』『アーリイモダンの夢』『江戸という幻景』『未踏の野を過ぎて』『万象の訪れ——わが思索』（以上、弦書房）、『黒船前夜——ロシア・アイヌ・日本の三国志』（大佛次郎賞、洋泉社）、『維新の夢』『民衆という幻像』（以上、ちくま学芸文庫）、『細部にやどる夢——私と西洋文学』（石風社）、『幻影の明治——名もなき人びとの肖像』（平凡社）、『さらば、政治よ——旅の仲間へ』（晶文社）など。

新編 荒野に立つ虹

二〇一六年十二月五日発行

著　者　渡辺京二

発行者　小野静男

発行所　株式会社 弦書房

（〒810・0041）

福岡市中央区大名二―二―四三

ELK大名ビル三〇一

電　話　〇九二・七二六・九八八五

FAX　〇九二・七二六・九八八六

印刷
製本　シナノ書籍印刷株式会社

落丁・乱丁の本はお取り替えします。

ISBN978-4-86329-141-6 C0095